萧萐父学术思想研究

张志强 著

图书在版编目（CIP）数据

萧萐父学术思想研究 / 张志强著. — 北京：商务印书馆，2024
ISBN 978-7-100-23279-1

Ⅰ.①萧… Ⅱ.①张… Ⅲ.①萧萐父（1924—2008）—哲学思想—研究 Ⅳ.①B262.5

中国国家版本馆CIP数据核字（2023）第248570号

权利保留，侵权必究。

本书获得内蒙古大学"双一流"科研专项高端成果培育项目资助

萧萐父学术思想研究

张志强　著

商　务　印　书　馆　出　版
（北京王府井大街36号　邮政编码100710）
商　务　印　书　馆　发　行
三河市尚艺印装有限公司印刷
ISBN 978-7-100-23279-1

2024年1月第1版	开本 880×1230　1/32
2024年1月第1次印刷	印张 9 3/4

定价：58.00元

序

业师萧萐父先生是我国著名的哲学家与哲学史家。他学养深厚,堂庑甚广,风骨嶙峋,洁身自好,具有传统文人的气质。他是德高望众的人师,是"善教者"。

萧先生是保存了古代遗风的刚正不阿的现代知识分子。他有强烈的现代意识而又有深厚的传统底蕴,是集公共知识分子、思想家、学者、教师、学科带头人、文人于一身的人物。

萧先生的启蒙观的要旨,是从中国文化传统中寻找自己的现代性的根芽,强调本土文化中孕育了现代性。他主张的是中国式的启蒙,是中华文化主体的彰显,而不是全盘西化与全盘式的反传统,他驳斥了中国自身不能产生现代性因素的西方偏见,这就疏离、超越了西方中心主义,也就蕴含了"启蒙反思"。

萧先生关于传统与现代"接合点"的学说,是在改革开放这个新的时代背景下,对如何解决西方现代文化和传统中国文化碰撞与交融的问题的一种理性思考和回应。

萧先生是人师,是撑开"内圣"与"外王"两面的"大先生"。他热情地关心、扶植后学,无论是本地的,还是外地的,无论是相识的,还是不相识的。青年后学有求他必应,有问他必答,有信他必回。他总是放下自己的事,自觉主动地帮助、扶掖青年。有的青年人把习作寄给他,请他指点,他总是热忱地关怀指导,提出意见,甚至亲自帮忙修改，有的还推荐发表。

萧先生还在国际中国哲学会、中国哲学史学会、湖北省哲学史学会的学术活动中，有意识地提携青年，发现、培养人才。

萧先生其人其学永远是我们的榜样，同时也可以作为研究对象。

内蒙古大学张志强副教授是一位非常优秀、十分踏实、勤奋的青年学者。他善于读书、思考。他曾于2011年秋至2015年夏在武汉大学攻读博士学位，他的博士论文就是做的萧先生思想研究。他不仅认真搜集、整理、阅读萧先生的论著及相关资料，还遍访萧先生的亲友学生。这样，萧先生在志强君心里就是立体的、活生生的。志强取得博士学位后，继续深入研究萧先生，不断修改、反复打磨书稿。

我作为萧先生的早年弟子，又作为志强君的指导教师，非常欣慰地阅读了这部书稿。我认为，本书是不可多得的佳构。

本书把萧先生放在他所处的时代背景上加以讨论。作者全面而又有重点地论述了萧先生的学术思想与贡献。作者对萧先生的学术创见与专长的理解是深透的，对萧先生在现代哲学史上的定位是确当的。

本书不仅论萧先生其学，更论其人。我们透过本书不仅能理解萧先生的学术创慧，尤其能理解萧先生的人格美与理想境界的追求。萧先生是长者，是大知识分子，同时又具有童心，具有平民化的自由人格。

本书作者不仅"照着讲"，而且"接着讲"。在传统与现代、中国与西方关系的创造性诠释方面，在"明清之际早期启蒙思潮""中国式的现代化理论"等的建构方面，作者没有仅仅照着萧先生讲，而是发挥了自己的独到见解，体现了"接着"萧先生讲的智慧，也展示了中国学术返本开新、薪火相传的精神。

职是之故，我愿向读者与读书界强烈推荐志强君的这部佳作！

是为序。

郭齐勇

2023年初冬于武汉

目 录

前 言...1

第一章 萧萐父的学术人生...8
    第一节 少年时期——"墨池畔'虹'飞'飙'起"............8
    第二节 青年时期——"诗情慧境两参差"....................12
    第三节 壮年时期——"春兰秋菊正葳蕤"....................16
    第四节 中年时期——"雷风相薄孕新思"....................20
    第五节 晚年时期——"留予吹沙继起人"....................22

第二章 萧萐父与船山学研究...26
    第一节 研究理路..26
    第二节 掘发精义..37
    第三节 学术意义..69

第三章 萧萐父与明清启蒙论说.....................................76
    第一节 "启蒙"观念的历史考察..................................76
    第二节 明清"启蒙"说的理论架构............................101

第三节　明清"启蒙"论说的思想意义..........119
第四章　萧萐父的中国哲学史观..........128
　　第一节　学科界定..........128
　　第二节　方法建构..........151
　　第三节　现代哲学人物评述..........163
第五章　萧萐父的文化观..........177
　　第一节　"通观儒、佛、道"——文化主体性..........177
　　第二节　"涵化印、中、西"——多元现代性..........191
　　第三节　真善美统一——"文化即人化"..........200
第六章　萧萐父学术思想斠评..........218
　　第一节　致思特征——融通中西马..........218
　　第二节　内在紧张——人文与理性..........226
结　语..........232
附录一　萧萐父思想研究综述..........236
附录二　萧萐父学术年表..........265
参考文献..........292
后　记..........305

前　言

萧萐父（1924—2008），祖籍四川井研，著名中国哲学史家、当代中国杰出学者、人文学家、诗人哲学家。1947年毕业于国立武汉大学，师从万卓恒[①]、张颐[②]、金克木等学术名家。其与其父（萧参）两代与廖平、蒙文通、唐迪风[③]等近现代经史硕儒或大家，有着较深的师承关系。1947年，武汉大学发生震惊中外的"六一"惨案，萧萐父时任武汉大学学生自治组织宣传部部长，积极投身爱国学生运动。1949年，萧萐父被派遣为成都军管会成员，参与接管华西大学，旋即留成都任教，其间加入中国共产党。50年代中后期赴京进修，求教于汤用彤、贺麟、侯外庐、吕振羽、张岱年、任继愈等先生，曾参与1957年北大未名湖畔的中国哲学史座谈会。1956年，受著名马克思主义哲学家、中国共产党创始人之一、武汉大学校长李达邀请，萧萐父重返武汉大学任教，由此开启40余年的教学生涯，长期担任武汉大学中国哲学教研室主任，并以此为基地，开创了珞珈中国哲学学派，为20世纪中国

[①] 万卓恒（1902—1947），湖北黄陂人，美国哈佛大学硕士，曾任东北大学教授。1931年10月至1948年任国立武汉大学教育哲学系教授，1942年7月至1944年10月兼武汉大学哲学系主任。

[②] 张颐（1887—1969），字真如，又名唯识，四川省叙永县人，中国哲学界专门研究西洋古典哲学的先驱，著有《黑氏伦理研究》《黑格尔与宗教》《圣路易哲学运动》等。

[③] 现当代新儒家巨擘唐君毅之父。

哲学的现代转型以及树立中国哲学的主体性做出了独具个人特色的学术贡献。

萧萐父最主要的研究领域为王夫之哲学、明清启蒙说、中国哲学史方法论、中国哲学的诗化性质、中西文化比较等。整理、研究萧萐父的学思贡献，将个案研究与问题研究相结合，对理解1949年之后中国哲学的发展历程，以及树立中国哲学的主体性，具有哲学史与思想史的双重意义。具体来说有以下几点。

首先，就船山哲学来说，萧萐父的研究展现为两种面向：一方面，运用辩证唯物主义和历史唯物主义的立场观点和方法，发掘了船山哲学的诸多范畴，建立了船山哲学体系；另一方面，他试图阐发船山思想中的人文主义精神，认定船山思想具有近代性。萧萐父以马克思主义哲学原理为"范式"，将其运用于船山学术研究，使船山哲学以本体论、辩证法、认识论等现代哲学的架构形式，变得可读、可解和易于把握，为后续船山哲学的研究奠定了基础。萧萐父的船山学研究，代表了20世纪马克思主义船山学研究的最高水平。

总体来看，萧萐父以马克思主义为指导，吸收和扬弃了老一辈马克思主义者船山研究的思想成果，并在此基础上全面、深入拓展了王夫之思想多方面的研究。萧萐父的船山研究，是1949年至今马克思主义"范式"下的中国哲学史个案研究的典范。同时，萧萐父的船山哲学研究又呈现出多种面向，例如对船山思想所富含的人文主义精神的揭示、对船山历史哲学的深入阐发等等。20世纪90年代以来，学界采取不同"范式"研究船山思想的论著渐为宏富，以不同视角研究船山思想的观点相互攻错，船山思想的意蕴也得到多维度的解蔽。在这种情况下，深挖萧萐父等前辈学人的船山学研究思想，总结经验和教训，无疑对新世纪的船山研究向何方向推进以及怎样推进，具有重要意义。

以王船山研究为个案，萧萐父进而对明清之际的思想家群体予以全方位的研究，形成他的"明清启蒙说"，论证了明清之际思潮具有近代性，蕴含个性解放思想、初步民主意识、近代科学精神。萧萐父的"明清启蒙说"的独特贡献在于，发掘了先秦诸子思想与明清之际的启蒙思想的内在联系，并充分肯定了清代考据学的近代价值，由此超越了梁启超的"文艺复兴说"、侯外庐的"早期启蒙说"。萧萐父"明清启蒙说"的意义在于，寻找中国传统文化与现代化的历史接合点，以超越中西对立、体用两橛的思维模式，实现中国传统文化的现代化和西方先进文化的中国化，认定中国有自己的哲学启蒙。

其次，对于中国哲学史来说，萧萐父强调运用"历史与逻辑相统一"的方法处理哲学史问题，展现中国哲学史的逻辑进程。萧萐父认为，哲学劳动成果的保存和传播、哲学发展链条的前后衔接、哲学思潮在运动中的分化和合流，都表现了自己的特点及其在历史衍变中的客观逻辑。萧萐父主张以"泛化"与"纯化"的观念看待哲学史与文化史的关系。萧萐父对诗学有精深的研究，他阐发了中国哲学与传统诗学相融合的特质，树立了中国哲学的主体性，并探究了文化主体性和多元现代性之间的关系。萧萐父毕生的学术追求，是在情与理的冲突中求和谐，在形象思维与逻辑思维的互斥中求互补，在诗与哲学的差异中求统一，实现美和真的统一。这构成了萧萐父的"双 L 情结"（Logic、Lyric）。但是，其高度的历史责任感与严峻现实之间存在巨大反差，使得他的思想内部存在人文与理性的紧张。这折射了 20 世纪思想史的复杂面向，同时也对促进中国哲学的现代转型具有参考价值。

从萧萐父的学思历程来看，其学术生涯大致处于 1949 年至 2008 年，这段时期同时也是中国哲学史"一甲子"的发展历程。20 世纪 80 年代，萧萐父撰写的《中国哲学史方法论问题刍议》一文，可视为其学思历程的节点，而其作为主编之一的《中国哲学史》教材，是新时期（1978 年以来）高等学校中国哲学教材的代表作。尽管《中国哲学史方法论问题刍议》一文在今天看来仍然带有部分教条主义的遗留痕迹以及过渡性质，但它突破思想禁区的意义已经超过了它的时代局限。

在当代中国哲学史家的代际群体中,如何辨析和定位萧萐父对中国哲学学科的独有贡献,具有重要意义。

最后,就个人思想学说而言,萧萐父以早期启蒙说闻名于世,但他并非照着讲,而是接着讲。他的早期启蒙学说除了作为一种明清思想史的解释框架,还具有更深的问题意识:如何为实现中国式的现代化提供有说服力的思想史依据或者思想动力。事实上,萧萐父在1998年就有"中国式的现代化理论"之语。萧萐父的"早期启蒙学说",是在改革开放这个新的时代背景下,对西方文化和中国传统文化碰撞与交融的问题的一种思考和回应("五四"时期的"民族救亡""保国保种""整理国故"已然不是萧萐父"早期启蒙学说"的论说背景)。[①] 萧萐父的"启蒙"论说,因其对明清之际本土思想作了民族性的诠释以及现代转化,也就逻辑地包含了就工业文明进行启蒙反思的相关内涵。因此,多角度和全方位地理解萧萐父的"启蒙"论说,有助于深入对比和把握中西各民族文化迈入近代性的种种差异。

除此之外,萧萐父一再提倡"文化多元"和"文化包容"意识,并倡导广义的"诸子学"。一方面,萧萐父拓展了道教、道家、易学、禅宗思想等多领域的研究,认为中国传统文化并非"铁板一块",而是儒释道互相作用,因此提倡以动态、发展的眼光看待传统文化;另一方面,萧萐父主张中国传统文化参与世界范围的"百家争鸣",挺立中国传统文化的优秀价值,树立民族文化自信。这是站在经济、政治全球化这一大背景下,对中国传统哲学的价值、意义以及走向的思考。这些思想贡献站在今天的角度依旧具有重要价值,同样也需要对其进

---

① 关于五四运动的性质是否是"启蒙运动",学界存有争议。大致分为两派观点:一派认为五四运动是因落后、挨打而产生的政治救亡运动,为中国带来"民主""科学"等理念,因此也可以称之为启蒙运动(普遍意义);一派认为五四运动是带有政治目的的革命运动,"启蒙"只是被利用的口号和旗帜,和"启蒙"的真正精神并没有关系。关于"五四运动""新文化运动"的思想性质问题,学界相关研究十分复杂,但总体可分为肯定和否定两种倾向。

行进一步深入发掘、整理和继承。

以上是研究萧萐父思想的学术与现实意义,接下来介绍本书的研究方法。一般认为,人文社科研究大体可分为:理论研究、史论研究和学人研究。本书属于"学人研究",因此也应采取与"学人研究"相应的方法。"学人研究",一般倾向于关注该领域著名学者及其相关理论、影响的目的性研究。"学人研究"的优点是可以通过对学者思想学说的重读,甚至解构和重构,较好地洞悉当时的学术环境以及相关理论形成的脉络和学术变迁的历程,研究成果可以预期,研究结论比较鲜明;在表述语言上也较为通俗易懂,易于揭示研究对象的思想内涵。当然,"学人研究"也有一定的缺点和不足——思想界、哲学界的学派纷争、理论多元,难免会给研究本身带来一定的争议,甚至有时会被研究者视为畏途。鉴于此,本书采取或综合以下几种方法。

第一,在宏观上,采取思想史与哲学史交叉运用的研究方法,以思想史的研究方法为主,以哲学史的研究方法为辅。运用思想史的研究方法,有助于从内部观察萧萐父学思历程的演进脉络,寻求主导萧萐父的学术思想的线索,窥其全貌。运用哲学史的方法,有助于从外部将萧萐父放在中国哲学(史)百年进程(尤其是1949年至今)中的哲学史家群体中,探讨萧萐父对于中国哲学史学科的个人贡献。本书交叉运用两种方法,进行全方位、系统的研究,以求从整体上把握萧萐父的思想学说,挖掘深层意蕴,勾勒内在逻辑,彰显萧萐父思想的独特魅力。

第二,在微观上,努力追求事实与价值、外在诠释与内在诠释、历史背景与传主偏好的统一和动态平衡。本书以萧萐父发表、出版的文字著述为基本依据,一方面试图忠实地、系统地介绍萧萐父本人所要表述的本来含义,另一方面也试图恰如其分地彰显萧萐父的思想学说中未曾凸显,但又符合传主本人思想逻辑的内涵。

第三,多元客观的研究视角。本书在"同情地了解"的基础上,也试图从学界其他不同思潮的角度来看待萧萐父的思想学说的意义以及局限,以尝试更加准确地、公允地对萧萐父的思想学说予以评价。萧萐父与同时代的其他哲学史工作者一样,其思想学说带有一定的时代印痕。因此,深入传主思想内部进行多种观点的相互攻错,甄别优劣,既有利于尊重和把握传主的思想逻辑,思考传主"表述了什么""怎样表述""为什么要这样表述"等问题,又可以通过将传主的思想学说与其他思潮进行对比,得到尽可能符合事实、符合思想史逻辑进程的公允评价,从而揭示传主思想对当今和未来学术思潮走向的启示。

本书内容共分六章,另有前言、结语、附录一、附录二。基本按照由点到面,由微观到宏观的原则,以个案—学说—哲学—文化的脉络依次展开,将学术史和现实意义结合起来。分列如下。

前言点明本书写作的问题意识、展开脉络以及研究方法。

第一章围绕20世纪中国哲学的变迁,勾勒萧萐父的学术人生,突出重要的几个学思节点,大体有20世纪40年代乐山武大求学、50—60年代受李达校长邀请重返武大确立以马克思主义理论研究王夫之学术的基本原则、80—90年代在传统与现代的话题中提倡从明清之际的启蒙学说中寻找中国式现代化的活水源头等。这几个节点,既与当时的时代环境密切相关,也与萧萐父本人的学思倾向有关。

第二章试图理清萧萐父的船山学研究的内在理路,揭示其船山学研究的特色在于:一方面通过清理、挖掘、整理船山哲学极具特色的范畴,从而确立王船山是我国古代伟大的辩证法家的身份;另一方面以王船山为中国早期启蒙学术的标杆性人物,即"17世纪中国伟大的人文主义思想家"。

第三章对萧萐父的早期启蒙说展开评述。首先梳理"启蒙"观念在中西文化脉络中的各自内涵,然后解析萧萐父的"启蒙"用语在何种意义上使用，并阐述清楚他的"早期启蒙说"的概念界定、范围划分、理论架构等。在学术前史的梳理上，试图辨明梁启超、侯外庐、萧萐父明清启蒙学说的异同，最后揭示萧萐父启蒙学说在中国现代思想史中的理论价值。

第四章的主题是探讨萧萐父作为哲学史家，对中国哲学的现代转型做出的贡献以及不足。第一节重在论述萧萐父在理解和把握中国哲学时的主要理论、基本原则以及方法论选择。第二节则从教材章节的独特安排、"接合点"的解决思路、"之际"学术史概念、诗化哲学等个例出发，深入说明萧萐父中国哲学史观独有的学思创造。

第五章阐述萧萐父的文化观的核心要义在于"两化"，即中国传统文化的现代化与西方先进文化的中国化，总结反思近代以来人们探索中国现代化的经验与教训，以期形成"中国式的现代化理论"。

第六章简要总结萧萐父学术思想的特质在于：马克思主义哲学的指导原则、西方哲学文化的借鉴资用、中国传统哲学的根源意识。而对于其自身的学术气质来说，则体现了人文与理性、诗与真的紧张与统一。

结语部分点明、总结萧萐父的学术特质与20世纪后半叶人文精神之间的关系。

附录一为萧萐父思想研究综述；附录二为萧萐父学术年表。

第一章　萧萐父的学术人生[①]

第一节　少年时期——"墨池畔'虹'飞'飙'起"[②]

1924年1月，萧萐父出生于成都西城区一座名为"众茇"[③]的私人宅园里。其父萧参（1885—1961），字中仑，别号珠仙、松丰、隐隋，今四川井研人，晚清秀才，蜀中名士，辛亥革命元老。萧参父母早丧，发奋图强，中秀才，1905年20岁时赴自流井（今四川自贡市）参加科举以来的最后一届乡试，时甲午海战后国势殆危，闻四川革命义士邹容（1885—1905）"苏报案"，激愤不已，毅然放弃举业，转赴成都广交志士，参加同盟会，投身反清革命。

萧参私淑一代经学大师廖平。廖平（1852—1932），也称廖季平，今四川井研人，创立了近代中国独具特色的经学理论体系，是近代中国重要的思想家之一，与近代另一经学大师章太炎（1869—1936）齐名。廖平初名登廷，字旭陵，继改字季平。廖平年少家贫，发奋读书，

[①] 本部分的写作参考了对萧萐父哲嗣萧远先生、萧萌老师的访谈，以及萧萐父生前师友、门弟子的回忆录。萧萌老师曾赠予笔者相关的写作资料。特此一并感谢。

[②] 萧萐父：《金缕曲——壬午除夕，七九自省》，《火凤凰吟：萧萐父诗词习作选》，武汉大学出版社2007年版，第58页。

[③] 众，音ruò，众木。古人发明取友之义，从三又会意，同心同德，彼此可相辅相成之意。茇，音bá，《说文》云：茇，草根也。

自学成才,一生研习经学,于今文经学有精深造诣,为学有"六变"之说,著有《今古学考》等,晚年自署联曰:"推倒一时,开拓万古;光被四表,周流六虚!"

廖平在四川最高学府尊经书院讲学时,长期住在萧参的自宅"叒荄",两人论道说医,日夜不休,遂成忘年交。受廖氏影响,萧参在《尚书》《老子》《楚辞》以及中医理论方面均有很高造诣,通音律,能吹笙鼓琴,诗词创作、书法篆刻亦多有创获,流誉蜀中。萧参曾先后任教于四川大学、四川尊经学堂、华西大学,以及成都中学、石室中学、华阳县中等中小学。

萧参曾是新儒家巨擘、哲学家唐君毅(1909—1978)读小学时的国文老师。萧参以《庄子》中《逍遥游》《养生主》诸篇作为教材讲授,对幼年的唐君毅产生了较深影响。唐君毅后来在《怀乡记》中回忆:自己后来钟情于哲学,"亦许正源于此"。① 萧参在授课、研究之余,还与蒙文通、唐迪风、张真如等川籍学者来往密切。

萧萐父母亲杨正萱(1897—1984),字励昭,号梦菱,大家闺秀,清代爱国名将杨遇春后裔。② 杨正萱肄业于成都女子师范学校,受家学熏陶,善诗词、工书画,曾著《梦菱阁诗词稿》。杨正萱长期担任成都成公中学、建本小学、四川大学附中国画、语文老师,新中国成立后,应聘为四川医学院绘画员。

1921年,萧参和杨正萱结婚,一代宗师廖平为之证婚,时任四川省图书馆馆长的蜀中名士祝彦和送来喜联庆贺:"萧郎是路人,自昔侯

---

① 《唐君毅先生年谱》:"先生于是年春入成都省立第一师范附小高小,寄宿校中,每星期一第一堂为修身,由省立第一师范校长祝纪怀先生亲自执教,国文则由萧中仑先生执教。萧先生白发飘然,超凡脱俗,望之如神仙中人,人称之为萧神仙。精医术,先生曾请其为陈太夫人治副伤寒。时萧先生以庄子逍遥游与养生主为教材,先生甚感兴趣。在怀乡记中,先生自谓'后来学哲学,亦许正源于此。'"《唐君毅全集》卷二十九,台北学生书局1980年校订版,第8页。

② 杨遇春(1760—1837),清朝爱国将领,四川崇州人,道光年间曾任陕甘总督,在反击外国殖民主义者侵略、维护祖国领土完整方面建立了卓越的功勋。

门深似海；神仙成眷属，而今绣阁暖于春！"①优越的书香世家与家学渊源，为日后出生的萧萐父提供了得天独厚的环境。

萧萐父出生后，由父母亲自教读，通读左孟庄骚等经史典籍，直到12岁才入小学。萧参有意识地教他读背《昭明文选》《汉书》《史记》等传统经典。童年的萧萐父常在家里的藏书中乱翻，一次翻出了清末同盟会印作革命小册子的"宣传品"，其中除有邹容、章太炎论著外，还有黄宗羲的《明夷待访录》、王夫之的《黄书》、王秀楚的《扬州十日记》等，书的封面上写着"共和纪元……""黄帝纪元……"，又常常听到父辈们谈论明清史事。②年少的萧萐父还看不懂这些书，但这些书的内容在他心中形成了浓厚的"历史情结"，成为日后的求知起点。童年的萧萐父钟情于古典诗词，有一次随父亲去拜访林山腴先生③，林先生赠给他毛笔二支，遂作诗《谢林山翁赐笔》："霭霭林山翁，赐我五色笔。忆昔江文通，其文竟入室。来日风骨成，庶可与之匹。"④

1937年，萧萐父考入成都县中。成都县中后有一方池，乃西汉大儒扬雄的"洗墨池"旧址，相传扬雄勤苦好学，每天都在这里洗笔砚，以致池水变黑。萧萐父从父辈的言谈中对扬雄事早有耳闻，并从舅舅处知晓另一位古代学者严君平的故事。舅舅家所住的地方，叫作君平街湛冥里，大人们告诉他这里曾是严君平卖卜求生的地方，严君平精通《易》《老》，学问精湛，扬雄少时曾向严君平求学。古人勤勉好学的事迹，以及周遭的人文氛围，在童年萧萐父的幼稚心灵上留下了不可磨灭的印记。

---

① 萧远：《〈松萱遗墨〉编后记》，载萧远、萧萌编：《缀玉集》，广州巨慧文化创业有限公司2006年版。
② 萧萐父：《吹沙二集》，巴蜀书社2007年版，第152页。
③ 林思进（1874—1953），字山腴，晚年自号清寂翁，成都华阳人，晚清举人。曾任内阁中书，成都府中学堂监督，四川省立图书馆馆长，华阳县中校长，成都高等师范学堂、华西大学、成都大学、四川大学教授，四川省通志馆总纂、四川省文史研究馆副馆长。著有《中国文学概要》、《华阳县志》（编纂）、《清寂堂诗集》、《清寂堂文录》、《吴游录》等书。
④ 萧萐父：《火凤凰吟：萧萐父诗词习作选》，第3页。

中学期间，萧萐父遇到一位对他日后人生影响至深的老师——罗孟祯先生①。罗孟祯是萧萐父初中、高中两个阶段的历史老师，主要讲授"历史地理"课，经常以蒋方震奋笔写成《欧洲文艺复兴史》一书，以及梁启超为蒋著代序，结果下笔不能自已遂扩充为《清代学术概论》一书的故事，勉励学生向上好学。同时，罗孟祯还十分注重引导学生学习刘知幾、章学诚的史论著作。受罗孟祯的影响，萧萐父课后常从中学图书馆中借来蒋、梁、刘、章之书，深读理解，史学素养大为提高，并写出了第一篇史论习作《论史慧》，受到罗孟祯的夸奖。这位优秀的中学教师并没有仅仅停留于知识的简单传授，而是在讲课中十分注意培养学生的爱国热忱，把历史与现实紧密结合起来，开启学生心智，健全学生人格自我。罗孟祯的教授，使萧萐父获益良多，深深地影响了其思想走向。由于对文史的兴趣日益增长，萧萐父业余时间与同学们积极创办中英文墙报《空谷跫音》，英文取名Rainbow，每周一期，并推出诗歌专号《狂飙》，积极拓展自己多方面的才干。

1938年，国立武汉大学迁往四川乐山，与此同时西南联大也在昆明组建，国民政府迁往重庆。重庆、昆明与成都相距不远，一时间各种新思潮涌入巴蜀大地，带来了新的生气。1943年夏，冯友兰应邀来成都讲学，得知该消息后，萧萐父与徐溥等几位同学遂逃学听取演讲。冯友兰的演讲引发了他与同学们的激烈争论，为了对争论有更深入的认识，萧萐父深入搜读冯友兰的"贞元三书"，即《新理学》《新事论》《新世训》，加深了对哲学的理解，也为他日后就读武汉大学哲学系奠定了初步的基础。

家学的熏陶、良师的教益、聪颖的天资，以及中学阶段的广泛涉

---

① 罗孟祯（1907—1998），四川汉源县人，民主党派人士，四川师范大学教授。1926—1930年就读于国立成都高等师范学校，1931—1954年先后或同时在成都公学、省立成都师范学校、石室中学、省立女子中学、成都县中、树德中学等校教授历史、地理课程。曾任四川省政协委员、四川省古籍整理出版委员会学术委员。

猎，是萧萐父日后走向学术道路的有益条件。

第二节 青年时期 ——"诗情慧境两参差"

1943 年夏秋季节，19 岁的萧萐父高中毕业，怀揣一支钢笔，只身乘舟溯河而上，半自觉地报考了时在乐山的武汉大学哲学系，开始了新生活。在乐山武大期间，萧萐父接受了严格的专业训练，先后主修了张真如教授的"西方哲学史"和"德国哲学"课，万卓恒教授的"西方伦理学史""伦理学原理""数理逻辑"课，以及胡稼胎教授的"哲学英语""中国哲学"等课；并选修了朱光潜教授的"英诗选读"、缪郎山教授的"俄国文学"、彭迪先教授的"西方经济学说史"等课。除了专业课和选修课之外，萧萐父还广泛涉猎中外文化名著。他通读了康德、黑格尔、尼采、罗曼·罗兰、高尔基、伏契克、郭沫若、侯外庐等古今学者的学术作品。[①] 在四年的大学生涯中，萧萐父对哲学和文学的兴趣日益见长，哲学讲求逻辑、思辨，文学讲求浪漫、诗情，形成了他日后的"双 L 情结"（Logic、Lyric）。

这一时期，萧萐父的诗歌创作进入新的进境，除了对古体诗和现代诗创作的一贯热爱，还拓展了中、英文诗歌互译的实践活动。一次偶然的机会，萧萐父结识了当时华西协合大学的外籍教授费尔朴，费氏邀请他协助陶渊明诗文集的英译工作。[②] 萧萐父结婚时，费尔朴教授

[①] 参见郭齐勇：《萧萐父与早期启蒙说：探寻中国式现代化的源头活水》，人民日报出版社 2023 年版，第 7—23 页。

[②] 萧萐父与费尔朴教授的交往堪称一段奇缘。半个世纪后，北京大学比较文学资深教授乐黛云女士访学新西兰，偶然发现一本《峨山香客吟咏》，里面收录了萧萐父少年所作的《峨眉纪游》十四首组诗，遂带回国内复印寄赠萧萐父，萧萐父惊喜异常，称为"缪斯的复归"，成为一段学林佳话。《峨山香客吟咏》（Pilgrimage in Poetry to Mount Omei），由美籍教授费尔朴（Dryden L. Phelps）、加拿大籍教授云瑞祥（Mary K. Willmott）选译，收录了自唐太宗、李白、杜甫、岑参下迄现代等 33 家的诗作，萧萐父乃最后一家，且 14 首全部收录。笔者曾经翻阅萧萐父现今所存的三百余首诗词，如果单论中国哲学的诗化性质，萧萐父堪称中国哲学史家群体中的"奇葩"，这使他在学林中独树一帜、形象鲜明。

赠给萧萐父一套他所精印、英译的《峨眉山图志》，作为结婚礼物。萧萐父则将其所创作的组诗《峨眉纪游》十四首书写为一横幅回赠给费尔朴教授。这组诗以峨眉山景色和美好恋情为主题，文情并茂、情景交融，意象十分优美，但后来却因种种原因，荡然无存。半个世纪后，该组组诗出现在海外出版的《峨山香客吟咏》一书中，并被译为英诗，实乃意料之外。① 除此之外，大学期间萧萐父还以宋词《菩萨蛮》的格律形式，翻译了一首雪莱的《寄月》，以"嫦娥"意象代替英诗中的"moon"，成功置换中西文本语境，形成奇妙的观感，堪称中西合璧的诗文译作，得到外国文学大家张瑶"在沟通中西诗境方面做了有益的探索""凸显出东西方诗境的可融通性"的高度评价。② 这种对诗的热爱，使得萧萐父的诗歌实践不断臻于化境，为其日后的学术创造带上一层浪漫瑰丽的色彩。

1945年夏，抗日战争结束，但国内局势仍然动荡。青年的萧萐父，有感于当时动乱不堪的时局和满怀理想的学业的巨大反差，一时不能自已，作诗云："诗情慧境两参差，犹记荒江独立时。海燕孤飞翻有梦，春蚕自缚尚余丝。堪怜丽思纵横处，难解狂歌叱咤辞。文藻江山摇落感，飞凉萝月又眠迟。"③ 由诗中的"自缚""堪怜""难解""眠迟"等词，可见萧萐父当时的复杂心境，但诗中流露出的主基调，显然是想克服"诗情"和"慧境"的矛盾，渴望现实和理想能够得到统一，从而有所作为。1946年秋天，武汉大学迁返珞珈山。返校后，萧萐父与孙宗汾、庹楫庭、叶阳生等同学发起成立"珞珈学报社"，筹办《珞珈学报》。萧萐父被任命为学报副刊《春雷》主编，兼任学报对外发言人，并负责与学生会沟通公关等工作。在《春雷》创刊号上，萧萐父

---

① 萧萐父：《火凤凰吟：萧萐父诗词习作选》，第26—39页。
② 萧萐父：《火凤凰吟：萧萐父诗词习作选》，第4—6页。
③ 萧萐父：《自题吟稿》，《吹沙集》，第612页。

发表了自己的朗诵诗《春雷》，诗中首、尾两节均为"生命是一串继续的死亡和复活，历史的重担下，/每颗心都在倾听着——/大地上，群峰与山谷互相应和的/那一片旷野而嘹亮的希望之歌"①，他以充沛、激越的情感，表达了对新社会、新世界的强烈向往，以及对历史责任感的高度认同。

1946年12月，北平发生美军强暴北大女生沈崇事件，"反美抗暴"浪潮席卷全国。"沈崇事件"给萧萐父的心灵造成强烈的冲击，自发的爱国良知使他难以无动于衷。于是，萧萐父与同学廖文祖、吴昆丞、张静芝等人发起座谈会，邀请梁园东、韩德培等知名教授参加。会议围绕三个主题进行讨论：（1）驻华美军产生的根源；（2）美军暴行的性质问题；（3）我们应当怎么办？萧萐父指出这些问题在根本上是人性与兽性的斗争问题，翌日武汉《大刚报》就以《人性反对兽性——武汉学生毕竟站起来》为标题，报道了武大师生的抗议情形。1947年春，萧萐父正式参与《珞珈学报》的创刊工作，武汉大学中文系教授刘博平为之题写书名。5月1号，《珞珈学报》创刊号正式刊行。这是当时整个中南地区、华中地区唯一的一份学运小报，它全凭萧萐父等青年学生的良知和正义感、责任感办成，没有任何党派背景或政治背景夹杂其中。《珞珈学报》发行后不久，震惊中外的"六一惨案"发生，武汉大学黄明岗、王志德等学生在"反美蒋运动"中被军警枪杀，萧萐父时任武汉大学学生自治会组织宣传部长，积极投身学运，召开中外记者招待会，打破当局新闻封锁，向外境报道真相，由此被国民党当局写上"黑名单"，一度荒废学业。

1947年夏，萧萐父以《康德之道德形上学》为题完成毕业论文，论文由同学代为抄正，送呈万卓恒教授评审通过，但因为受到国民党当局的密切监视，还没来得及参加答辩，便仓促离校。这篇本科论文

---

① 萧萐父口述，萧远整理：《〈珞珈学报〉创办的前前后后》。

全文三万多字,洋洋洒洒,以康德理论理性和实践理性的关系为切入点,集中探讨了康德道德哲学的"道德概念""道德律令""道德理想",并深入分析了"善的意志""格律论",以及"目的国"和人格尊严的意义,论证翔实、表述严谨,且引用了大量一手文献以及英文文献。而该论文的指导老师万卓恒先生,本身就是康德哲学权威之一,也使得这篇论文的水准不低。[①] 8月,因国民党追捕,萧萐父秘密离校回到成都,任教于华阳县中,新的一番生活又开始了。

担任华阳县中老师后,萧萐父为县中注入一股新风气。他注重启发学生民智,把学生中的积极分子组织起来成立"读书会",阅读鲁迅、高尔基、巴金、萧军等作家的进步书籍,扩大了学生的视野,激发了学生的爱国热情。在中学任教的同时,萧萐父还应著名学者蒙文通先生邀请,受聘于成都尊经国学专科学校,主讲"欧洲哲学史"。业余时间,萧萐父又担任成都《西方日报》副刊《稷下》主编。

其间,萧萐父积极参与中共成都地下党组织的活动,并在华阳县中组织展开学生运动。这一连串的社会实践和教学活动,使萧萐父对马克思主义的巨大理论指导意义有了更深的体会,为日后进一步精研马列文献准备了实践基础。

成都解放后,萧萐父又受上级党组织派遣,陆续接管华阳县中、华西大学,转任华西大学马列主义教研室主任,主讲"新民主主义论""社会发展史""辩证唯物论"等课程。1952年全国高等院系调整后,萧萐父留任四川医学院马列主义教研室工作,继续从事政治理论教学工作。1949年到1955年间,萧萐父全面系统地研读了马克思主

[①] 据李维武教授介绍,20世纪上半叶中国学者发表的介绍、研究康德的论文约有120多篇,而在研究康德哲学的著述中,郑昕先生的《康德学述》是第一部认真介绍康德哲学的总结性成果。但在这些著述中,专门研究康德道德哲学的论文只有寥寥几篇,郑昕的《康德学述》也主要集中阐发《纯粹理性批判》的思想,因此萧萐父当年选择以《康德之道德形上学》为题作为毕业论文,是一项难度相当大的研究工作,也是一项带有开拓性的研究工作。参见萧萐父:《吹沙二集》,第362—364页。

义经典著作，郑重确立马克思主义作为自己的信念。前期积累的社会实践活动，以及对马列经典文献的深入研读，使萧萐父对马克思主义理论有了源于亲身实践的社会认知，很好地促进了理论与现实的结合，为他后来运用马克思主义哲学原理指导中国哲学史的研究，准备了深厚的理论基础。

第三节　壮年时期——"春兰秋菊正葳蕤"

1956 年是萧萐父学术人生的重要转折点之一，也是他正式进入中国哲学史研究领域的学术起点。这一年，萧萐父被派往中央党校进修。1957 年，中共建党元老、武汉大学校长李达决定恢复哲学系，邀请萧萐父回母校，参与哲学系的重建工作。李达校长的邀请深深鼓舞了萧萐父，他决定重返武大。为了适应新工作的需要，萧萐父又转赴北京大学进修中外哲学。在北大期间，萧萐父先后选修、聆听了冯友兰、郑昕、朱谦之、张岱年、侯外庐、吕振羽等学者的专题课程或学术讲座，在学业上则得到了导师任继愈先生的指点。业余时间，萧萐父又经常去贺麟、汤用彤家中侍坐求教，学术素养得以迅速提高。

北大的进修，对萧萐父的学术人生来说，是一段极其重要的经历。在他进入北大后不久，学术界就展开了对哲学史方法论的讨论，讨论议题十分广泛，争论激烈。郑昕、冯友兰、贺麟、张岱年、任继愈、陈修斋等老、中、青学者都有参与。萧萐父作为少数青年学者之一，也旁听并参与了这一讨论，并在《光明日报》等报刊发表了《我对研究中国哲学史的几点意见》《关于继承祖国哲学遗产的目的和方法问题》《怎样理解马克思主义哲学的继承性》等论文。[①] 这些文章集中

---

① 关于这场讨论的具体内容，请参见赵修义、张翼星等编：《守道 1957：1957 年中国哲学史座谈会实录与反思》，上海人民出版社 2012 年版。

阐述了他对"哲学史""历史科学"等一系列问题的认真思考,尽管这些文章的主导思想仍带有当时学术氛围的痕迹,但部分观点在今天看来仍是真知灼见。进修之外,在具体的科研方面,萧萐父还参加了由中国科学院哲学研究所中国哲学史研究室主持的中国哲学史资料选辑工作。

20世纪50年代末,萧萐父到武汉大学哲学系工作。在《1957年7月初到汉皋》诗中,他写道:"武昌城外柳依依,回首沧波路未迷。西蜀紫鹃归梦远,东湖红萼故人稀。峥嵘诗律归平实,寂寞玄莹入细薇。恰是艳阳天气好,春兰秋菊正葳蕤。"① "回首沧波路未迷",表达了在大时代中萧萐父对自己人生道路的坚定选择的感怀。"峥嵘诗律归平实",则表明萧萐父为从事严谨的学术研究,已经做好充分的准备。"春兰秋菊正葳蕤",则反映了他对新的工作环境、新的学习生活的憧憬和信心。重返母校后不久,萧萐父就根据李达校长的哲学系办学原则,重建中国哲学史学科,并任哲学史教研室代主任。为了尽快展开学术研究和教学工作,他与李德永、唐明邦等同事一道,提出以研读"两典"和探索"两源"为主要指导方针。这里所说的"两典",是指马列主义经典著作与中国古典哲学文献;"两源",则是指哲学理论形成社会历史根源和认识论根源。经过数年的努力,武大哲学系中国哲学史教研室同事合力,一道编印出近百万字的《中国哲学史》教材,以及一套《中国古典哲学名著选读》辅助教材,奠定了武汉大学中国哲学专业的坚实基础。

在个人专长方面,萧萐父选择了明清之际的启蒙思潮和王夫之哲学思想作为主攻方向。萧萐父后来回忆说:

50、60年代,在从哲学到哲学史的专业转向中,我较认真琢

---

① 萧萐父:《吹沙集》,第613页。

磨的是黑格尔—马克思的哲学史观及其一系列方法论原则；同时，也努力把注前辈学者的特定研究成果，使我深受启发的是：关于历史与逻辑相统一的分析方法，以及历史的发展只有到特定阶段才能进行自我批判和总结性反思的提示，关于中国史中的两个"之际"——即把"周秦之际"与"明清之际"视为中国思想文化史上两个重大转变时期的提法，关于王夫之哲学标志着传统理学的终结和近代思维活动的开端的论断，关于晚明到清初崛起的批判思潮中的启蒙因素的发掘……等等。①

中国早期启蒙说，首倡于侯外庐。萧萐父亲受侯外庐、吕振羽等名家的指导，在学术思想上深受影响，且下了很大功夫，取得突出的成绩，但更多的是拓展和超越。这一时期，萧萐父也对鲁褒、何承天、刘禹锡、柳宗元等思想家以及禅宗思想等，分别予以个案研究和专题性的整理工作。

1962年是萧萐父学术生涯中的重要一年。1月，萧萐父发表第一篇佛学论文《禅宗慧能学派》，4月又作《刘禹锡的"天人交相胜"学说》。10月底11月初，参与筹办了由湖南、湖北两省社联组织的"纪念王船山逝世270周年学术研讨会"，并提交了两篇有分量的论文，即《船山哲学思想初探》和《浅论王夫之的历史哲学》。在会上，萧萐父畅论王夫之的启蒙哲学，并提出船山是启蒙思想家中的典型人物的观点，在学术界崭露头角，以王夫之研究专家名世。1963年9月，萧萐父作《略论鲁褒》与《略论何承天》二文。1965年2月，作《略论杨泉及其〈物理论〉》的初稿。8月，论文《船山哲学思想初探》《浅论船山历史哲学》入选由湖南省和湖北省社联合编、中华书局出版的《王船山学术讨论集》。

---

① 萧萐父：《吹沙二集》，第153—154页。

在探究中国哲学的同时,萧萐父还思考了哲学史方法论等问题,并先后在《哲学研究》《光明日报》《江汉学报》等重要报刊发表《历史科学的对象问题》《哲学史研究的根本任务和根本方法问题》《是主观社会学,还是历史唯物论?》等论文。萧萐父这一时期的学思特点,是运用马克思主义理论,探析哲学史上不被注意或者被贬低的唯物主义思想家的贡献,例如鲁褒、何承天、杨泉等。在哲学史方法论上,萧萐父强调共相(一般规律)与殊相(历史人物的个性、偶然事件、思想特点等)的统一,以及对"哲学史"属于历史科学的性质判定。从1957年到1966年的十年,是萧萐父学术生涯的黄金期之一。

1966年,"文革"开始,萧萐父因李达老校长"珞珈山三家村"案,受株连惨遭批斗,被抄家达七次,家中珍藏的书稿、诗稿以及珍贵藏书被一扫而空,散落无踪。随后,他又被长期下放湖北襄阳广德寺农场,"劳动改造"卧"牛棚",虚度年华。当时的萧萐父,正值壮年,因"文革"摧残,学术生命被白白断送了十年。在将近十年的下放和"劳动改造"期间,萧萐父并没有彻底放弃学术研究,凭着对专业的热爱和知识分子的责任感,对王夫之、柳宗元的著述作了注解、探究工作,并奋力撰写了《船山年谱》和《船山哲学》,但均成废稿。萧萐父后来回忆说:"十年浩劫的困境中,有时想起明清之际学者们'锋镝牢囚取次过,依然不废我弦歌'的坚贞风范,也是一种无形的精神激励。'文化大革命'后期,囚居野寺,我曾一冬奋笔写成《船山年谱》稿20万言,继又草成《船山哲学》稿10余万言,调不入时,俱成废稿。"[①]1975年,下放结束,萧萐父与其他师生重回哲学系,不久政治气候转暖,学术研究也迎来了新气象。

---

① 萧萐父、许苏民:《明清启蒙学术流变》,辽宁教育出版社1995年版,第781页。

第四节　中年时期 ——"雷风相薄孕新思"[①]

"文革"结束以后，中国知识分子迎来了春天。萧萐父的学术生命，重新焕发生机。从1976年至1988年，这十多年是萧萐父学思历程的又一个黄金时段。据田文军整理："这一时段内，萧萐父的学思范围大体上包含三个向度：参与思想理论战线的拨乱反正；主编教育部委托编写的《中国哲学史》教材，进一步完善武大中国哲学史学科的课程体系；深化对于中国哲学启蒙问题的思考。"[②]1978年，教育部组织武汉大学、中山大学、四川大学、南开大学、广西大学、辽宁大学、湘潭大学等九所高校，编写高等学校哲学系本科生选用的《中国哲学史》教材，由萧萐父和李锦全担任主编，历时三年终写成一部70多万字的两卷本《中国哲学史》。这部哲学史教材曾得到张岱年、石峻等名家的好评，甫一问世，迅速受到广大高校师生欢迎，荣获国家教委优秀教材一等奖，重印10余次，累计印行11万余套，先后被译为韩文、英文在海外出版，一直到90年代中期才隐退。该教材因形成于"文革"结束后思想理论战线的拨乱反正之时，承上启下，因而具有重要的理论价值和学术地位。

《中国哲学史》教材的成功编写，与萧萐父的个人努力是分不开的，他亲自为该教材撰写了《中国哲学史方法论问题刍议》一文（后又单独发表于《武汉大学学报》1982年第3期）。该文一方面作为"导言"，十分鲜明地阐述了该教材的特色，主张净化哲学史研究对象，发掘中国哲学遗产中的启蒙因素，着力探索中国哲学发展的历史脉络与

[①] 萧萐父1982年《湘西草堂题咏》组诗第四首云："天地有情容被禊，雷风相薄孕新思"，颇能代表这一时期萧萐父的学术新境。参见萧萐父：《火凤凰吟：萧萐父诗词选》，第64页。

[②] 田文军：《锦里人文风教永　诗情哲慧两交辉》，载郭齐勇、吴根友编：《萧萐父教授八十寿辰纪念文集》，湖北教育出版社2004年版，第8页。

逻辑线索；另一方面则集中阐述了他的中国哲学史观，在其学术生涯中意义重大。该文所提出的"净化""圆圈""纯化""泛化"等观念背后的主导思想，实际上贯穿了萧萐父后续的学术创造，尤其是其中的"逻辑圆圈论"，可以说是他中国哲学史观的核心。

"明清启蒙说"则是萧萐父这一时期极富个人特色的学说。20世纪80年代，萧萐父就这一主题，先后在《中国社会科学》中、英文版以及《光明日报》等报刊，发表了《中国哲学启蒙的坎坷道路》《对外开放的历史反思》等重要论文。与20世纪60年代仅仅是强调明清之际思潮的启蒙性质相比，萧萐父在80、90年代标举的"明清启蒙说"，已经在时代背景、问题意识、研究结论、学术意义上都大大超越了以往的思考，对中国文化向何处去的问题作了十分有深度的回答。在自己熟悉的王夫之个案研究方面，萧萐父则为《国际史学家》词典撰写了"王夫之"条目，并拓展了船山辩证法思想、船山历史哲学、船山政治哲学等多方面的研究，出版了《王夫之辩证法思想引论》和《船山哲学引论》两部专著。更为重要的是，萧萐父把王夫之树立为明清启蒙思潮的典型，并将之和李贽、戴震等思想代表遥相呼应，这就把个案研究和启蒙学说很好地统一起来，凸显了其学术史和思想史的双重维度。

萧萐父的"明清启蒙说"，同时也是20世纪80年代文化大讨论的重要一环，它不仅探讨了"明清之际"的思想性质问题，同时也是作为解决中国文化如何现代转型（此问题到现在为止仍然存在）的一种尝试。美国天普大学傅伟勋教授曾评价萧萐父的"哲学启蒙说"："有别于李泽厚的西体中用说与具有中体西用倾向的儒学复兴说，认为应当继承十七世纪兴起的反对宋明理学的早期启蒙思潮，自觉地更深广地有选择地吸取消化未来文化，完成近代哲学启蒙的补课任务"，"萧氏的'哲学启蒙说'在思想改革与教育改革这一点，似较中西文化体用问题的论辩有启迪作用,值得进一步探讨"。[1]傅伟勋教授"中西文化体用问题"的相关点评,是合乎实际的。

这一时期,萧萐父拓展了对儒、道、佛三教的研究,并提出了"道家风骨""禅语言""人文易""伦理异化"等观念,为中国哲学研究提供了新颖视角,启迪学林。他先后推进了中国辩证法研究、周易研究、道家与道教研究、佛学研究、现代哲学思潮研究、楚简研究等[2],十分具有开拓意识,且取得了丰硕成果,并与唐明邦、李德永等同事一道,推动了武汉大学中国哲学专业的蓬勃发展。

这一时期,萧萐父具有开拓性的学术贡献还在于深入探讨了中国哲学的诗化性质,提出了"哲学的诗化与诗的哲学化"的论点。一直以来,国内学界探究诗学与哲学的关系,均是在西方哲学的言说背景下展开的。萧萐父论述中国哲学的诗化性质,其深意并不仅仅是对中国文化源远流长的诗学传统的昭述,而且是通过"诗化"揭示中国哲学的独特性质,凸显中国哲学的自主性和主体性。

萧萐父对诗情和哲理、人文与理性相统一的孜孜追求,是他整个学术人生的真实写照,也是把握其学思历程的关键钥匙。

第五节　晚年时期——"留予吹沙继起人"[3]

1999年,萧萐父第二部专著《吹沙二集》出版。《吹沙二集》成书于一段特殊的年代。该文集在风格上是一部思想凝重的个人著述,在主题上则是一部树立中国传统文化主体性的精品,堪称萧萐父的扛鼎

---

[1] 傅伟勋:《大陆学者的文化再探讨评析》,载氏著《"文化中国"与中国文化》,台北东大图书公司1988年版,第350、351页。

[2] 参见郭齐勇:《史慧欲承章氏学　诗魂难扫瑟人愁》,载萧汉明、郭齐勇编:《不尽长江滚滚来——中国文化的昨天、今天与明天》,东方出版社1994年版,第44—46页。

[3] 萧萐父:《火凤凰吟:萧萐父诗词习作选》,第60页。

之作。该集出版之际,萧萐父已75岁,无论是学术敏锐性,还是学术鉴别力,都达到炉火纯青的境界,可谓老而弥坚。

进入新世纪后,2000年至2003年间,萧萐父先后出版了《传统价值:鲲化鹏飞》《王夫之评传》,并主持了《熊十力全集》的编纂工作,敏锐地关注着国内外学术发展的态势。晚年,萧萐父又大力推动郭店楚简研究,并在学界"二重证据法"的基础上,提出"三重证据法"。[1] 除了延续20世纪90年代的文化思考之外,萧萐父这一时期的学思重心更多地转移到思考中国民族文化的未来走向。他指出,在过去的20世纪,"西学中源""中体西用"之类的思想范式曾将人们引向歧途,给人留下了深刻的理论教训。因此,在新的时代条件下,对文化与传统的反思,应当超越中西对立、体用两橛的思维模式,既反对不加分析地维护传统,又反对盲目幼稚地鼓吹"西化",形成"中国式的现代化理论"。[2] 由此,他提出"两化"的解决模式,即中国传统文化的现代化和西方先进文化的中国化。唯有如此,才可能正确理解中国传统文化中的启蒙思想因素,找到中国文化现代化的活水源头,正确理解中华文化必须而且可能现代化的历史根据。[3] 在树立传统文化的主体性方面,萧萐父认为,人类文化是多源发生、多元并存、多维发展的;人类文化传播中的辐射、迁徙、涵化、融合,都以文化发生的多根系与文化发展的多向度为前提。他以中国传统文化中儒、道、释"相依而分驰""相乖而合流""相黜而互补"来强调中国文化的多元集合。

晚年的萧萐父,还把"哲学的诗化与诗的哲学化"的论点,升华到更高的理论层次,认为中国哲学的诗化传统,"使中国哲学走上一条

---

[1] 萧萐父:《吹沙三集》,巴蜀书社2007年版,第9—24页。
[2] 萧萐父:《吹沙三集》,第5页。
[3] 萧萐父、许苏民:《"早期启蒙说"与中国现代化》,载《吹沙三集》,第38—58页。

独特的追求最高价值理想的形而上学思维的道路,既避免把哲学最后引向宗教迷狂,又超越了使哲学最后仅局促于科学实证,而是把哲学所追求的终极目标归结为一种诗化的人生境界,即审美与契真合二为一的境界"①。

在教书育人方面,萧萐父说:"我们这一代学人,如此承先以成其富有,启后以见其日新,更不辜负前辈学者的具体嘱托,而使中国思想的慧命之流生生不已。这是另一部没有写出来的人文精神史中的心火之传,最令人欢欣鼓舞。"②萧萐父自1978年开始招收硕士研究生、1987年招收博士研究生,先后培养了一大批本科生、硕士生、博士生,以及私淑弟子,教泽广远。在教学生涯中,萧萐父曾先后开设"哲学史方法论研究""中国哲学史史料源流举要""中国辩证法史""明清哲学""佛教哲学""道家哲学""马克思的古史研究""马克思晚年的《人类学笔记》"等基础课程与专业课程,完善了武汉大学中国哲学专业的课程体系。经过多年的积累与沉淀,武汉大学中国哲学研究独具特色,被学界誉为"珞珈中国哲学学派"。

2003年,萧萐父过八十寿辰。国学大师饶宗颐先生赋赠《满江红——寿萧教授萐父八十》:

> 与子论交,记秋老、可人风物。喜提挈,船山师友,文澜壮阔。已化神奇从臭腐,更开云雾见新月。问何来,玄旨澈微茫,心如发。　潇湘恨,波澄碧。参洙泗,异端息。漫登山临水,道家风骨,俯仰扁舟天一瞬,商量绝学肱三折。借长江,作酒进冰壶,春无极。③

---

① 萧萐父:《吹沙二集》,第508页。
② 萧萐父、许苏民:《王夫之评传》,南京大学出版社2002年版,跋语。
③ 郭齐勇、吴根友编:《萧萐父教授八十寿辰纪念文集》,湖北教育出版社2004年版。

饶宗颐先生这首词，以隽永的意象，充分肯定了萧萐父的道德文章，尤其称道萧萐父在船山研究、"道家风骨"等论域的突出贡献。

2005年，武汉大学举办珞珈新儒学国际学术研讨会之际，萧萐父曾书贺联云："多维互动，漫汗通观儒释道；积杂成纯，从容涵化印中西"，该联表达了他对新儒学研究的期许，实际上也是他毕生的学术追求。

2007年，萧萐父最后一部个人专著《吹沙三集》出版，与之前的《吹沙集》《吹沙二集》合称为"吹沙"三集。"吹沙"二字，他曾表明取自刘禹锡诗句"千淘万漉虽辛苦，吹尽狂沙始见金"，形象地体现了他对学术事业锲而不舍的追求。

2008年9月17日下午四点三十分，一颗孜孜追求浪漫诗情与冷峻哲理相统一的心脏，停止了跳动。"吹沙"二字从此多了另一层况味，它意味着学术研究的薪火相传，永不熄灭。因此，萧萐父的学术成就，必将由我辈学人认真融会贯通、批判吸收，构成中国哲学乃至中国文化复兴的一环，发扬光大。

第二章　萧萐父与船山学研究

第一节　研究理路[①]

近现代以来，自梁启超始，钱穆、王孝鱼、嵇文甫、张西堂、蒋维乔、吕振羽、侯外庐、张岱年等对船山思想有不同路径的研究，船山研究一时蔚为大观。萧萐父继承前贤的船山学研究成果，有所拣择和扬弃。但对于萧萐父本人来说，他明确认为自己继承的是侯外庐的船山学研究。这与他对侯外庐学术研究的定位是分不开的。萧萐父认为侯外庐是马克思主义船山学研究的"拓荒者"，填补了马克思主义船山学研究的空白。[②] 笔者在阅读二者的船山学研究成果之后发现，如果从时间序列上说，这种思想史上的顺延归类当然有其合理之处，但从二者的内容侧重点和研究逻辑上来说，则有较大的不同。

一、路径

侯外庐、萧萐父二人的学思历程均与船山研究密切相关，这不单是因为船山思想的博大精深，也是因为二者后来所倡导的明清"早期

[①] 本节系拙文《萧萐父船山学研究的"内在理路"浅探》的改写，原文刊载于《船山学刊》2013年第1期。

[②] 萧萐父：《船山哲学引论》，江西人民出版社1993年版，第156—158页。

启蒙说"均是从船山研究起步,进而旁及其他人物,最后贯穿明清思想史。

侯外庐曾于1944年在重庆出版《船山学案》,在该著的序言中他说:"船山先生的遗产是一座哲学的宝库,待我们去审慎地发掘与研究,他的优秀传统更值得我们继承与发扬。本书在于试验作这种学术工作,但亦仅尝试而已。作者正治中国近代思想史,觉得民国十二年以来的东原哲学研究,应该让位于船山哲学研究。读了船山的遗书好像'登泰山',颇对于东原有'登东山'之感。因此,作者把船山学术从中国近代思想史中抽出来先行发表,以求正于大雅君子。"[1]同时,侯外庐也高度重视船山思想在中国思想史上的重要地位:"船山先生的学术是清以前中国思想的重温与发展,他不但把六经别开生面地重新解说,而且从孟子以后的中国哲人多在他的理性主义批判之下翻案估定,所以他的思想,蕴涵了中国学术史的全部传统,这在研究他的哲学上是最棘手沉重的难题⋯⋯"[2]侯外庐后来在1945年出版的《中国近世思想学说史》中的一章,正是这本先行发表的"小册子"[3]。由此可见侯外庐的船山学研究与其后来早期启蒙思想史研究的关联。

萧萐父后来回顾侯外庐的船山学研究历程时也指出:"他研究得最精深的是王船山,作《船山学案》;由此下行,精研各时段思想界的代表人物,集个案研究而成宏篇巨帙,遂有从王船山至王国维的《中国近世思想学说史》和从王船山至龚自珍的《中国早期启蒙思想史》;然后又从王船山向上追溯,精研王艮、何心隐、李贽、王廷相、罗钦顺、吕坤及东林学派诸个案,肯定这一时期的进步思想已开17世纪启蒙思

---

[1] 侯外庐:《船山学案》,三友书店1944年版,自序。
[2] 侯外庐:《船山学案》,三友书店1944年版,自序。
[3] 侯外庐在1982再版的《船山学案》中说:"这本小册子原系拙著《中国近世思想学说史》中的一章。因此,在《中国近世思想学说史》问世以后,它就没有再版过。"参见侯外庐:《船山学案》,岳麓书社1982年版,新版序。

潮之先河。"① 可见，萧萐父对侯外庐的船山学研究，既把握精准，又符合事实。

萧萐父在1962年参加湖南长沙举办的"纪念王船山逝世270周年学术研讨会"，提交了论文《船山哲学思想初探》和《浅论王夫之的历史哲学》，得以亲受侯外庐、吕振羽等人的指导。20世纪之末，萧萐父回顾了自己的船山研究历程："又10年后，为纪念船山逝世290周年，始得从容撰成《王夫之辩证法思想引论》一书，书中较明确地肯定了明清之际反理学思潮的启蒙性质，判定王夫之辩证法思想是17世纪早期启蒙思潮中的哲学代表，并对王夫之首尾玄合的范畴体系做了多层面的剖析，揭示隐涵其中的人文主义精神及其历史形成的特点。继而遍览同时诸家，着眼全书全人，愈来愈清晰地看出：同一时代思潮自有其共通的特征（共性），而同一时代思潮发展的不同阶段又各有其阶段性的特点（殊性），同一阶段中各个思想家因个人经历、学脉乃至性格的不同而又各具特色（个性）。"② 对比二人船山学研究的自述可看出：侯外庐、萧萐父均从王夫之思想研究起步，进而"遍览同时诸家"，由王夫之到各时间段的思想家个案研究，并归宗于对该时代思潮的总结和归纳，最后得出"早期启蒙说"的相关结论。这是二者从船山研究到"早期启蒙说"建立的共同路径，同时也说明萧萐父的船山学研究深受侯外庐影响。

事实上，萧萐父早期的船山学研究，基本属于扩展和深化马克思主义船山学研究，主要体现在叙述术语、体系构建、内容深化等方面，其突出贡献是以辩证认识论清理和发掘了船山思想的辩证范畴，建构了马克思主义船山学的思想体系。这一时期大概为20世纪60年代至80年代。萧萐父后期的船山学研究，则倡导以不同范式展开船山研究，

---

① 萧萐父：《吹沙三集》，第41页。
② 萧萐父、许苏民：《明清启蒙学术流变》，人民出版社2013年版，第607—608页。

同时考订和整合王夫之文本,以人文主义精神高度审视船山多方面的思想,建构船山思想体系。这一时期大概为20世纪80年代后期至世纪之交。因此,萧萐父的船山学研究,对侯外庐不仅有继承的一面,也有超越的一面。

二、超越

首先,从叙述术语上看,侯外庐在引入马克思主义理论术语诠释船山哲学时,侧重于"尝试性"的解读,态度较为谨慎,且多做宏观性的概括,点到为止;萧萐父则明确引入"辩证法""人类史观""动静""量变与质变""必然性与偶然性"等概念,侧重于"定性"的解读,论证较为严密、深入。

以船山哲学的重要概念"气"为例,侯外庐将船山的"气"归之于生化论,旨在描述事物生化不息的过程。他说:"所有之实的'气',是生化不息的东西(范畴)。神亦在这范畴中,理亦在这范畴中,他于是将宋明儒的理学(超生化的主宰)否定,而建立了他的生化史观。"①又说:"'絪缊'或'气',好象是'从远观火'的实有块,颇当哲学上的物质范畴,而不是科学上的物质。物质是多种多样的实在,包含着极丰富的内容,而有一定的自然规律,即天地人物消长死生自然之数,归著充调的联结运动。"②与之相对比,萧萐父则明确对"气"的概念做了定性化的解读:"无形的太空,有形的大地,杂多的万物,都是'气'的各种存在形式,此外,更无他物,亦无间隙。世界的物质统一性,也就表明了物质世界的无限性。"③萧萐父进一步评价:"王夫之深刻论述了'气'是一切运动变化的主体,而运动是'气'的根本属性,

---

① 侯外庐:《船山学案》,岳麓书社1982年版,第25页。
② 侯外庐:《船山学案》,岳麓书社1982年版,第23—24页。
③ 萧萐父:《船山哲学引论》,第8页。

由此，规定了'气'的永恒不灭性。"[1]

从上述引文可以看出，侯、萧在运用马克思主义基本原理诠释船山哲学概念时，态度有明显不同。侯外庐对船山材料解读审慎，原因在于"试验作这两种学术工作，但亦仅尝试而已"，旨在抛砖引玉；而萧萐父对船山材料进行定性解读，则与其自觉运用马克思主义基本原理的明确意识密切相关，旨在深入廓清王夫之的辩证法思想体系。

其次，二者对马克思主义船山学研究的贡献也有所不同。侯外庐的船山学研究更多为"拓荒"，而非体系的构建。萧萐父曾高度评价侯外庐《船山学案》的学术贡献："这样就大体勾画出了船山的以自然史研究为起点、中经对作为认识和实践主体的人的探讨、而以人类史研究为终结的哲学逻辑体系。"[2] 但是，萧萐父同时也认为侯外庐的研究尚有"某些不足之处"，"如船山哲学的启蒙性质问题、范畴体系问题，研究尚待深化等等"。[3] 文中的"大体勾画"与"构建"也并非同一意涵。

坦白而言，侯外庐本人也没有明确表述自己的《船山学案》旨在建立马克思主义的船山学体系，只是强调其研究是"引玉之砖"。他在《船山学案·新版序》中说："相形之下，我的这本小册子倒还显得谫陋陈旧了，但我却不以此为憾。只要它仍能起到引玉之砖的作用，我是至感欣慰的。"[4] 上述表述，固然是侯外庐的自谦之语，但在一定程度上也对其研究工作做了如实的评价。

萧萐父则有明确的体系构建意识。他在确立船山哲学的"本体论"之后，又对船山哲学的唯物辩证法思想做了研究，其突出成果便是专文《王夫之辩证法思想引论》和《王夫之矛盾观的几个主要环节》。例

---

[1] 萧萐父：《船山哲学引论》，第9页。
[2] 萧萐父：《船山哲学引论》，第164—165页。
[3] 萧萐父：《船山哲学引论》，第167页。
[4] 侯外庐：《船山学案》，岳麓书社1982年版，新版序。

如，萧萐父在《王夫之辩证思想引论》一文曾分析王夫之的"内生"和"外成"，认为"王夫之通过生死关系的辩证法所阐述的'日新之化'，触及量变和质变过程中部分质变到根本质变问题"，并按照马克思主义唯物辩证法原理，把王夫之的"内成""外生"等范畴，理解为"事物在某种规定性范围内质和量的变化，其特点是'通而自成'"，"事物超出某种规定性范围而发生的质变，其特点是'变而生彼'"。①从"絪缊"的自然史观起步，到"两、一""分、合"对立统一的矛盾观，再到物质运动变化的"动静观"，再到"化、变"的变化发展观，再到"内生、外成"的量变质变观，再到"始、终"物质存在的无限性和运动的统一性——萧萐父认为，这一切最后又螺旋复归于"絪缊"的逻辑起点。

这样，萧萐父自然而然地从船山的自然史观过渡到人类史观。萧萐父说："在王夫之的人类史观中，'势'范畴标志历史发展的客观过程及其必然趋势，涵有'自然之气机'、'不得不然'诸义，近于'现实的'或'现实性'"；"'理'范畴标志历史必然趋势中所表现的规律性，涵有'当然之宰制'、'当然而然'诸义，近于'合理的'或'合理性'。……所以'理势不可以两截沟分'，两者在现实的历史中是相涵互成的。"②由此可见，萧萐父首先是确立"人是自然的最高产物"，作为船山人类史观的理论前提，继而论述船山"依人建极"的原则，指出船山是以"人"为出发点来考察天地万物，考察人类在天地中的地位及其活动规律，最后由"'器道相须'的社会结构论过渡到'理势相成'的历史规律论"。③

不难看出，萧萐父是运用马克思主义哲学的基本原理诠释船山思

---

① 萧萐父主编：《王夫之辩证法思想引论》，湖北人民出版社1984年版，第32页。
② 萧萐父主编：《王夫之辩证法思想引论》，第44—45页。
③ 萧萐父主编：《王夫之辩证法思想引论》，第44页。

想，他从王夫之的本体学说起步，到王夫之的唯物辩证法，再到王夫之的辩证认识论，深挖马克思主义船山学的自然史观"地基"，在此"地基"上，全面构筑马克思主义船山学的人类史观。由物质到意识，由认识到实践，由自然社会到人类社会，一环扣一环构建了马克思主义船山思想体系——萧萐父的这些工作，充分表明了他的船山学研究有明确的体系构建意识。

最后，萧萐父把王夫之视为明清启蒙思潮的典型人物。早在20世纪60年代，萧萐父就已经予以王夫之"启蒙思想家"的定位："中国启蒙思潮也有一个波浪式的发展；而经过这一段历史的洄流，更加显示出早期启蒙思想家反映了当时时代精神的思想光辉。王夫之是这样的启蒙思想家中的典型人物。"[①] 80年代，针对外界的质疑，他再次明确判定王夫之思想具有启蒙性质："1982年衡阳王船山学术会中，针对王船山思想是否具有启蒙性质的争论，我曾以'历史研究中的普遍、特殊与个别'为题作过一次发言。"[②] 进入90年代，萧先生则明确将王夫之思想纳入明清启蒙思潮流变中。他在对明清启蒙思潮三阶段的分期中明确指出："第二阶段：明末清初时期（即从南明至清康熙、雍正，约17世纪40年代至18世纪20年代）。其思想动态的特点，可以概括为：深沉反思，推陈出新，致思周全而衡虑较多。其思想旗帜，可以王夫之为代表。"[③]

而侯外庐的《船山学案》一书，没有明确予以王夫之"启蒙思想家"的定位，而是"尝试着运用马克思主义的观点和方法去发掘船山遗留的思想宝库，着重探索了他的哲学思想，发现他是中国历史上具有近代新世界观萌芽的杰出唯物主义哲学家"[④]。虽然新版《船山学案》

---

① 萧萐父：《船山哲学引论》，第4页。
② 萧萐父、许苏民：《明清启蒙学术流变》，辽宁教育出版社1995年版，第781—782页。
③ 萧萐父、许苏民：《明清启蒙学术流变》，辽宁教育出版社1995年版，第783页。
④ 侯外庐：《船山学案》，岳麓书社1982年版，新版序。

增加的一篇附论《王夫之的哲学思想》提及了"王夫之是一个学问渊博的早期启蒙学者"①之语，但并没有深入论述王夫之思想的"启蒙意义"，也没有过多地论及王夫之与明清之际"早期启蒙说"在思潮流变上的关联。此外，侯外庐在专著《中国早期启蒙思想史》中，虽然也明确把王夫之归为"中国的启蒙者"以及"17世纪中国启蒙学者"，但在具体论述"启蒙"概念内涵与明清之际的思想家的关联时，主题并不清晰。侯外庐在该书王夫之专章的末尾这样总结道：

> 启蒙学者向封建制度作总的攻击，在历史上是这样的：在西欧是首先向教会攻击，一切进步的理论形成了神学异端，来剥夺封建制度所依托的神圣的光环；在中国则首先向道学开火，一切进步的理论形成了经学异端，修改古代经学的内容，来代替不廉价的道学。这是城市中等阶级反对派的要求，也是一切反对派的公共要求。王夫之在这一点上也是和其他学者相似的。②

可见，侯外庐更倾向于从马克思主义的政治经济学说和社会学说来判定船山的"启蒙学者"身份。侯外庐曾阐述自己的研究方法在于："在研究社会史取得一些成绩的基础上，进一步致力通过社会存在研究社会思想意识，建立一个社会史与思想史相吻合的研究体系。"③相比之下，萧先生更倾向于从人的价值发现、启蒙思潮、传统与现代对接等视域，来看待王夫之思想与启蒙思潮的关联。侯、萧之所以会出现这种不同，与二者对"启蒙"内涵的理解不同有很大的关系。

---

① 侯外庐、张岂之：《王夫之的哲学思想》，《人民日报》1962年7月17日，第5版。
② 侯外庐：《中国思想通史》第五卷，人民出版社1956年版，第143页。
③ 侯外庐：《饱尝甘苦的十年》，载《书林》杂志编辑部：《治学集》，上海人民出版社1983年版。

三、转进

20世纪90年代之后,随着文化思潮的转变,以及西方后现代思想的传播流行,学术界采用不同"范式"研究船山的成果也多了起来。[①]80年代中期始,萧萐父已经开始注意到港台新儒家的船山学研究,并高度评价,之后对于一些从现代西方哲学思想角度出发研究船山的新路径也多有关注。这一时期,萧萐父对王夫之思想的不同面向又有了新的思考。

20世纪80年代中期,萧萐父在其主编的《王夫之辩证法思想引论》的"编者弁言"中,除了继续把王夫之定位为"启蒙思想家"之外,还认为王夫之应被认为是"辩证法家"。他针对当时船山研究的现状,指出:"如果停留于片段地摘引其著作中某些一目了然的辩证命题,又草率地归结到'和而解''适相均'之类的局限,而拒绝对其思想资料进行全面剖视;那么王夫之作为辩证法家的面貌仍然是模糊的,其理论上的贡献和局限仍然得不到科学的说明。"[②]因此在"编者弁言"结尾,萧萐父肯定这一时期船山学研究的新进展和新成果:"从中国哲学启蒙道路的特殊性来把握船山思想的性质及特点,突出了运用逻辑方法剖析船山辩证法诸范畴的内涵及其相互联系的重要意义,试图从思维模式、概念运动的圆圈等方面来探讨船山的朴素的辩证逻辑思想"[③],大力号召学界重视船山辩证法思想。

20世纪90年代以后,随着东西方文化交流日益频繁,萧萐父船山研究的学术视野更为高远,他提倡以"启蒙先驱的发掘和反思"作为主题研究,把船山研究置于更为宏大的东西方文化交流背景下。萧萐父说:"'五四'运动唤醒的民主与科学的启蒙主义意识,大大促进了

---

① 20世纪80、90年代,船山学研究的中坚人物在港台地区有许冠三、曾昭旭、林安梧等,在大陆则有蔡尚思、王兴国、许苏民、陈来等。上述学者的研究立场和学术路径虽各不相同,但基本构成了当时船山学研究的大致面貌。
② 萧萐父主编:《王夫之辩证法思想引论》,编者弁言。
③ 萧萐父主编:《王夫之辩证法思想引论》,编者弁言。

东西方文化的交流和比照，促进了传统文化、特别是启蒙先驱的发掘和反思，使船山思想的研究进展到新的阶段，不少学者致力于清理船山学术体系并把握其理论中心。"① 萧萐父这一时期的研究重心，是从价值论和文化哲学的角度研究船山思想。

综上可见，20世纪80年代至90年代萧先生的船山学研究，除了力求全面把握船山辩证法思想之外，还主张"从中国哲学启蒙道路的特殊性来把握船山思想的性质及特点"，将船山学研究和明清之际"早期启蒙说"紧密联系起来，论证启蒙道路何以具有"特殊性"，同时揭示明清启蒙思潮的学术流变。

萧萐父在这一时期的另一重要拓展在于关注现当代新儒家的船山学研究，代表性文章是1988年发表的《评唐君毅的哲学史观及其对船山哲学之阐释》②。在该文中，萧萐父对唐君毅关于船山哲学思想具有"以人道继天道的人文化成的历史文化意识"的判定，以及唐君毅把船山哲学致思进程及价值取向归宗于人文化成论的论断十分赞赏③，同时对唐君毅船山学研究"即哲学史以论哲学"的指导原则也极为肯定。由此，萧萐父高度评价唐君毅的船山学研究："自清末船山学流行以来，论者多矣。阐释如此之深，辨析如此之密，评价如此之高，实为罕见。唯熊十力、侯外庐书中对船山思想多所揄扬，差可比拟。"④ 可见，萧萐父除了一贯坚持马克思主义的船山学研究，也对新儒家代表人物熊十力、唐君毅等船山研究的学术价值十分重视，这使他的船山研究气象更为博大。

此外，20世纪90年代萧萐父还在一篇书评中总结了当时的船山研究面向。萧萐父在对李石岑、王孝鱼、嵇文甫、张西堂、吕振羽、熊

---

① 萧萐父：《船山哲学引论》，第180页。
② 萧萐父：《船山哲学引论》，第215—222页。
③ 萧萐父：《船山哲学引论》，第219页。
④ 萧萐父：《船山哲学引论》，第222页。

十力、唐君毅、侯外庐、许冠三等人的船山研究的特点予以归纳后，指出："历史遗产的研究、诠释与评价的尺度，同研究者的历史实践水平及其所采取的视角与方法密切相关，总是因人而异、因时而异，并表现为'新故相资而新其故'，不断地扬弃旧的局限、开拓新的领域。"①这表明萧萐父这一时期的船山学研究发生了"转进"，表现为两个方面：一方面，把王夫之思想研究纳入"明清之际早期启蒙说"的框架中，以个案研究作为典型，说明传统哲学与现代价值如何对接，从而把船山学从哲学研究扩大到文化领域，提升了船山学的意义高度；另一方面，对现当代新儒家以及一些以西方后现代思想作为"范式"的船山学研究的关注，使得萧萐父的船山学研究呈现出试图融合西方哲学、中国传统哲学以及马克思主义哲学的气质。

四、圆成

进入新世纪，萧萐父船山研究的最后结晶，在其与许苏民合作的《王夫之评传》一书中得以全部展现。在该书的"弁言"中，萧萐父为自己提出船山评传的撰写要求："据实以存真"，全面评判王夫之学术及思想源流，考订史实，整合思想和文本。萧萐父主张以司马迁、罗曼·罗兰为"典范"，以"人物传记重在传神"为原则，指出："特别是像王夫之这样具有巨大历史感和崇高人格美的大思想家的传记，似乎可以提出更高的要求，即不仅要据实以存真，更要体物以传神。"②《王夫之评传》一书全面介绍了王夫之的哲学、史学、道德伦理、政治经济、宗教、文艺美学等多方面的思想。就《王夫之评传》的撰写要求而言，这一方面是萧萐父40年船山研究最终成果的必然体现，另一方面也说明了萧萐父这一时期的船山研究旨在重新整合思想和文本，

---

① 萧萐父：《船山哲学引论》，第180—181页。
② 萧萐父、许苏民：《王夫之评传》，南京大学出版社2002年版，弁言，第1页。

力求在学术思想史上做全面总结,但这一总结绝非对王夫之多方面思想的简单罗列,而是"螺旋上升"的逻辑复归。

第二节 掘发精义

萧萐父船山学研究的特色,首先表现为清晰的逻辑梳理意识和体系建构意识。他以深厚的马克思主义哲学素养为基础,以唯物辩证法和唯物史观为指导原则,具体而微地剖析了船山哲学。[①] 从微观上看,萧萐父从本体论、辩证法、认识论等层面提炼出船山思想中意涵丰富、相反相待的诸多哲学范畴;从宏观上看,萧萐父发掘王夫之历史思想、政治哲学、人格美等多侧面的精义,建构船山哲学思想体系。回顾萧萐父的船山学研究历程,其大体上是沿着"本体论—认识论—历史观—价值论—文化观"的脉络,拓展船山研究的深度和广度,从而使船山之哲学家、史学家、思想家、文化巨人等多重身份得到层层递进的展示;在具体运思上,又以哲学思辨精神和人文主义精神、哲理和诗心,作为把握船山思想的"两翼",最后复归于对船山人格美的赞颂,为王夫之思想的灵魂"画像",由此自成一家之言。

一、20 世纪 60 年代的船山学研究 —— 确立船山哲学基调

任何学术研究都有其运思取向,对于思想家的个案研究来说,尤其如此。20 世纪的船山学有多种研究路径[②],为我们展示了船山思想的

[①] 早在 20 世纪 50 年代调入武汉大学哲学系后,萧萐父就主张以研读"两典"和探索"两源"为研究方针。"两典",是指马列主义经典著作和中国古典哲学文献。"两源",是指哲学理论形成的社会历史根源和认识论根源。

[②] 将船山思想研究泛称为"船山学"由来已久,王闿运、熊十力等人均有这一说法。但真正作为一门学问或学科,则由方克立于 1982 年王夫之学术研讨会上首先提出来,一大批倡导、从事船山研究的学者为"船山学"的建立做出了贡献,萧萐父是代表性人物。详见王兴国:《关于船山学学科建设的两个问题》,《衡阳师范学院学报》2006 年第 4 期。

不同面向，由此也产生了一些不一致，甚至相对立的学术结论。研究者得到什么样的学术结论首先取决于研究者对思想史人物如何定位。萧萐父步入中国哲学史研究领域的第一篇正式论文，即1962年的《船山哲学思想初探》（20世纪50年代末，萧萐父已经对船山思想展开深入研究，并参与筹备纪念王船山逝世270周年的学术活动）。在该文中，萧萐父开门见山，把王夫之定位为"我国明清之际兴起的启蒙思潮中的哲学代表"①。在萧萐父看来，这一定位有如下论据。

首先，从时代背景来看，明清之际是社会发展和思想发展都处在变动中的一个时期，当时的思想界人物如黄宗羲、顾炎武、方以智等，都敏感地认识到这是一个"天崩地解"之不得不变的时代；其次，从经济、社会背景来看，这一时期经济、社会各种矛盾空前激化，国家面临空前严重的内忧外患，由此催生地主阶级内部分化，而形成"政治反对派"，他们纷纷组织各种民间结社，利用已有的文化教养，对历史和现实予以深刻检讨和批判；最后，从思潮背景来看，虽然启蒙思潮产生的基础和动力是下层民众奋起斗争的历史实践，但由于条件所限，"只能通过地主阶级反对派的思想家的思想三棱镜反映出来"②。所谓"三棱镜"，是指17世纪到19世纪初中国社会经济呈"波浪式"的发展，与此相适应，这一时期的"启蒙思潮"也呈现为曲折前进的态势。

基于上述论据，萧萐父得出论断：

> 王夫之是这样的启蒙思想家中的典型人物。他一生的政治活动和学术创造，像一面时代的镜子，反映了十七世纪中国历史事变的主要进程。③

---

① 萧萐父：《船山哲学引论》，第1页。
② 萧萐父：《船山哲学引论》，第2页。
③ 萧萐父：《船山哲学引论》，第4页。

直到 20 世纪 80 年代，萧萐父为《中国大百科全书》撰写"王夫之"长条时，同样给王夫之予以这样的定位：

> 王夫之（1619—1692），十七世纪中国的早期启蒙学者、伟大的唯物主义哲学家。①

上述论断，堪称萧萐父为船山哲学思想确立的总基调，由此开启其将近 50 年的船山研究，之后虽经多次"泛化"或"纯化"的拓展研究，但仍初心不改。② 在萧萐父看来，王夫之何以是"启蒙思想家中的哲学代表"，主要原因有两个：其一，就王夫之本人的学思成就而言，王夫之在明亡后退隐山林，进行了艰苦卓绝的文化典籍的整理工作，对先秦诸子、两汉经学、魏晋玄学、隋唐佛学、宋明道学等学说，给予总结性的批判，用王夫之自题的墓志铭来说，就是"欲尽废古今虚妙之说，而反之实"；其二，就王夫之学说的思想史意义而言，王夫之扬弃和批判了陆王心学、邵雍的象数学、程朱的义理学，以及张载、王廷相等人的学说，实际上是宋明道学进入批判阶段的担当人物，而成为思想史逻辑进程的一个总结性的"圆圈"，但这个总结性的"圆圈"，同时又孕育着新的时代观念。

鉴于此，萧萐父进一步指出，宋明道学"理气""道器"的关系问题，以及唯物主义与唯心主义之争的复杂思想史背景，为王夫之哲学留下的问题意识，至少有两点：第一，关于客观世界的物质统一性问题——以往的气本论学说对"气"范畴的规定尚显粗糙；第二，关于客观物质世界中的一般和个别的关系问题，以往的"气"范畴未能

---

① 萧萐父：《船山哲学引论》，第 140 页。
② 20 年后萧萐父坚持认为："王船山的辩证自然史观，仍属于朴素形态；但其理论实质，是中国封建社会及其统治思想已进入自我批判阶段的历史产物，预示着新的哲学启蒙。"见萧萐父：《船山辩证法论纲》，《船山哲学引论》，第 58 页。

彻底摆脱实物性，难以依靠正确的抽象来加以唯物主义的论证。[①]此外，对于主体和客体、感觉和思维、认识和实践等一系列"割裂、颠倒"的问题，都需要更加全面地加以厘清和说明。这些问题归结为一点就是：以往的唯物主义思想家对重要的哲学范畴缺乏精密的哲学思辨和辩证联结，而王夫之的哲学正是试图克服和解决这一弊端的典型体现。

萧萐父把王夫之确立为明清之际"启蒙思潮中的哲学代表"，有重要考量：第一，唯物史观作为一种历史进化论，旨在以生产力和生产关系的变革说明人类社会如何由低级到高级发展，提出了社会存在决定社会意识，社会意识又反作用于社会存在等相关理论。而明清之际以其新的经济现象（例如资本主义萌芽等）、社会阶层剧烈变动、中西文化交流深入等顽强史实，有着充分的思想史论据，因此有必要从文化思潮、哲学总结等角度，对明清之际"启蒙思潮"加以有力的说明和翔实的论证。第二，由于萧萐父将"启蒙思潮"界定为与"资本主义萌芽发展相适应、作为封建旧制度崩解的预兆和新思想兴起的先驱"，以及在这种特定条件下的"一个社会的自我批判"[②]，将"启蒙思潮"理解为社会意识的一种新表现形式，它与以往简单的朝代更替（"春秋战国之际"除外）有本质的不同。第三，王夫之的主要学思成就大多集中在哲学思维批判领域，他对古典哲学（几乎囊括明代以前的思想史）的本体学说、认识论、历史观做了较为全面的哲学总结，堪称明清哲学总体成就的"缩影"，因此选择王夫之作为"哲学代表"，有利于以"典型"和"样板"的形式，揭示明清之际的时代特征。

循此思路，萧萐父把王夫之确立为"启蒙思潮中的哲学代表"，必

---

① 萧萐父：《船山哲学引论》，第7页。
② 萧萐父：《吹沙集》，第14页。

然逻辑地向两个向度展开：（1）王夫之作为明清之际的早期启蒙思想家，应极力发掘其思想中的近代性因素；（2）王夫之作为高度总结以往古典哲学成就的唯物主义哲学家，应极力发掘其所处时代的"自我批判阶段"的深层因素。上述两条线索是把握萧萐父船山学研究的基本点。

二、20世纪80年代的船山学研究——建构船山范畴体系

范畴，按照各种哲学教科书的常见表述，一般被认为是反映事物本质属性和普遍联系的基本概念。在西方哲学中，范畴最早起自古希腊哲学家将土、火、气和水等作为物质的基本元素；在中国哲学中，范畴则最早见于《尚书·洪范》中的"九畴"，它们作为范畴的"雏形"，是人类思维活动的一种把握形式。

但是，"范畴"如同"概念"等词一样，都是源自西方、经日本贩卖的翻译名词。20世纪80年代，中国哲学史界热衷于讨论"范畴"，这虽然是试图恢复中国哲学史学科"科学性"的必然要求，但实际上仍然是"以西格中""以马格中"的套路。因为在中国古代哲学中，虽然没有"范畴"之名，但是却有"范畴"之实。例如《荀子·正名》中说："故王者之制名，名定而实辨，道行而志通。"《尹文子·大道上》云："名以检形，形以定名。名以定事，事以检名。察其所以然，则形名之与事物，无所隐其理矣。"陈淳《北溪字义》、戴震《孟子字义疏证》更是以"字"的形式，表达了"范畴"之内容。然而，我们同时还必须注意到：尽管中国哲学中的"字""名"与"范畴""概念"不无关联，但二者之间仍存在多种差异，背后的民族思维模式才是焦点所在。

因此，探讨船山哲学范畴，当优先以中国本土哲学思维模式作为观照。与西方哲学不同，中国哲学的"范畴"带有自己的文化特质和思维特点，例如"天"与"地"、"知"与"行"、"乾"与"坤"、"强"

与"弱"等等，不胜枚举。如果粗略概括二者的不同，我们可以看到，西方哲学倾向于建构具有内在联系的"单子"式的独立范畴，中国哲学则倾向于建构互相依存的"对子"式的联结范畴[1]，例如《周易》中的"道、器"之辨，《老子》中关于"高、下""强、弱"等的辩证认识，魏晋玄学对"言、意""有、无"的玄学探讨，佛教思想对"能、所""体、用"的精巧论证。之后，在宋明理学中，这样的"对子"范畴更为常见。张岱年指出，中国古代的范畴体系其自身的特点在于：历史性、双重性（学派性）以及融贯性。[2] 其中的"融贯性"是说，中国古代哲学史上许多范畴既有本体论意义，也有伦理学意义，这些意义可以分而不分、不分而可分，互相结合。张岱年的观点虽然是就范畴的"意义"而言，但就中国哲学范畴的独有特点来说，"对子"式特点无疑也是十分明显的，它们同样也是"可分可不分"，相反相待而又互相转化。

在萧萐父看来，试图总结宋明理学的王夫之哲学，正是充满了这样意涵丰富而又辩证联结的"对子"范畴。王夫之除了"对自然和人类社会的客观矛盾运动进行了'会其参伍，通其错综'的辩证考察"[3]，也对认识运动本身进行了辩证考察，因而形成了其辩证的认识理论。见下表（表1）：

---

[1] 在西方哲学中，处理哲学范畴或者概念的通常做法是"以一统多"，以亚里士多德最为典型。亚氏在《范畴篇》中确立了十个范畴，但这十个范畴之间并不是并列的关系，只有"本体"是最高范畴，其余九个范畴都用来表述它，它却不能用来表述其他范畴，构成一种"主从"关系。这种思维方式或许是西方热衷于建构"体系"的深层原因所在，这种对"体系"的追求，必然在逻辑上产生等级、差别、次序等。与此形成对照的是，中国哲学"对子式"的范畴反而能够形成一种平等、开放的动态体系。

[2] 张岱年：《略论中国哲学范畴的演变》，载《中国哲学范畴集》，人民出版社1985年版，第402—408页。另请参见氏著：《中国古典哲学范畴概念要论》，中国社会科学出版社1989年版。

[3] 萧萐父：《船山哲学引论》，第56页。

表 1　王夫之辩证法范畴总表

内容	自然史观	人类史观	认识辩证法
纲目	"絪缊"；"两、一"；"分、合"；"动、静"；"化、变"；"内生、外成"；"始、终"	"人极"；"古、今"；"道、器"；"理、势"；"时、几"；"反、通"；"常、变"；"天、民"	"知、能"；"物、己"；"心、事"；"心、理"；"道、德"；"知、行"；"实践"

由上表可知，萧萐父重在发掘船山哲学中相反相待的"对子"范畴，以作为认识和把握船山哲学体系的一个个"纽结"，其特点是：一方面，"对子"式的范畴本身互相依存、互相转化；另一方面，"对子"式的范畴与其他范畴之间存在链条式的逻辑联系。萧萐父的这种路径，虽然主观上是以唯物辩证法作为指导原则，但客观上却推动了马克思主义基本原理与中国哲学的融通（这一点在本章第三节有进一步分析）。

1."絪缊"——最高本体

"絪缊"一词，也称"氤氲"，原指自然界中蒸腾的混沌之气，后被抽象引申为自然化生的原初形态，以及万物相互作用而变化生长的景象。《白虎通·嫁娶》有"天地氤氲，万物化淳"之语。"絪缊"，实际上可与《道德经》的"无名"、《庄子》的"野马"相参证。北宋张载首次将"絪缊"作为哲学术语，借以描述"气"的运动状态。之后，王夫之又进一步发挥了"絪缊"的哲学意涵，将之规定为"太和未分之本然"。

萧萐父认为，"絪缊"正是王夫之自然史观的起点，同时也是王夫之整个辩证法体系的逻辑起点。在萧萐父看来，"絪缊"既然被规定为"太和未分之本然"，那么它就内在地含有"阴阳未分，二气合一"之对立统一的矛盾运动，从而引出"两"与"一"、"分"与"合"等范畴。这样，"絪缊"一词就获得了最高本体的意义，由此首先推演出"矛盾"的范畴。可见，萧萐父其实是把传统哲学视野中的"絪缊"，置换为马克思主义哲学视界下的"物质"本体。

2. "两、一"——矛盾的对立和统一

萧萐父论析:一方面,船山认为任何事物都是"合两端于一体",肯定了矛盾的普遍存在和绝对性;另一方面,船山又持"非有一,则无两""二异而致一"的观点,揭示了矛盾对立和统一的二重性。在此基础上,王船山主张"一之体立,故两之用行",而"一之体"的"两之用"其实就是指"阴变阳合,乘机而为动静"的功能,这就由阴阳对立统一的矛盾观,过渡到对"动、静"范畴的分析,即"动静之几"。

萧萐父在这里把"两、一"诠释为矛盾的对立和统一,与传统哲学的思维模式有一定的契合。所不同的是,传统哲学中的"两、一"更多的是强调万物生长、变化中的动态平衡、转化契机,并非全部专注于两个对立面之间的对峙。此外,"两、一""阴、阳"在传统哲学中,大体上是描述性的概念,而非规定性的概念。

3. "动、静"——运动的绝对性和静止的相对性

萧萐父指出,船山"太虚者,本动也""天地之气,恒生于动"之语,说明了运动的绝对性;而其"动而成象皆静"之语,则肯定了静止的意义和作用。这种诠释十分贴切。毋庸置疑,船山对"动"观念的强调和重视,是对宋明理学主"静"的反动。

王船山把动和静结合起来,肯定"动静皆动",一方面"静即含动",另一方面"动不舍静",最后总结为"动静互涵,以为万变之宗"。据此,萧萐父指出王船山"基本正确地阐明了运动的绝对性和静止的相对性以及二者的辩证联结"[①]。同时因为船山又主张"天下日动而君子日生",这就从生生不已的自然观和刚健有为的人生观中,推演出"化"与"变"的范畴。

[①] 萧萐父:《船山哲学引论》,第62页。

4. "化、变"——同化阶段和异化阶段

萧萐父认为，王船山的化与变，与其生与死、新与故，是同一层次的范畴。王夫之曾把生命划分为"胚胎、流荡、灌注、衰减、散灭"五个阶段。在萧萐父看来，前三个阶段因其"阴阳充积"，应理解为"同化中的生长过程"；后两个阶段则因"基量有穷"，应视作"异化中的衰亡过程"——从"衰减"到"散灭"的过程，又孕育着"推故而别致其新"的契机，另一个新生命即将开始，这就逻辑地触及了"量变"和"质变"的问题。

严格来说，萧萐父这里把"胚胎、流荡、灌注"理解成"同化"，把"衰减、散灭"理解成"异化"，是不够准确的——按照马克思主义基本原理的观点，王夫之这里对生命五阶段的划分仍属于"量变"的范畴，尚未完全达到本质的改变。不过，王夫之有大量关于新、旧事物如何更新、蜕变的哲学表述（"日新之化"），并且这些表述已经不再停留于过去简单的生命循环、复制观念，也不同于佛家的"种子说"，而需要用更为高级的哲学观念来理解。因此，萧萐父运用"同化""异化"等唯物辩证法概念来把握船山的"化变观"，仍不失诠释的自洽性。

5. "内成、外生"——量变和质变

萧萐父把王夫之的"内成、外生"等概念，诠释为"量变"和"质变"。在他看来，"内成"意指事物在某种规定性范围内的质和量的变化，其特点在于"通而自成"；"外生"意指事物超出某种规定性范围而发生的质变，其特点是"变而生彼"。[①] 从"内成"到"外生"是一个循环往复的过程，同时也"应当是一个由低到高、由简到繁的前进运动"。萧萐父认为，王夫之虽然承认天地万物繁衍这一事实，但并没有停留在简单的复制层面，因为这样会导致"今日之人物充足两间

---

① 萧萐父：《船山哲学引论》，第64页。

而无所容",这说明王夫之"逻辑地触及到了宇宙万物的'守恒'与'日新'的关系问题"①,从而引出关于宇宙有限和无限的思考,即"始、终"的范畴。可见,萧萐父在这里把王夫之的"内成、外生"理解为进化论思想,是符合船山思想气质的。但王夫之关于宇宙"守恒"的相关认知,实际上又受到传统哲学思维模式的影响。例如他曾说:"无物不备,亦无物而或盈。夫惟大盈者得大虚。"②这里的"盈、虚",本身与《周易》《老子》以及佛家观念存有很深的关联。

6."始、终"——宇宙的无限性

萧萐父指出,王夫之通过对"始、终"范畴的分析所提出的"积而成乎久大"的思想,涉及宇宙无限发展的问题。萧萐父列举《淮南子》书中以及扬雄、张衡等人的宇宙观念,指出汉代的宇宙思维由于坚持宇宙有一个混沌未分的原始起点,而表现出极大的局限性——因为有"起点",必然会有"终点",这就会走向宇宙有限论;而王夫之则通过对"易有太极,是生两仪"中的"太极"和"是生"的重新诠释,克服了这一局限——"是生",否定世界之外有"橐籥",阴阳之上有太极。由此,萧萐父认为船山哲学的"阴阳之合"="太极"="太和"="絪缊之实体",又由于"宇宙"的哲学规定是"宇宙者,积而成乎久大者也,二气絪缊,知能不舍,故成乎久大",这就多少"触及到宇宙的时空无限性根本上是依存于物质存在的广延性和物质运动的连续性"③,从而最终"散而归于太虚,复其絪缊之本体",在更高的层次上又回归到"絪缊"本体的逻辑起点,而呈现为"螺旋上升、首尾玄和"的圆圈。

可见,萧萐父试图把王夫之哲学的思维起点,理解成一个内部本

---

① 萧萐父:《船山哲学引论》,第65页。
② 王夫之:《周易外传》卷四,《船山全书》(一),岳麓书社1996年版,第977页。
③ 萧萐父主编:《王夫之辩证法思想引论》,第34页。

身含有对立和统一的"矛盾体"。换句话说,这个起点并不只是时间序列上最初的"点",而是本身即包含分化、统合之无限展开的运动过程,它是逻辑上在先的"点"。萧汉明对此进一步明确:"王夫之将时间和空间作为一个不可分割的统一体来对待,这样时间与空间之间的相互联系便形成了一个思维时—空连续区域。"[①]而王夫之的"气"和"纲缊",正是被萧萐父放在这样的层面上理解的——时间与空间的统一。

由于萧萐父把王夫之的自然史观和人类史观视为同一气化过程,而"气化过程"的判定又依赖于人的认识活动,即认识论,这就涉及王夫之哲学另一重要的概念:"人极"。

7."人极"——人的实践活动

萧萐父指出,与以往的思想家相比,王夫之更多地注意到了"人从自然界中产生和分化出来以后的'类特性'"[②],由此展示了把人的类存在作为单独考察对象的人类史观:一是肯定人是自然界的最高产物,即"天地之心",然而人一旦产生,就作为主体与客体自然物相对,而形成一种矛盾关系,即"已成形而与物为对"。这样,通过"取物自益"的人的实践活动,天下之物才由"自在之物"变成"为我之物"。二是确立"依人建极"的实践原则,王夫之有"不依乎人者,人不得而用之……圣人所以依人而建极也"之语,这说明其"一阴一阳之谓道"的宇宙普遍法则,只有人按实践的需要加以把握,才有意义。据此,萧萐父点出王夫之的"人极"虽然还只是一个笼统的抽象,但却能够作为其历史辩证法的"逻辑起点"。在这里,萧萐父其实是借用历史唯物主义的原理,从人能够认识世界和改造世界的前提出发,将王夫之的"人极"概念做了实践论的诠释。马克思曾说实践是人的本质,

---

① 萧汉明:《船山易学研究》,华夏出版社 1987 年版,第 88—89 页。
② 萧萐父:《船山哲学引论》,第 67 页。

又说人是一切社会关系的总和，人的需要即人的本质。这样，"依人建极"就被合乎常理地理解为人能够"取物自益"的"类特性"。当然，全面揭示王夫之"人极"的含义，还需要纳入传统哲学的宇宙模式加以衡定。因为在王夫之那里，"人极"还涉及传统哲学的人禽之别[①]，而人禽之别又与宋明理学心性论存在着藕断丝连的复杂联系。

8. "古、今"——文明进化

萧萐父指出，船山辩证地考察了人类社会，着重发挥了"今胜于古"的思想，并得出了一个历史创见："王夫之公然宣布我们的祖先是'植立之兽'，明确文明人类的华夏族也有其史前史的发展阶段：禽兽→'植立之兽'（'不全其质'而'无文'）→狄夷（'文之不备'）→文明人类在中国的诞生（'天开地辟于轩辕之代'）"[②]，这是古代思想家难以得出的卓越创见。在萧萐父看来，王夫之对炎黄时代的史前史考察，梳理了中华文明从原始社会的"射生饮血"到唐宋的灿烂物产的进化，充分表明中华文明史是一个"物质文明不断提高"的过程；王夫之判定了华夏从远古的"万国分立"，发展到秦以后的"郡县之天下"，出现了汉、唐、宋、明的强盛时代，形成了一个"伟大民族国家"；王夫之同样论述了从唐虞之前的"婚姻未别"，到孔子"删诗书""定礼乐"，华夏走向教化文明，整个民族的文化、道德水准都在不断提高。

9. "道、器"——社会结构论

"道、器"出自《易经》，是形上和形下的区分。传统哲学中关于"道、器"的讨论十分繁复，但总体倾向是把"器"作为实现"道"的途径，也就是说"器"是方法和手段，一旦实现"道"，"器"就内化于"道"之中而消失。例如《论语》中就有"君子不器"之语。这种

[①] 王夫之说："禽兽则以资生人之用，而在人则可以参天地而成乎其中，逮其顽灵之既判，则相去悬绝矣。"见《四书训义》（下），《船山全书》（八），第511页。

[②] 萧萐父主编：《王夫之辩证法思想引论》，第40—41页。

观念深受原始儒学、汉唐佛学、魏晋玄学、宋明理学的影响。然而到了王夫之这里,"道器观"发生了明显的改变,尽管它还保留着传统思维模式的痕迹。

萧萐父认为,王夫之"古今殊异"的历史进步观,不但从历史的外部表现揭示人类运动的总趋势,还进一步深入历史的内部结构中,剖析各种社会政治立法原则所依存的社会制度,它集中表现为王夫之的"道丽于器"的相关论述。"道器"范畴在王夫之哲学中具有多重含义。当运用于人类史观时,则有其特定含义:"器"主要是指社会关系、社会制度等具体存在;"道"则是指"器"所依附的政治立法原则和伦理道德规范背后的原理。萧萐父指出,王夫之虽然强调"器"和"道"相须相成的关系,但是他同时也反复指明两者的关系是"道"依存于"器",因此在剖析历史时,王夫之只能承认"形而上之道,丽于器之中"、"器"变则"道"亦变。

公允而言,萧萐父把"道、器"理解为政治立法原则与上层建筑具体形态,已经超出船山文本的原本脉络了,但总体上仍不失为一种具有创造性的诠释活动。

10."理、势"——历史规律论

在萧萐父看来,王夫之的"道器观"只是横向揭示了历史是怎样发展变化的,如果进一步探究历史运动的"所以然"和"不尽然",纵向剖视历史发展的必然趋势和内在规律,就必然要从"器道相须"的社会结构论过渡到"理势相成"的历史规律论。

萧萐父认为,王夫之的"势"范畴,是指历史发展的客观过程及其必然趋势,它近于"现实性";"理"范畴,是指历史必然趋势中所表现出的规律性,它近于"合理性"。王夫之的"势之必然"体现了"理之当然",而即使是"势之偶然"也体现了"理之偶然"。这样,历史事变的必然性和偶然性,都体现了历史运动的内在规律。

萧萐父的分析是十分准确的。王夫之曾说:"有道、无道,莫非气也，则莫成乎势也。气之成乎治之理者为有道，成乎乱之理者为无道，均成其理，则均成乎势矣。"①王夫之把有道、无道的历史治乱现象均理解成"气"的表现，并且认为治、乱均有其"理"、有其"势"，这不能不说是相当卓越的创见，尤其是对"无道"的正确理解，同时也印证了上一环节中"器"的主导倾向。

萧萐父指出，王夫之"理势相成"的论纲，全面阐明了历史事变的双重性：历史进程的客观性与历史人物的能动性，反映了历史运动中偶然性和必然性、现实性和合理性的复杂联结。

11. "时、几"——历史总规律与历史契机

萧萐父还指出，王夫之对历史规律的把握和认识集中体现为他的"时"与"几"的观念。在萧萐父看来，王夫之的"时"，即历史发展过程中转折变动的时机、时势、时代脉搏，它与"势"相联系；而"几"作为"动静必然之介"②，则应多与"理"联系，主要是指历史发展规律中的契机、征兆，以及矛盾转化的关节点——"乘时者"必须"见几""知几"。因此，对于王夫之所提出的"贞一之理"与"相乘之几"，萧萐父认为，所谓"贞一之理"，就是指"历史前进发展的必然而一贯的总规律"，而"相乘之几"则是指历史前进运动中各种矛盾势力互相激荡而形成的转化契机；"贞一之理"正是凭借"相乘之几"而得以实现，"相乘之几"恰是实现"贞一之理"的历史前进运动的内在根据。

萧萐父对船山哲学"时"观念的把握，当然有其一贯的言说脉络，即把"时"界定为"历史时机"，但除此之外，船山的"时"的含义并不局限于此，它还有"时间性"这一维度。王船山常说"道因时而万殊""时亟变而道皆常"，这里的"时"是指一种先天的、绝对的客观存在，它是"道"的内在本质。由于萧萐父将"道""理"理解为历史

---

① 王夫之：《读四书大全说》，《船山全书》（六），第991页。
② 王夫之说："几者，动静必然之介。伸必有屈，屈所以伸，动静之理然也。"见《张子正蒙注·至当》，《船山全书》（十二），第212页。

规律，这就必然要涉及"时间"——因为历史只能在时间的流逝中展开和存在，所谓时间性其实也就是历史性。

12."反、通"——社会矛盾的状态

在萧萐父看来，王夫之通过对"相乘之几"的内容进行哲学剖析，提出了一系列关于"人事之几"的对立范畴，从而展开其社会矛盾学说。萧萐父认为，王夫之把人类社会作为一个"同者所以统异""异者所以贞同"的矛盾统一体，既不能"解而散之"，又不能"因而仍之"，承认社会矛盾运动中差异的同一、对立的同一，并强调了从差异、对立中把握同一。萧萐父还认为王夫之所理解的社会矛盾的状态大体上有两种：一是"雷风相薄"的激烈斗争；一是"水火不相射"的和平共处。但在王夫之的社会矛盾学说中，矛盾双方"相薄"的状态是"反常"的，而互相联合、贯通，始终保持同一性的状态才是"正常"的。由此，王夫之便转到了对社会常、变问题的探讨。

13."常、变"——社会矛盾的常住性和变动性

萧萐父指出，"常、变"等范畴在王夫之的哲学体系中同样也有多层次、多侧面的含义，但运用到社会历史领域，主要是指"标志社会矛盾运动中的常态与变态和社会制度演化中的常住性和变动性"[①]，它分为两个方面：从社会矛盾运动来说，王夫之既承认"雷风相薄"的社会矛盾斗争性的客观存在，又论证了"奉常以处变"的社会矛盾同一性的普遍性；从社会制度演化来说，王夫之既主张"于常治变，于变有常"的进步观，在思想上又倾向于"变在常之中""变而不失其常"。

14."天、民"——人民群众与历史主体

萧萐父说："王夫之的人类史观，经过'古今道器'的进化观、'理势合一'的规律观、'乐观其反'的矛盾观、'变不失常'的常变观

---

① 萧萐父主编：《王夫之辩证法思想引论》，第53页。

等诸理论环节,必然深入到支配社会历史发展的决定力量问题"①,对这一问题,王夫之是通过对"天"(客观支配力量)和"民"(人民、生民)这一对范畴的探讨来回答的。首先,萧萐父论析了王夫之"天之天""物之天""人之天""己之天""民之天"等五个层次的"天"的不同含义,并特别强调其中"民之天"的重要性。其次,萧萐父认为王夫之把"天"的内涵基本上规定为"人之所同然"或"民心之大同",归结为现实的客观力量,注意到了民心向背的历史作用。再次,萧萐父注意到王夫之一方面强调不能"以己之意见号之曰'天'",应当重视人民的意愿,即"民之天";另一方面充分认识到了"民之视听"的复杂多变以及盲目性,因此他又主张回到"己之天",强调圣人鉴别的重要性,即"圣人之见"。最后,萧萐父高度评价王夫之将"民之天"作为一个新的范畴的重要意义:"试图把支配社会历史发展的决定力量归之于'民之天'","民之天"这一概念的内涵对于"人的类特性"这一历史范畴是有所充实和具体化的。②至此,萧萐父总结了王夫之的历史辩证法:从"依人建极"到"即民见天",它呈现为一个"首尾么合的理论思维的圆圈"。

15. "知、能"——认识能动性和实践能动性

在萧萐父看来,王夫之除对自然社会和人类社会做了唯物主义的、辩证的理解和阐释,还对人如何认识客观世界和人本身(主观世界),以及认识本身的深化过程和发展规律等问题做了探讨,这些构成了王夫之的认识论辩证法。其逻辑起点是"人",这个"人"与自然物相区别,是展开认识活动的主体;而王夫之的"三相遇而知觉乃发""由性生知,以知知性"等表述,则说明他已经意识到"人"作为认识主体,经过"立名""起义""习故"等概念抽象、推理判断,并发挥"心"

---

① 萧萐父:《船山哲学引论》,第76页。
② 萧萐父主编:《王夫之辩证法思想引论》,第56页。

的统摄能力，使得认识运动得以展开，而其开端便是关于"知"与"能"的相关论述。

王夫之有"凝之于人而函于形中，因形发用以起'知'、'能'者"①，"夫人者，合知、能而载之一心也"②，"知，至于尽器；能，至于践形"③之语，萧萐父据此分析，王夫之把"心"看作是统摄"知"和"能"的认识主体，而将"知"和"能"看作是认识主体的"心"所固有的，而尚待展开、实现出来的两种潜在能动性，即"主体的特殊本质——认识能动性和实践能动性"④。一方面，王夫之的"知，至于尽器"，强调发挥"知"的洞悉作用，使人们不断加深对客体的认识；另一方面，王夫之的"能，至于践形"，则必须与"知"同时发挥、配合，促进人们躬行实践，从而不断提高主体的实践能力。这说明王夫之的"知"和"能"是相互依存、相互促进的辩证关系。

16."物、己"——认识客体与认识主体

萧萐父进一步指出，虽然王夫之的"知"和"能"是"心"所独有的认识能力，但毕竟是一种"潜能"，只是人所特有的"性之德"，要使这种潜能转化为现实，必须将认识主体和认识对象对置起来，然后予以联结。在萧萐父看来，王夫之对这一问题的认识，是通过辨析《中庸》一书中"己""物"等概念而建立的。⑤王夫之将《中庸》中的"物"细分为几个层次，并认为前两层"物"均包括"物"与"己"、"物"与"事"，但第三、第四层"物"则与"己"相对。萧萐父指出，王夫之的这种划分，表明从整个自然之"物"到专言人事之"物"，一旦涉及人的认识，"物"就是"与己对者"，这充分说明王夫之已经认识到，认识

---

① 王夫之：《张子正蒙注·诚明》，《船山全书》（十二），第124页。
② 王夫之：《周易外传》卷五，《船山全书》（一），第984页。
③ 王夫之：《思问录·内篇》，《船山全书》（十二），第427页。
④ 萧萐父主编：《王夫之辩证法思想引论》，第59页。
⑤ 《中庸》有云："诚者，物之终始，不诚无物……诚者非自成己而已也，所以成物也，成己仁也，成物知也。""物"字一共出现四次，王夫之对这四个"物"分别做了新诠。

主体从客观存在中分化、主观和客观分开的时候,才真正开始了现实的认识活动。[①]"物"在王夫之那里并不是泛指一般的外在之物,他继承了张载"不见其成,虽物非物"的思想,其所规定的"物",是只有经过"制器而利天下之用"之"合、离""消、长"等活动,才与"己"相对的"物"。

17."心、事"与"心、理"——感觉主体与感觉对象、抽象思维与事物本质

萧萐父指出,由于王夫之的"己、物""能、所"关系尚还是一般地规定了主体与客体的区别,以及两者在"认识运动中的联结",而对客观事物的具体认识,由感知现象到把握本质的具体展开,都需要转入对王夫之另外两对范畴"心"与"事"、"心"与"理"的分析。"心、事"关系,实质上是主观与客观事物的现象之间的关系问题,王船山由此展开他的感觉论,以强调"感觉来源于外物"和"感觉主体对于感觉对象的主动权"。"心、理"关系,则表达了抽象思维与客观事物的本质规律之间的关系,它表现为"以心循理"的知性认识阶段和"以理御心"的理性认识阶段。萧萐父分析道,"以心循理"旨在"从事物中孤立和抽象出一般的'道'和'理',以把握事物及其关系的部分、方面、特征和特性",其方法是"纯"和"约",用王夫之的话表述就是"识其品别、辨其条理";"以理御心",旨在将前一阶段的"各个片面的认识综合起来并演绎开去,以从总体上认识客观对象的高一级本质",其方法是"推"和"贯"。

18."道、德"——认识过程的循环往复

萧萐父认为,"道"与"德"这一对范畴,在船山认识论的范畴体系中,既是对"以心循理"与"以理御心"相互关系的论证的必然产物,又是船山自然观与历史观中的"道、器"理论在其辩证逻辑思想

---

① 萧萐父主编:《王夫之辩证法思想引论》,第60页。

中的反映和结晶。在萧萐父看来,"道"可以被理解为关于"器"(某一具体事物)的片面的真理,是经过抽象分析得到的结论。"德"则是对于"器"的全面、完整的认识,是经过分析以后进一步综合的成果。萧萐父指出王船山的这一思维论,可以概括为"尽器"—"贯道"—"入德"的公式。认识过程中由"尽器"到"贯道",由"尽道"到"审器"的循环往复,就是由感性的具体,经过知性的抽象,回复到理性的具体的反复过程,同时它也是由"器"到"道"的分析与由"道"到"德"的综合不断演进、无穷深化的过程,并抓住了前后两种具体,反对满足于普遍原则的抽象认识,注重真理的全面性和具体性。

19."知、行"——认识与实践的辩证关系

"知、行"范畴,是王船山认识论的核心。萧萐父高度赞赏王夫之"知行观"的学术贡献:第一,突出肯定了"行"在认识过程中的地位,得出"行可兼知"的重要结论;第二,深刻阐明了人的认识在知行"并进而有功"的运动中的重要作用。[①]在萧萐父看来,王夫之这一认识首先强调了"行"是"知"的基础和动力,"行"统率和优越于"知";其次,王夫之虽然强调"行",但并不否定"知"对"行"的作用,因此王夫之的知行观"是在重行的基础上的知行统一观"。而王夫之更为高明的认识在于,他主张"知行相资以为用""知行终始不相离",萧萐父据此评论,这说明王夫之已经"触及到认识与实践的相互关系的辩证法和认识与实践的无限性思想"。

20."实践"——人的实践本质

萧萐父进一步指出,如果说"知行并进""行可兼知"表明王夫之认识到认识是主观逐步符合客观并且改造客观的无限过程,那么王夫之的"实践"范畴则"说明了认识主体在改造自然、改造社会和改造自己的活动中的重大作用",从而使得其认识论从终点回复到了起点,

---

① 萧萐父:《船山哲学引论》,第86页。

即"作为认识主体的实践着的人"。在萧萐父看来,船山"知行并进"的认识的目的,就是"实践之",用他的话来说,就是"推行于物",主要指改造自然、社会和人本身的活动。在改造自然方面,萧萐父指出,王夫之主张"厚生利用""资其用于天",进行有目的性的改造世界的活动;在改造社会方面,王夫之有"君相可以造命""一介之士莫不有造焉",说明"普通人也能多少掌握历史命运,治理社会",发挥人的主观能动性,以人道正义影响和改造社会;在改造认识主体方面,王夫之提出了"善动化物""以人造天"等主张,萧萐父指出,这是让人们在改造自然、创造历史的活动中,实现"人之所以异于禽兽"的本质,达到真、善、美的统一。

至此,我们可以看出,萧萐父发掘了船山哲学诸多"对子"范畴,这些范畴彼此之间以"纽结"的形式,一环扣一环,步步为营,以连贯的逻辑联系,形成船山哲学范畴体系之网,它遵循了这样一个脉络:自然世界—人类社会—认识主体(人)。如下图所示(见图1):

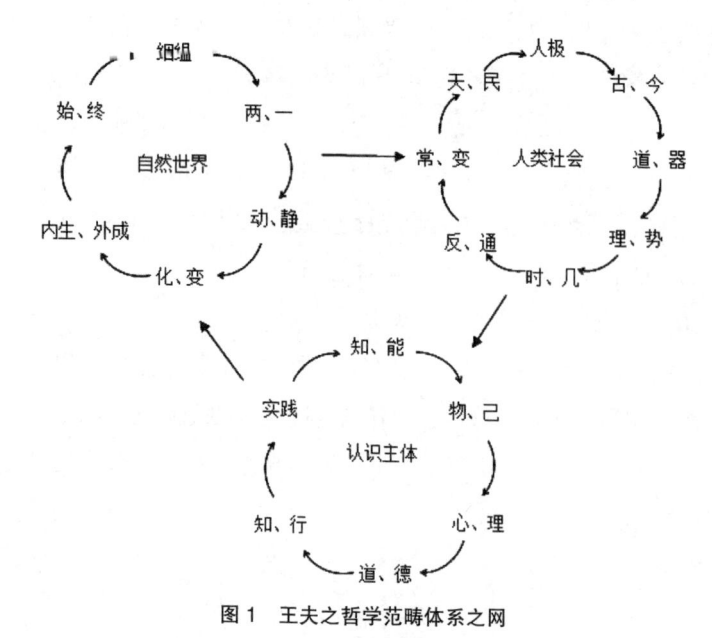

图1 王夫之哲学范畴体系之网

由图1可知，萧萐父演绎了王船山的哲学范畴体系。在他看来，王夫之自然史观中的诸多范畴构成了自然辩证法这个小"圆圈"，然后由此过渡到人类史观的诸多范畴，形成了历史辩证法的小"圆圈"，最后归根于对认识辩证法一连串范畴的演绎，同样也形成了一个小"圆圈"——这三个小"圆圈"，既各成一体，又互相涵摄，形成了首尾玄合、螺旋上升的船山辩证法体系。由此，他评价了王夫之哲学范畴体系的意义在于："闪耀着积极辩证法的光辉，表现出早期启蒙者的人文主义思想"，"以其丰富的辩证法思想，透露出试图冲破中世纪阴霾的智慧之光。他不愧为十七世纪中国哲学原野上'破块启蒙'的播种者"①。这里的"智慧之光"，其实是指王夫之辩证法的逻辑推演的严密性和连贯性。不难看出，萧萐父所建构的王夫之的范畴体系，实际上带有"黑格尔式""康德式"范畴演绎的痕迹。对于这种做法的意义和不足，将在下文（本章第三节）进一步分析。

三、船山研究的"泛化"——历史哲学与人格美

1982年，萧萐父被推举为《中国大百科全书》"王夫之长条"的撰写人，他在"长条"中指出："王夫之学识极为渊博。举凡经学、小学、子学、史学、文学、政法、伦理等学术部分，均有较深造诣；对天文、历数、医理等以至兵法、卜筮、星象，亦旁涉兼通，且留心当时传入的'西学'。"②众所周知，王夫之出入佛老、淹贯六经，其思想体大思精，但由于其运思既前后不一又庞杂交错，因此如何从总体上把握王夫之思想的主脉，其实是船山学的终极问题。

作为船山研究大家，萧萐父从哲学层面探讨王夫之思想，当然是"先立其大"，以纯化船山哲学研究，直契船山之魂，然后由此纲举目

---

① 萧萐父：《船山哲学引论》，第89页。
② 萧萐父：《船山哲学引论》，第141页。

张,泛化船山思想研究。这集中表现在他对船山历史哲学、人格美的阐述。

1. 历史哲学

萧萐父说:"船山之学,以史为归。"[①] 在他看来,王夫之史学思想超越前人的突出贡献是:"他(王夫之)把自己的自然史观运用于对社会历史现象的研究,多少揭示了一些社会生活的实际和历史运动的辩证法。而且,王船山突出地提出了'依人建极'的人本主义思想,强调人在宇宙中的特殊地位。因此,王船山把历史哲学研究的课题提到了新的地位,并使他的整个思想体系处处表露出浓厚的启蒙主义者的思想光辉。这在他的历史哲学上表现为具有较多的'新的突破了旧的'的思想内容。"[②] 萧萐父对船山历史哲学的探究,其契入点是对王夫之"依人建极"的分析。

首先,萧萐父指出王夫之与以往的思想家不同,他"更多地注意到人从自然界中产生和分化出来以后,所具有的人的'类特性'"[③],由此区别于他的自然史观,而展示了把人的类存在作为单独考察对象的人类史观。在萧萐父看来,王夫之所提出的"依人建极",正是这一观念的集中阐述。他说:

> 何谓"依人建极"?即是说,不应该抽象地去讲"天道"、"物理",而应以"人"作为出发点来考察万物,考察人类在天地中的地位及其活动规律,"以人为依,则人极建而天地之位定也"。而所谓"人极"(在船山思想中也指"人纪"、"人维"、"人道"等),指的是人的类特性或文明人类的本质特征,就是船山所说的"人

---

① 萧萐父:《吹沙二集》,第426页。
② 萧萐父:《吹沙三集》,第95—96页。
③ 萧萐父:《吹沙三集》,第97页。

之独而禽兽不得与"。换言之，就是人之所以为人的本质特征，以及文明人类之所以为文明人类的本质特征。①

既然"人极"是指人的类特性，那么人之所以为人、文明人类之所以为文明人类的根据是什么？萧萐父认为，王夫之对这一问题的回答，是通过展开"人禽之辨"和"华夷之辨"来实现的。就"人禽之辨"来说，王夫之认为"人之异于禽兽者几希"虽然是"几希"，但却是"严辞，亦大辞"，这就说明了人与动物的根本区别，即"人更具有社会生活中自觉的道德意识和道德活动"②；而王夫之"自畛其类"的"人极"，则是把"人的特殊本质朦胧地看作具有一定文明的族类生活的群体"，这样的群体其实已经是社会化的现实的人类。

中国历史和文化的意义何在？其中一个关键词，便是这四个字："人禽之辨"。孔子说："仁者，人也。"③孟子又说："人之所以异于禽兽者，几希。"④在孔、孟看来，人而不仁，则为禽兽。《荀子·王制》云："水火有气而无生，草木有生而无知，禽兽有知而无义，人有生有知亦且有义。"荀子强调人与动物的区别在"义之有无"。之后，长达八百余年的宋明理学，其主题几乎就是"人禽之辨"。但是，到了王夫之这里，他发出了"禽兽不能备其质"的著名论断。⑤显然，这里的"质"，已经不再是简单以"仁""义"作为人和禽兽的区分了。换句话说，王夫之此语，是在强调人和禽兽是同一事物的不同阶段，而非两个独立的对立物。

---

① 萧萐父：《吹沙三集》，第99—100页。
② 萧萐父：《吹沙三集》，第101页。
③ 《礼记·中庸》。
④ 《孟子·离娄下》。
⑤ 王夫之：《思问录·外篇》，《船山全书》（十二），第467页。原文为："故吾所知者，中国之天下，轩辕以前，其犹夷狄乎！太昊以上，其犹禽兽乎！禽兽不能备其质，夷狄不能备其文……所谓饥则呴呴，饱则弃余者，亦直立之兽而已。"

萧萐父指出,"人极""人纪""人维""人道"在王夫之的历史观中属于同一层次的范畴,主要是指"人的类特性",即"人之所以为人,特别是文明人类之所以为文明人类的本质特征",但在王夫之的思想中,"人极"又是从"人禽之辨""华夷之辨"等方面来展开对"人性"的标准和界限问题的辨析的。

就人禽之辨来说,萧萐父认为王夫之强调人和动物都有生命、知觉等自然本能,但相对于动物来说,人又具有"社会生活中自觉的道德意识和道德活动",例如王夫之非常强调"人之异于禽兽者几希"之"几希"二字,认为它是"严辞,亦大辞";同时王夫之也指出人和动物的严格界限:"明伦、察物、居仁、由义四者,禽兽之所不得与。壁立万仞,只争一线。"

在萧萐父看来,由于船山人类史观的理论前提是"人是自然的最高产物",按照这样的思路,既然人的道德意识是在后天的社会环境中产生的,那么人作为社会化的人,"人的智慧和道德更必须在社会生活中'践形尽性'"①才能够完成。毋庸置疑,萧萐父是根据马克思主义的社会意识和社会存在的相关论说予以理解的,但他把"人极"诠释为"自觉的道德意识和道德活动"是合乎船山思想的。

王夫之曾说:"天下之大防二:中国、夷狄也,君子、小人也。非本未有别,而先王强为之防也。"②曾昭旭认为,船山这里的人禽之辨和华夷之辨,其实是同一个问题,即文化和民族的问题:"船山之意,实合文化与民族为一体而并论之者,亦犹其必合理与气为一体而并论之也。故无文化,直不得谓为民族,船山所斥者,斥此耳;其所保者,亦保此焉耳。故船山阐以夷狄与防小人相提并论,亦即以保民族与保文化实为一事故也。"③"人禽之辨"既然是人与禽兽的差别,就会导引

---

① 萧萐父:《吹沙三集》,第98页。
② 王夫之:《读通鉴论》卷十四,载《船山全书》(一〇),第502页。
③ 曾昭旭:《王船山哲学》,台北里仁书局2008年版,第544页。

出君子与小人的区分,而君子与小人之争的扩大化,则是文明与野蛮之争,即"华夷之辨"。

古人以黄帝为祖,除了强调中国历史之悠久,同时也是强调以道德作为华夏立国之本。从黄帝战胜蚩尤,到管仲"尊王攘夷";从汉武帝北驱匈奴,再到唐太宗征讨突厥;从两宋与西夏、辽、金、蒙古(元)的战争,再到明与后金(清)的矛盾,其实一脉相承。这种历史纷争,表面上看是民族矛盾,但实际上是文明与野蛮之争。王夫之的《读通鉴论》一著,把这一点讲得很透。

谭嗣同、梁启超、熊十力等一些近现代思想家,几乎都是以王夫之《读通鉴论》中的历史观读史论史,这的确是一个合理的角度。熊十力曾说:"清季学人都提倡王船山民族主义,革命之成也,船山先生影响极大。然船山民族思想,却不是狭隘的种界观念,他却纯从文化上着眼,以为中夏文化是最高尚的,是人道之所以别于禽兽的,故痛心于五胡、辽、金、元、清底暴力摧残。他这个意思,要把他底全书融会得来,便见他字字是泪痕。然而近人表章他底民族主义者,似都看做是狭隘的种界观念,未免妄猜了他也。他实不是这般小民族的鄙见。须知,中夏民族元来没有狭隘自私的种界观念。这个观念是不合人道,而违背真理,且阻碍进步的思想,正是船山先生所痛恨的。"① 平心而论,熊十力的理解是比较公允的,"文化"本身没有优劣之分,但民族、种族却有因争夺资源、土地,而牵扯到文化的"意识形态"之争。

与熊十力同情地理解船山对华夏文化惨遭践踏的悲愤不同,萧萐父则把"人禽之辨"和"华夷之辨"理解为同一个问题的高、低阶段。在萧萐父看来,如果说"人禽之辨"与"华夷之辨"是王夫之对作为个体的人予以类特性的考察,那么其关于"自畛其类"的论述,对作

---

① 熊十力:《十力语要》,上海书店 2007 年版,第 360—361 页。

为群体的"类"的考察,则反映了他"不仅看到了作为抽象的群体的人,而且还看到了生活在历史中的作为文化的人的群体"①,这就将人的特殊本质在更高的层次上定义为具有一定文明族类生活的群体,即作为社会化的人类。也就是说,"人禽之辨"是对作为个体的人是否具有"人的类特性"的讨论,而"华夷之辨"则是对作为群体的人是否具有"文明族类"的"社会化"的特征的讨论。公允而言,萧萐父的这一理解,一定程度上已经逸出船山思想的原本脉络了,但他把王夫之"依人建极"与"人的类特性"联系起来,却是一种具有创见的解说,这与其试图建构马克思主义船山学体系有关。

在萧萐父看来,王夫之虽然把文化看作是华夏族与其他民族区别的标志,十分强调夷夏之防、文野之辨,但这种差别"只是道德文化价值意义上的,而非出于种族歧视的以及狭隘的华夏族中心主义的偏激之见"②,它只是民族主义和文化主义的曲折反映。因为王夫之曾警告"中国之文"同样也会"乍明乍灭"③,华夏族如果不努力,也有可能倒退为夷狄;如果人也退化,并返回到轩辕以前,那么没有一个不是夷狄("蔑不夷矣")。这说明王夫之虽然特别重视夷夏之防,但并未将其绝对化,而其"中国之文,乍明乍灭"之语,更是说明人类文明是可变的。由此,萧萐父指出:"华夏文明就是由禽兽、夷狄进化来的。因此,夷狄可以进化为华夏文明,华夏文明亦可以退化为夷狄乃至禽兽"④。更何况,王夫之曾有言"均是人作,而夷、夏分以其疆",这表明王夫之的夷夏观还充分认识到地理环境对文明演进的作用。

总体而言,萧萐父的上述评述是准确的。在王夫之著述中,我们

---

① 萧萐父:《吹沙三集》,第 101 页。
② 萧萐父:《吹沙三集》,第 108 页。
③ 王夫之说:"中国之文,乍明乍灭,他日者必且陵蔑以之于无文,而人之返乎轩辕以前,蔑不夷矣。"
④ 萧萐父:《吹沙三集》,第 110 页。

能够找到很多类似的表述。例如，王夫之说："大昊以前，中国之人若麋聚鸟集，非必日照月临之下皆然也，必有一方焉如唐、虞、三代之中国。既人力所不通，而方彼之盛，此之衰而不能征之，迨此之盛，则彼衰而弗能述以授人，故亦蔑从知之也。"①这是一段十分惊人的论述。王夫之是怎样得出这番论断的，今天我们已经无从得知，但从中我们可以感受到五百多年前的"文明多元论"。也就是说，古代中国也是世界文明中的一支，世界其他地方一定存在类似的鼎盛文明，尽管这些文明之间，彼此消息不通、独立发展，但并非没有存在的可能。王夫之这番认识，实际上冲击了中国数千年的华夷观念。

基于此，萧萐父一再强调，王夫之的"夷夏之防"并非绝对的界限，一方面，文化既不是某个民族独有的，更不是一成不变的；另一方面，各民族文化的发展也会导致文明界限的变更，因此各民族的文化的发展具有不平衡性和曲折与反复相交叉的规律性。人类历史社会的前进运动不是单一的、线性的，而是曲折的、反复的，它是进化与治乱离合的统一。但是，这种统一并非平面的循环，而是螺旋前进的，这便是王夫之"今胜于古"的历史进化论思想。

王夫之人类史观的近代性，还表现在其历史进化论的思想因素，认定文明的进化在于"今胜于古"。萧萐父敏锐地指出王夫之竟然宣布我们的祖先是"植立之兽"，驳斥了以往的循环史观和退化史观——《思问录·外篇》中有"所谓'饥则呴呴，饱则弃余'者，亦植立之兽而已矣"之语——这足以说明：作为文明人类的华夏族，也有其史前史的发展阶段。对于王船山的这一认识，萧萐父概括为：

禽兽→"植立之兽"（"不全其质"且"无文"）→夷狄（"文

---

① 王夫之：《思问录》，《船山全书》（十二），第468页。

之不备")→文明人类在中国的诞生("天开地辟于轩辕之代")。①

萧萐父认为,王夫之的人类史观正是在这种意义上,冲破了"历史蒙昧主义",是一种独特的"人文化成天下"的人群历史进化观。更重要的是,从战国到明代的两千多年间,华夏文明不但没有中断过,而且日益强大和进步,这就有力地印证了王夫之深厚的历史教养。

萧萐父指出,船山之所以能够具有超越前人的见识,其根本原因在于,船山的历史哲学关注的中心始终是"人"。除了文明进化论思想,船山之超越前人处还突出地表现在他对以往的天人关系予以新的诠释,建构了"相天""造命"论。所谓"相天",是指人类的实践活动应服从"天"这一客观规律;所谓"造命",则是"人通过认识把握客观规律(包括自然的和社会的)以参与历史和世界的'生化'过程,进而去创造历史、创造世界以推动历史和世界本身具有的'化育'过程"②。"相天"和"造命"不可分割而论,船山既看到了历史的客观规律性,又看到了人的历史实践的主观能动性,由此批评了以往的"天埋流行"论以及"天理史观"。

在萧萐父看来,王夫之的卓越创见还在于提出了"假手"论。王夫之模糊地意识到了历史人物的贪欲、权势、情欲在历史革命进程中的作用,历史客观规律虽然不以人的意愿为转移,但由于一些历史反动人物的恶劣行为,加速了历史进程,成为历史发展的杠杆。对历史人物功过是非的评价,必然会转入到对人民群众这一支配社会历史发展的决定力量的探讨。王船山"即民以见天"和"援天以观民"等相关论说,正是这一问题的时代反映。

"天",这一十分古老而又内涵丰富的中国传统范畴,在王夫之著

---

① 萧萐父:《吹沙三集》,第105页。
② 萧萐父:《吹沙三集》,第145页。

述中极为常见。船山赋予了"天"新的内容。虽然船山的"天"有多重含义,但作为客观支配力量予以理解的"天",可分为五种:"天之天""物之天""人之天""己之天""民之天"。其中,"天之天"是指支配宇宙的法则;"物之天"指生物界的支配法则;"人之天"指人类社会的支配法则;而"己之天"则指少数"贤智"、圣人、历史人物的个人意志;"民之天"则指大多数人民的共同意志。

萧萐父指出,这五种支配自然界和人类社会的力量,虽然还带有传统圣贤史观的影子,但王夫之已经模糊地意识到了人民群众的历史作用。萧萐父评论:

> 王夫之按他所能达到的认识水平,观察到一些历史实际,一方面,他正确地把社会历史的支配力量,归结为由人民的聪明、好恶、德怨等所代表的"民之天",认为必须重视"人心之向背",不能违反;另一方面,他却又认为"民之视听"很不可靠,还须另找一个标准来"审民之视听,以贞己之从违"。他将"万有不齐之民"的要求抽象地概括为"民情"或"民之天";他朦胧地看到它的力量和作用,而找不到一个真正的标准来判定究竟什么是反映历史进步要求的"民情",究竟什么是支配历史动向的"人之所同然者"的具体内容。但"民之天"毕竟是一个新范畴。船山的人类史观,试图把支配人类社会历史发展的决定力量归之于"民之天",而具有了某种独立的内容。尽管刚从"人之天"中分化出来,还未能摆脱对少数圣贤的"己之天"的屈从地位,但"民之天"这一范畴的内涵对于所谓"人极"——"人的类特性"这一历史范畴,显然有所充实和具体化。①

---

① 萧萐父:《吹沙三集》,第155—156页。

这是一段说理极为充分的论述，它在考虑到王夫之历史观的时代局限的基础上，以同情的态度指出王夫之的"民之天"这一范畴的提出意义重大，它是"群众史观"的体现。尽管它还是朦胧的、不确定的思想萌芽，但毕竟"冲破了数千年思维模式的束缚"，是超越时代的光辉认识。由此，萧萐父进而对王夫之关于广大人民物质和精神需求的论述抽茧剥丝，充分肯定王夫之"饮食男女之欲，人之大共也"之语，高度评价了王夫之的"公欲"说。王夫之将"公欲"理解成"公理"，这说明广大人民食色天性的自然要求，就是"公理""天理"，即船山所言"人欲之大公，即天理之至也"。

综上所述，萧萐父对王夫之历史哲学的总体把握，展现为几个基本环节："由'理势合一'转到'即民见天'，再由'天人'关系转入'理欲'关系"，最后导出一个大公至正的均平原则。在历史观方面，王夫之不仅系统批判了历史史学中弥漫着的神学史观和复古谬论，把对当时湘桂少数民族生活的实地观察与历史文献研究相结合，大胆地打破美化三代古史的迷信，驳斥"泥古薄今"的观点，阐明人类史是由野蛮到文明的进化过程；而且，他基于"理依于气""道器相须"的一贯思路和对历史事变的深入考察，提出"理势形成"的历史规律论和"即民见天"的历史动力论，与"依人建极"的人的类特性，构成了船山历史哲学。

2. 人格美

萧萐父曾说，船山之学，以《易》为宗，以史为归。这说明船山思想有两大维度：哲学和历史。在哲学和历史的双重透视中把握船山之学，这既是船山学思特征的内在要求，也是历史和逻辑相统一的研究方法的一贯体现。

但在萧萐父看来，船山的思想光辉又不仅仅胜在其学博大思精，更胜在其基于历史修养而形成的理想人格的崇高美，它是船山个人生平经历和志向操守的精神结晶。萧萐父对船山人格美的仰慕，是建立在他对船山其人其学的高度把握的基础上的。在为《王夫之评传》撰写的"弁言"中，萧萐父深情地指出："特别是像王夫之这样具有巨大历史感和崇高人格美的大思想家的传记，似乎可以提出更高的要求，即不仅要据实以存真，更要体物以传神。即走近传记人物的心灵，体察入微，与之含情相对，寂感互通，从而自有传神的手笔，为传主的灵魂画像。"① 在萧萐父看来，一般的船山研究大都侧重于学术评价、思想探源、史实考订等，冷静、客观的研究成分较多；但对于王夫之的人格成长、气质变化、忧乐情怀等内心世界，则着力不多，偶尔触及，亦浅尝辄止。萧萐父认为，船山学研究的最高升华，必然复归到对船山人格的深层感知上。

什么是人格？冯契曾说："人格是理想的承担者，理想是人格的主观体现。人的认识、意愿、感情、想象等因素综合地在理想之中。在把理想化为现实的过程中，人格也得到了培养。"② 冯契从"理想"的角度出发，将人格的培养界定为理想和人格的双向互动，但人格毕竟要落实于个体的具体行动之中才能实现。在冯契看来，王夫之正是这样的典型之一——王夫之曾说"我者德之主，性情之所持也"③——冯契指出，这里的"我"，正是"通过形色、音声使性得到显现，同时'我'接受了道使性日生日成，使得人格得到锻炼提高。这个锻炼提高的过程，王夫之认为不是复性，而是'习成而性与成'，是一个日生日成的过程"④。由此，冯契认为王夫之的人格学说已经具有近代的色彩。

如果说冯契是从理想和人格之间的关系以及人格的具体实践等角度出发，言说船山人格说的思想史意义，那么萧萐父则是从历史感、历史担当意识的角度出发，赞颂船山人格之美。萧萐父著有《船山人

---

① 萧萐父、许苏民：《王夫之评传》，弁言，第1页。
② 冯契：《人的自由和真善美》，《冯契文集》第三卷，华东师范大学出版社1996年版，第9页。
③ 王夫之：《诗广传·大雅》，《船山全书》（三），第448页。
④ 冯契：《人的自由和真善美》，《冯契文集》第三卷，第303页。

格美浅绎》和《船山人格美颂》两文,不过,此两文实乃一文。前者首次发表于1992年,为当时举行的纪念王船山逝世三百周年而作[①];后者则编入萧萐父1999年出版的第二部个人专著《吹沙二集》中,但名字却由"浅绎"改为"颂",这一字之改,反映了萧萐父对船山人格美的仰慕和敬重。他说:

> 船山自我鉴定一生的政治实践和学术活动为"抱刘越石之孤愤","希张横渠之正学",这是理性的选择;而"芜绿湘西一草堂"的艺境诗心,却与"芷香沅水三闾国"的楚骚传统一脉相承。[②]

萧萐父认为,船山的一生,是理性和诗心相融合的一生。由此他创作了赞美船山的《湘西草堂杂咏》十首,其中第二首是"薑斋痴绝和梅诗,慧境芳情永护持。雪后春蕾应更妩,愿抛红蕾沁胭脂"[③]。其中"慧境芳情永护持"正是他对船山最欣赏的地方所在。吴根友指出,慧境和芳情,分别指哲理和诗心,船山的诗情与他担负的"六经责我开生面"的文化使命融为一体,体现了哲理与诗心的统一。[④] 具体而言,萧萐父对船山人格美的探讨,有四个层面。

首先,船山人格美的理论依据在于"成性"论。萧萐父一贯主张船山哲学的首要特征是"依人建极",强调船山之"我"的重要性在于"有了独立的主体或道德自我,才可能体现出'大公之理'的价值尺度"[⑤]。这样,对于人格或者人性的养成,必然要落实于具体的实践和检验中,即船山所语"性者生也,日生而日成之也",人的道德、智慧、

---

① 《船山人格美浅绎》一文,刊发于《船山学刊》1993年第2期。
② 萧萐父:《吹沙二集》,第424页。
③ 萧萐父:《吹沙二集》,第272页。
④ 萧萐父:《吹沙三集》,第174、175页。
⑤ 萧萐父:《吹沙二集》,第424页。

才情都需要在发展中日趋完美，它充分说明船山的"成性"论是立体动态的，而不是平面静止的。

其次，船山人格美的艺术升华在于"诗化"梦。萧萐父指出："船山多梦，并都予以诗化。诗中梦境，凝聚了他的理想追求和内蕴情结。"[①] 在他看来，船山之梦，有对明亡后的悲叹，有寄希望于未来的憧憬，有对坚贞不屈的心志的自慰……但这些都被船山"梦未圆时莫浪猜"所涵摄，这说明船山以梦为志，以梦中情境为自己人格立传。

再次，船山人格美的自觉实践在于历史感。萧萐父指出，船山曾奋力写出史论千余篇，其主题全都是读史养志，旨在"通过'史'，发现自我的历史存在，感受民族文化慧命的绵延"[②]，因此，船山的人格美贵在深厚的历史感和历史责任意识，它不是一时一世的短暂留存，而是庄子"参万岁而一成纯"的大历史格局，是穿越世事沧桑的一种"不随风倒的独立人格"。

最后，船山人格美的自我塑造在于立志和养志。萧萐父认为，船山首重立志和养志，以塑造其伟大人格。他说："立志，就是确立坚定的、恒一的价值取向"，"养志，就是要始终坚持贞一不渝的志向"。[③] 在萧萐父看来，立志和养志的目的，是为了超越流俗生活和个人祸福，"卓立道德自我，纯化精神价值"，因此这就要求必须有"一定历史自觉的承担胸怀"，即船山所谓"在志者其量亦远"，在存在的残缺中寻求自证，在客观的境遇中超越个体，渗透着强烈的历史意识和自我意识。

第三节　学术意义

本章第二节已指出，萧萐父的船山学研究实际上遵循了两条线索：

---

① 萧萐父：《吹沙二集》，第 425 页。
② 萧萐父：《吹沙二集》，第 426 页。
③ 萧萐父：《吹沙二集》，第 427 页。

一是以马克思主义基本原理之唯物辩证法、历史唯物论为指导原则，建构船山哲学体系；二是以人文主义精神为主导线索，揭示船山思想所蕴含的近代性。其学术意义在于：一方面，使船山哲学以完整的现代哲学体系的逻辑形式展开[①]，从而变得可读、可解、可把握（这在当时的时代条件和政治氛围下是难能可贵的）；另一方面，使船山哲学与马克思主义哲学、近代人文主义思想得以交融和碰撞，拓展了船山哲学的诠释空间。如果把萧萐父的船山学研究放在20世纪中国哲学史的视野下审视，他基本代表了1949年迄今船山学的研究水平。具体来说，有以下四点。

第一，萧萐父的船山学研究，重在归纳船山思想中的逻辑范畴。许苏民指出："先生从逻辑范畴是把握船山哲学思想体系的网上纽结这一基本观点出发，通过缜密的文本分析，建构出一个完全合乎船山思想之内在理路的严密逻辑体系。"[②]王兴国认为，萧先生船山学研究的贡献之一，在于从微观上剖析船山哲学思想的范畴结构，分别为船山哲学本体论的范畴结构、辩证发展观的范畴结构、认识论的范畴结构。[③]萧萐父的船山研究，正是抓住了船山思想中具有丰富辩证含义的范畴，并把这些概念作为"船山思想体系之网的网上纽结"，为把握船山哲学体系做了准备。

第二，萧萐父的船山学研究，在发掘船山思想诸多范畴的基础上，梳理了船山思想中的逻辑线索，厘清了船山哲学中的基本主线和占主

[①] 这里所指的范围，仅限大陆哲学界。侯外庐1944年出版的《船山学案》，虽然也对船山哲学思想予以探讨，但基本上属于开拓性质，尚不完善；嵇文甫1935年出版的《船山哲学》则是一部极为简略的小册子，主要是沿袭宋明理学的思路展开，新中国成立后嵇氏扩充的《王船山学术论丛》内容驳杂，对船山哲学的探讨同样简略。1949年之后，港台新儒家也对船山哲学多有发明，代表人物有唐君毅、劳思光等，但这些学者并未以个案或专题研究的形式展开。

[②] 许苏民：《萧萐父先生船山学方法论述要》，载萧萐父：《吹沙三集》，第177—178页。

[③] 王兴国：《萧萐父先生对船山学的贡献》，载郭齐勇、吴根友编：《萧萐父教授八十寿辰纪念文集》，第53—60页。

导地位的思想倾向。萧萐父也像船山一样,对船山的思想做了"入其垒,袭其辎,暴其恃而见其瑕"的探讨。萧萐父认为,对于船山思想中前后不一致或者矛盾的地方,"必须善于透过历史的现象形态,摆脱某些起扰乱因素作用的偶然性因素,从历史上具体的哲学矛盾运动中去发现其概念、范畴演化发展的逻辑进程及其理论上前后连贯的诸环节"[①]。例如,船山对"宋明道统"的理解,在《读四书大全说》《读通鉴论》《宋论》中,前后态度有所不同。对此,萧萐父指出,从船山思想的基本倾向来看,应以船山的最后一部著作《宋论》中对"道统"的批判态度作为定论。

第三,萧萐父还非常注意如何处理船山思想与宋明理学之间的批判与继承的关系问题,他认为应该运用历史与逻辑相统一的方法去分析,主张以否定之否定的"逻辑圆圈"去把握船山思想与宋明理学之间的关系。萧萐父曾说:"哲学发展到一定阶段的历史总结,也总是通过把以往各个体系中的重要范畴纳入一个新的体系而变为这一新体系中的各个环节来实现的。"[②] 根据这样的认识,萧萐父指出:"王夫之的哲学通过扬弃朱熹和王阳明而复归到张载,完成了宋明时期围绕'理气'、'心物'关系问题展开的整个哲学矛盾的大螺旋。""王夫之更从哲学上总其成,他在理气(道器)、心物(知行)和天人(理欲)等关系问题上多方面的哲学贡献,把朴素唯物辩证法的理论形态发展到顶峰,并预示着新的哲学启蒙即将来临。"[③] 也就是说,萧萐父是把船山思想看作宋明理学和近代思想中间的一个过渡环节或者"圆圈"。

第四,萧萐父把船山思想纳入中国社会近代转型及思想变迁的大视野下考量,寻找中国现代化的"内在性根芽",力图从中国自身的

---

① 萧萐父:《吹沙集》,第375页。
② 萧萐父:《吹沙集》,第413页。
③ 萧萐父:《吹沙集》,第375页。

思想中找到启蒙精神的根芽和根据，这非常值得肯定。在萧萐父看来，船山思想是整个明清启蒙思潮中的集大成者，又是三阶段思潮中的中间代表。三阶段思潮中，以李贽为代表的个性解放思潮，开启了启蒙思潮的大幕；以王夫之为代表的推陈出新、全面总结的文化反思思潮，达到明清之际早期启蒙思潮的巅峰；以戴震为代表的后期思潮，由于"政治高压"转入科学知性研究，而陷入了"难产"与"洄流"。从萧萐父所设定的早期启蒙学术的三大主题"个性解放的新道德、科学与民主"①的标准来看，只有王夫之所处的时代思潮才明确反映了这三大主题，从而更加凸显第一阶段的"立论尖新而不够成熟"和第三阶段的"洄流"。故萧萐父在匠心独运的"早期启蒙说"的理论建构中，以王夫之思想作为典型案例，就显得十分必要。作为萧萐父的两大学术专长领域，"王夫之研究"和"明清早期启蒙学说"始终紧密相连，二者互为支撑，前者乃后者的典型代表，后者乃前者的理论升华。

同时，受时代所限，萧萐父的船山学研究也有一定的局限。

首先，对"本体论"的检讨。萧萐父船山学研究所使用的"本体论"，是指马克思主义的"物质"本体论，而把"物质"作为本体，又根源于近代欧洲理性主义和经验主义的相互驳难。"物质本体论"是否契合船山哲学中关于形而上学、天道流行的成分，实需进一步讨论。在这方面，学界对西方哲学思维下的"本体论"一词已有大量检讨。主流意见是批判和解构"滥用"的"本体论"一词，并提出用"本根论""体用论"等词代替"本体论"，以揭示中国哲学不同于西方哲学的特质。探究船山哲学中有关形上、超越、信仰的思想成分，应当关照其与传统哲学一脉相承的部分，凸显船山哲学思想的民族气质。

其次，对"逻辑体系"的检讨。从本章第二节可以看出，萧萐父运用马克思主义唯物辩证法演绎了王船山的哲学范畴体系——由一

---

① 萧萐父、许苏民：《明清启蒙学术流变》，辽宁教育出版社1995年版，第7页。

个个范畴,组成一个个小"圆圈",进而摹画出"自然史观""人类史观""认识论"三个大"圆圈",建构起整个船山哲学体系。应当承认,这是一个相当精致、厚重的体系,它以清晰的逻辑推演,条分缕析地廓清了船山哲学。然而,"范畴演绎""逻辑圆圈"的运用,尽管直接出自马克思等人的经典著作,但毕竟导源于康德、黑格尔的哲学思维。当我们以"圆圈"摹画和范畴"推演"的形式规制船山思想时,会不会遮蔽船山思想的本来意蕴?船山哲学是否全部都是追求"物质本体论""人类史观""认识论"的体系?当我们把船山视为"唯物主义哲学家""辩证法家"时,船山哲学的其他面向恐难以得到揭示。相较之下,笔者认为,萧萐父对船山思想中的人文主义精神(例如近代政治经济观念)的发掘,可能更具有现实意义。

众所周知,熊十力曾把王船山视为"东方孟德斯鸠"[1],并断言如果"儒者尚法制,独推王船山"。在熊十力看来,王船山虽然没有明确提出"民主",但其思想实涉之。[2]然而,熊十力反对把王船山看成是唯物主义思想家:"要之,横渠、船山一派之学,实无可谓之唯物论,其遗书完具,文义明白。"[3]熊十力之所以这样认为,是因为:"自伏羲始开学术思想之源,下逮晚周诸子百家发展极盛,而哲学界始终无有以西学以唯心、唯物分裂之宇宙之异论,此中国古学之特殊处也。"[4]熊十力还说:"中学在宇宙论及人生论中,确无一元唯心与一元唯物之分裂情形。余间与少数相知言之,则皆以为中国人喜中道,故哲学上无唯心唯物等边见。西洋人尚偏至,其为术也,务解剖,故彼方哲学分裂宇宙而有唯心唯物异其论。"[5]在熊十力看来,把"物质"理解为本体

---

[1] 熊十力:《心书·钧王》,《熊十力全集》第一卷,湖北教育出版社2001年版,第27页。
[2] 熊十力:《心书·钧王》,《熊十力全集》第一卷,第28页。
[3] 熊十力:《原儒·原内圣第四》,《熊十力全集》第六卷,第631页。
[4] 熊十力:《原儒·原内圣第四》,《熊十力全集》第六卷,第630页。
[5] 熊十力:《原儒·原内圣第四》,《熊十力全集》第六卷,第635页。

是虚幻的:"以物质为本体者,亦是执现象而莫睹其真。有用无体,云何应理?"① 不难看出,熊十力并不是否定"本体"本身,而是反对以"物质本体"(也包括别的概念)限制中国哲学的意蕴阐发。熊十力的解说,自有其一贯的学术宗旨,但他关于中国古学没有唯物、唯心之分的情形,我们不能不承认,是符合思想史的事实的。

与此相对比,蔡尚思则反对把王夫之看成是启蒙思想家:"王船山不是地主阶级反对派,更不代表市民思想;而是封建传统思想家,是明清间的孔子、张载。他不可能具有近代反封建传统的思想。因为只要是封建传统思想家,就不可能是启蒙思想家。"② 又说:"近今学者往往赞扬他的反传统、反理学的进步一面,而少指出他的富有传统、理学的落后一面,未免不够全面而不实事求是。有人甚至说他批评孔子,而不知他是最尊孔者之一。"③ 蔡氏"只要是封建传统思想家,就不可能是启蒙思想家"之语,流于非此即彼的轻率断定,但他强调王夫之思想同时还富有传统、理学的一面,却又在一定程度上是契合船山思想的。上述学者对船山哲学的不同认识,从侧面反映了船山研究的复杂性。

然而,尽管萧萐父的船山学研究有其不足,但全面衡量萧萐父船山学研究的学术意义,仍是比较困难的,可能需要将其放在大尺度的历史视野中,才能得到一个比较准确的评价。更何况,特殊的时代条件和传主本人所坚信的研究"范式",都是评价其学术意义的必要因素,而不能一味苛求。

如果我们把萧萐父的船山学研究放在20世纪的中国哲学史中,或许可以从两个维度理解:(1)随着船山学研究的继续推进,人们发现

---

① 熊十力:《原儒·原内圣第四》,《熊十力全集》第六卷,第618页。
② 蔡尚思:《王船山思想体系》,湖南人民出版社1985年版,第38页。
③ 蔡尚思:《王船山思想体系》,第23页。

以往的研究方法愈来愈难以全面揭示船山思想脉络,由此发生了船山学研究的多种"转向"。①但是,如果这些"转向"的共同目标是揭示中国传统哲学脉络下的船山思想,那么船山哲学作为能够有力说明中国传统哲学完全具有现代转化的内在性根芽的"样板"之一,其所显露的近代性和人文精神,仍然是一个十分有意义的主题。(2)在侯外庐之后,萧萐父的船山学研究达到了 20 世纪马克思主义船山学的最高水平。萧萐父运用黑格尔式的逻辑体系以及列宁的认识论辩证法建构船山哲学体系,仍然有相应的哲学史价值。尽管我们今天强调回到船山哲学本身,运用各种"范式"诠释船山哲学,但事实上一旦我们展开具体的研究工作,仍离不开对萧萐父等老一辈学者先期提炼的"范畴"和架构的"体系"的参考②——无论是正面继承,还是逆向批判,都是如此。

---

① 综合近十年来的船山学研究现状以及《船山学刊》近 20 年刊载的文章来看,海内外船山学研究已经呈现出相当多元化的格局。详见王兴国:《船山学研究四十年之回顾》,《船山学刊》2002 年第 4 期;方红蛟:《马克思主义船山学研究概述》,《船山学刊》2007 年第 1 期。

② 张岱年的船山研究,主要集中于知行观、形神观等,也主张把王夫之视为唯物主义哲学家。详见张岱年:《张岱年全集》第三卷,河北人民出版社 1996 年版,第 424—430 页。

第三章　萧萐父与明清启蒙论说

第一节　"启蒙"观念的历史考察

一、"启蒙"一词的中西指涉

1. 中国哲学视野下的"启蒙"

根据传统汉语构词法的特点，理解"启蒙"，应先对"启"和"蒙"各做一番疏解。就"启"字来说，甲骨文中早有其原字"启"，象以手开户之形。《广雅·释诂三》云："启，开也。"《尚书·金縢》口："启籥见书，乃并是吉。"《楚辞·天问》云："西北辟启，何气通焉？"此类"启"字，均作"打开""开启"解。《说文》又云："启，教也。从攴，启声。"《论语·述而》云："不愤不启，不悱不发"，郑玄注曰："孔子与人言，必待其人心愤愤，口悱悱，乃后启发为说之。"①《颜氏家训·勉学》中又云："自古明王圣帝，犹须劝学，况凡庶人乎！此事遍于经史，吾亦不能郑重，聊举近世切要，以启寤汝耳。"②此类"启"字，均作"启发""开导"解。

上述两种意涵因其依据文献年代最早，含义表用范围最广，被视为"启"的本源义。除此之外，"启"字还有其他若干意涵，如"萌

---

① 皇侃撰，高尚榘点校：《论语义疏》，中华书局 2013 年版，第 158 页。
② 王利器撰：《颜氏家训集解》（增补本），中华书局 1993 年版，第 143 页。

芽""招致""公文""姓氏"等。不难看出，从"以手开户"到"不愤不启"，"启"字经历了从形象描述到抽象引申的过程。杨树达在《积微居小学述林》中谈到"启"字时指出："愚谓当解为从口攴声。盖教者必以言，故字从口。教者发人之蒙，开人之智，与攴户事相类，故字从攴声，兼受攴字义也。"① 由此可见，"启"字在传统汉语语境中，主要属于教育的范畴。

在传统哲学的视野下理解"蒙"字，无疑当从《周易》"蒙"卦始。"蒙"卦为《易经》第四卦，其卦符为"䷃"，下坎上艮，寓意为"山下有险，险而止"，孔颖达疏为"蒙昧"。"蒙"卦卦辞中又有"匪我求童蒙，童蒙求我"之语，孔颖达疏曰："蒙者，微昧暗弱之名。"可见，"蒙"在这里主要是指一种暗昧无知的状态，它象征事物的幼小、开始。《周易·序卦》说得很清楚："物生必蒙，……蒙者，蒙也，物之稚也。"郑玄注："蒙，幼小之貌。"② 明儒王夫之在《张子正蒙注·序论》又进一步指出："蒙者，知之始也。"③ 由此可见一斑。

"蒙"卦中，又有"蒙以养正，圣功也"之语。象曰："山下出泉，蒙，君子以果行育德。"按照北宋张载的理解，该句卦辞是"蒙"卦卦义的核心："蒙卦之义，主之者全在九二，象之所论，皆二义。教者但观蒙者时之所及则道之，此是以亨行时也；此时也，正所谓如时雨化之。如既引之中道而不使之通，则是教者之过；当时而道之使不失其正，则是教者之功。'蒙以养正，圣功也'，养其蒙使正者，圣人之功也。"④ 张载著有《正蒙》，即取名于此。他在这里把"蒙以养正"理解为"使蒙者不失其正"，值得体味。从形式上看，"不失其正"是一种"遮诠"式的解释，它首先表明"蒙"者与被"蒙"者之间的启发、

---

① 杨树达：《积微居小学述林全编》（上），上海古籍出版社2013年版，第137页。
② 李道平：《周易集解纂疏》，中华书局1994年版，第104页。
③ 王夫之：《张子正蒙注·序论》，《船山全书》（十二），第9页。
④ 张载：《张载集》，中华书局1978年版，第85页。

教导并非先入为主的强势介入,而是循循善诱的后发引导,其根本原因就在于"童蒙"本身具有无限的可能性和可塑性。所谓"不失其正",实际上是要护持其自然生长的禀赋("时雨化之"),它与"匪我求童蒙,童蒙求我"的内在精神是一致的。

据此,张载又辨明了"我求"和"求我"的差别:"来学者,就道义而学之,往教者,致其人而取教也"①,它表明"我"从一开始就不是作为"发蒙"的先天主导者,而"求我"者的主观动机或求学意愿,才是"发蒙""包蒙""击蒙"等活动得以完成的前提。王夫之把这层意涵说得很透:"君子体斯为'养蒙',为'发蒙',果、育相资,行成而德不匮,则善用蒙者也。"②如果说"果"是"童蒙",那么与"育"相对应的便是"发蒙",但是"果"和"育"只有"相资",才能"行成而德不匮",这样才能称得上"善用蒙"。王夫之此番认识相当深刻,它表明"发蒙"等一系列活动,需要主体和客体双方共同参与、相涵互动、教学相长才能完成,这就在客观上凸显了双方地位的平等性。从这个角度看,传统教育讲究"有来学者而无往教者"(马一浮曾借此语表达其讲学要求),与其说它是维护师道尊严、尊师重教的表现,不如说它强调受教者的主动意识是教育活动能够实现的关键所在。

"启蒙"二字合称,经查,似乎首次见于汉代《风俗通义·皇霸卷一》"六国"条目,原文为:"秦因愚弱之极运,震电之萧条,混一海内,为汉驱除。盖乘天之所坏,谁能枝之,虽阿衡宰政,贲、育驭戎,何益于事。且有强兵良谋,杂袭继踵,每辄挫衄,亦足以祛蔽启蒙矣。"③这里的"启蒙",用来描述一种除旧革新的政治气象。之后,"启蒙"二字又多次见于宋明理学的讨论中,《周易本义》《朱子语类》均

---

① 张载:《张载集》,第84页。
② 王夫之:《周易大象解》,《船山全书》(一),第700页。
③ 应劭著,王利器校注:《风俗通义校注》,中华书局2010年版,第49页。

多次出现"启蒙"的字眼,但仍主要是针对"蒙"卦的义理性发挥。①此外,王船山又有"破块启蒙,灿然皆有"之语,原文为"是故阴阳奠位,一阳内动,情不容吝,机不容止,破块启蒙,灿然皆有。静者治地,动者起功。治地者有而富有,起功者有而日新"②。王船山此语是对《周易》"无妄"卦的思想史发挥,是借"动静"的自然运动来描述事物生生不息的丰厚生力。

除此之外,"启蒙"在中国传统哲学中,似乎还是一个主体和客体双向互动的认识论范畴。传统哲学视野下的"启蒙",有其特定的思想史脉络和话语系统。胡治洪认为"启蒙"为汉语固有词汇,一般意谓开发蒙昧、教导后进,"启蒙"在传统汉语中主要是一个知识论或者教养论范畴的词语。③近代以后,受西学影响,"启蒙"同"民主""自由""哲学"等汉译词一样,含义发生了变异。国人对这个语词的观念把握,大都只抽取了西方"启蒙"观念的抽象含义,几乎摈弃了传统哲学有关"启蒙"的丰富资源。

2.西方哲学视野下的"启蒙"

在西方世界中,倘若从语源学的角度考察 enlightentment(启蒙运动)一词,它由 en、light、ment 三个语素组成,语义分别为"使""光""过程"。其中 ment 作为英语的常见词缀,有"行为、状态、过程、手段及其结果"等意涵。与 enlightenment 相对应,enlighten 的古英语含义为"照耀",之后引申为"开发、启蒙、开导、教导"等。除此之外,我们尚需注意 enlighten 在英语构词法中,作为词首的 en 具有"使动"含义,因此其完整的意涵是"使光照亮……"

---

① 从元代到清代,还有以"启蒙"为书名的著作,分别为:朱熹、蔡元定《易学启蒙》;胡方平《易学启蒙通释》;税与权《易学启蒙小传》;胡一桂《周易启蒙翼传》;景星《学庸集说启蒙》;朱世杰《新编算学启蒙》;韩邦奇《启蒙意见》;梁锡玙《易学启蒙补》等。
② 王夫之:《周易外传》卷二,《船山全书》(一),第887页。
③ 胡治洪:《全球语境中的儒家论说》,生活·读书·新知三联书店2004年版,第137页。

"使光发出……"等。也就是说，enlighten 作为使动动词，本身带有主动介入的意味。而对于 light（光）这一语词来说，古希腊哲学家柏拉图著名的"洞穴说"，已经赋予了其些许"智慧"的意味。之后，在中世纪的拉丁语世界中，特别是在《圣经》中，"光"已经与"智慧"等同。但是，这一智慧之"光"能否发出，并不取决于被照亮者，而取决于光源——上帝。正如《创世记》中那句著名的"上帝说要有光，于是就有了光"①的箴言，它表明"光"这一传播"智慧"的活动，并不需要作为主体的"我"参与，而是由与"我"相对立的客体主导，并且这一客体通常比"我"更为强大、更有智慧、更具有全知全能的特质。这样，作为主体的"我"就处于一种等待被照亮、被引领、被启发的状态。从这个角度看，它与中国的"匪我求童蒙，童蒙求我"有明显的反差。

17、18 世纪肇始于英国，崛起于法国，蔓延至德国，并席卷欧洲乃至整个西方世界的"启蒙运动"，本质上则是一场世俗化的社会运动，马克斯·韦伯形容其为"祛魅"。"启蒙运动"从一开始就表现出比义艺复兴、宗教改革更加激进的态度，要求打碎"神性"，破除人们对宗教的无意识迷信行为。"启蒙运动"以反思宗教蒙昧和高扬人的价值为宗旨，催生了科学、自由、民主、人权等一系列现代价值，并形成之后"现代性"运动最本质的特征——以理性为内核的主体性意识。正是在这个意义上，"启蒙运动"又被人们视为近代社会经济发展、商品生产、社会运作的思想动源。然而，"启蒙运动"作为一场欧洲内部从传统走向现代的思想运动，因近代世界历史的客观走向，夹杂着西方政治霸权和话语霸权的背景，而日益置换为世界各国由传统走向现代的"普世价值"——"启蒙"。也就是说，从"启蒙运动"到

---

① 原文为"神说：'要有光'。就有了光。神看光是好的，就把光暗分开了。"见《圣经·创世记》。

"启蒙",实际上经历了由特殊的历史事件到普遍的"现代价值"(实际上是西方价值)的观念转换过程。

必须指出,从正本清源的学术角度看,导致法国大革命的"启蒙运动"所引爆的"启蒙"理念,一开始并不是作为"普世价值"进行传播的,它混杂了法国革命"乌托邦"、党派政治斗争、思想舆论、文化特质等成分。更重要的是,法国、德国、英国(苏格兰)、尼德兰(荷兰)、俄罗斯等国的"启蒙运动",无论是精神气质还是历史效果都不尽相同。哈耶克认为,18世纪欧洲的启蒙运动实际上形成了鲜明对立的两派:以休谟、斯密为代表的英国启蒙运动,和以卢梭、"百科全书派"为代表的法国启蒙运动。前者较为理性温和,对传统和信仰持一定的保留态度;后者则亢奋激进,主张进行社会运动彻底解决问题。[1]赵林指出:"如果说启蒙运动在17世纪的英国思想界表现为一种试图在上帝的羽翼下发展理性的审慎主张(自然神论),在18世纪的法国思想界表现为一种用理性来颠覆信仰的激进姿态(无神论),那么它在稍晚的德国思想界则表现为一种努力调和理性与信仰的稳健立场。"[2]由此可见,西方近代的启蒙运动,从一开始就不是抽象、同一的思想运动,而恰恰是西方各国的具体历史和民族形式的统一。

事实上,"启蒙"的理念以及由此而衍生的"现代价值",从一开始就被东西方各国取己所需,以解决本国的思想问题。换句话说,一部"启蒙"观念的传播运动史,实际上恰好是各国文化进程差异化的一个历史"注脚"。况且,以康德对"启蒙"的定义为代表,倘若抛去单纯的学术意义,它在西方文化传播史、国际政治演变史上,首先就意味着西方话语权的主导地位。康德所定义的"启蒙"含义,在各种

---

[1] 弗里德里希·冯·哈耶克:《哈耶克文选》,冯克利译,江苏人民出版社2007年版,第484—487页。

[2] 赵林:《理性与信仰在西方启蒙运动中的张力》,《社会科学战线》2011年第9期。

文明中并非没有类似表述，存在差异的只是各国不同的文化沿袭和历史进程。

二、明清"启蒙"说的历史渊源[①]

就中国思想史进程来说，大多数学者都承认，已经过去的 20 世纪是中国思想史上变动最为剧烈的时期之一。具体到明清思想史领域，它与"近代性"紧密相关的"特质"，以及明清思想史本身承古启今、中西交会的转折性质，一直是学界关切所在。吴根友把明清学术研究概括为四种范式，即"梁启超—胡适""钱穆—余英时""侯外庐—萧萐父""冯友兰等现当代新儒家"，具有指导性。[②] 20 世纪中国思想史的诸多学者，正是以自己所承续的学术源流为出发点，爬梳董理，形成了明清思想史的多种诠释路向。

但就明清思想与"启蒙"之间的关联，以"主题"的形式予以明确探讨的学人，笔者认为主要有梁启超、侯外庐、萧萐父三位。[③] 本章将梁、侯的明清学术史观，作为萧萐父明清"启蒙"说的主要学术前史，有以下几点考虑。

第一，这三位都明确把"明清三百年"作为一个思想史单位予以系统的思考，并有相关成果问世。在这一点上，与梁启超相接近的胡适，仅有《戴东原在中国哲学史上的位置》（1923）、《费经虞与费密——清学的两个先驱者》（1924）、《戴东原的哲学》（1925）、《几个反理学的思想家》（1928）、《颜李学派的程廷祚》（1936）等个案

[①] 本节系拙文《梁启超、侯外庐与萧萐父"启蒙"论说异同比较》的改写，原文刊于《船山学刊》2016 年第 6 期。

[②] 吴根友：《近百年来"明清之际"学术、思想研究四种方式及其未来展望》，载《国际明清学术思想研讨会暨纪念萧萐父先生诞辰八十五周年会议论文集》，武汉，2009.11.2—4。

[③] 从宽泛意义上说，这里还应包括熊十力、胡适、钱穆、嵇文甫、谢国桢、吕振羽，以及日本学者岛田虔次、沟口雄三等人，但因其学术旨趣并非明确以"启蒙"与明清思想之间的关系为主题，故暂未纳入讨论范围。

论著，并未有更进一步的系统论著。此外，胡适倾向于以"实用主义"对待思想史材料，试图按照现代科学方法，重组清代学术，使之成为规范化的现代学科下的知识谱系。这虽然为传统学术向现代学科的转化做出了贡献，但它也有不足之处：一方面因过度关注乾嘉汉学与现代科学之间的关联，忽略了明清哲学丰富的心性论、天道论等思想；另一方面也没有对明清哲学的"近代性"特质给予更深层次的揭示。

第二，这三位都认为明清学术思潮具有"近代性"的特质，尽管各自侧重不一。在这一点上，钱穆的《中国近三百年学术史》由于将明清哲学视为宋明理学的"余绪"，而决定了他们的学术路径从一开始就向不同的视界展开。钱穆认为，若要理解明清思想，应从把握"宋学"开始，这当然有利于揭示从宋明理学到明清学术一以贯之的传承脉络。① 但钱穆没有注意到这一事实：明清哲学毕竟表现出与宋明理学相当不同的精神气质。举例来说，如果按照传统学术的汉宋之争，那么在处理何心隐、李贽、傅山、郑板桥等极具"反叛"个性的思想家与宋明理学的关系时，将会面临诠释不足或者思想缺位的现象，毕竟这些思想家也是明清思想史上的重要人物。事实上，钱穆的《中国近三百年学术史》也未列入这些思想家。此外，钱穆按照传统学术路径"照着讲"的做法，似乎难以兼顾近代中国步入"世界历史"的客观史实。

第三，对于萧萐父本人来说，在研究明清哲学的 20 世纪学者群中，他对梁启超、侯外庐的明清学术史观最为重视。一个显而易见的证据便是："吹沙"三集中曾有多篇专文，对梁、侯学思成就的得失给予客观的论析。② 毋庸置疑，与梁启超相比，侯、萧均以马克思主义基本原

---

① 参见郭齐勇、汪学群：《钱穆评传》，百花洲文艺出版社 1995 年版，第 214—219 页。
② 详见萧萐父《评梁启超的"近三百年"中国学术史观》、《侯外庐新版〈船山学案〉读后》、《"早期启蒙说"与中国现代化——纪念侯外庐先生百年诞辰》（与许苏民合作）等文。

理探究明清启蒙思潮,因而他们理所当然同属一"派"。然而,我们也应看到以下几点:首先,侯、萧二者毕竟处于不同的时代(新中国成立前的革命斗争时期和新中国成立后的文化建设时期),二者所面临的现实问题其实并没有多少一致性。众所周知,侯外庐另著有《中国近代启蒙思想史》,该著在论述"什么是启蒙""何以要启蒙"的主题上,在某种意义上似乎要比《中国早期启蒙思想史》更为明确和完整,并且从清末康有为算起更为合理。[①] 其次,如果我们以历史任务作为衡量标准的话,那么梁启超与侯外庐在近代中国"救亡图存"这一历史背景下,反倒表现出相当一致的"问题意识",更何况侯外庐几乎所有关于明清思想史的论述,均发表于1949年之前。再次,在如何认识18世纪清代考据思潮(特别是戴震思想)的问题上,梁、侯、萧三者之间大体上形成了一个"正、反、合"的情形(下文将进一步论述,兹不赘述)。最后,与梁、侯不同,萧萐父认为先秦儒道思想与明清"启蒙"说之间具有内在的思想渊源,这一点在梁、侯那里是没有的。由此可见,梁、侯、萧三者之间,有相似的研究主题,而无同一的问题意识。

基于上述认识,下文拟选取"概念界定""选定范围""思潮主题""人物择取""研究方法""代表著作""写作背景"等角度,首先做一直观区分。详见下表(表2):

[①] 袁晓晶认为,侯外庐参照俄国的启蒙运动,论证明末中国社会发生了启蒙思潮,但这种说明只阐述了"为什么是启蒙"的问题,却未解释"启蒙是什么"的问题,因此新版侯著《中国近代启蒙思想史》重新论述"完整意义上的中国近代启蒙思想史则应该从康有为开始"。参见袁晓晶:《新学:中国的启蒙观念之内涵》,《云南社会科学》2013年第1期。

表 2　梁启超、侯外庐、萧萐父明清启蒙论说异同

	梁启超	侯外庐	萧萐父
概念界定	"宋明理学之一大反动";"以复古为解放";"其动机及其内容,皆与欧洲之'文艺复兴'绝相类。而欧洲当'文艺复兴期'经过以后所发生之新影响,则我国今日正见端焉"。[1]	"十六世纪末以至十七世纪的中国思想家的观点,是中国社会经济发展特点和中国社会条件的反映,它不完全等同于西欧以至俄国的'资产者—启蒙者'的观点。然而,在相类似的历史发展情况之下,启蒙运动的思潮具有一般相似的规律。"[2]	"思想启蒙,文艺复兴之类的词,可以泛用,但纳入马克思主义的历史科学,应有其**特定的含义**";"中国有**自己的**文艺复兴或哲学启蒙,就是指中国封建社会在特定条件下展开过这种**自我批判**"。[3]
划分范围	17世纪至20世纪（1623—1923）	17世纪至19世纪40年代	16世纪30年代至19世纪30年代
人物择取	孙奇逢、李颙、黄宗羲、李绂、顾炎武、阎若璩、胡渭、万斯大、王夫之、朱之瑜、万斯同、全祖望、顾祖禹、顾栋高、张履祥、陆桴亭、陆陇其、王懋竑、颜元、李塨、王源、恽鹤生、程廷祚、戴望、王锡阐、梅文鼎、方以智、陈确、潘平格、费密、唐甄、胡承诺、刘献廷、毛奇龄、朱彝尊、何焯、钱谦益、吕留良、戴名世、惠栋、戴震、段玉裁、章学诚、龚自珍、康有为、谭嗣同、梁启超、章太炎等48人。[4]（几乎囊括整个清代的学者）	方以智、王夫之、黄宗羲、陈确、潘平格、顾炎武、朱之瑜、傅山、李颙、唐甄、颜元、李塨、戴震、汪中、章学诚、焦循、阮元、龚自珍、方东树等19人。[5]	王艮、何心隐、王廷相、罗钦顺、吴廷翰、吕坤、李贽、袁宏道、黄绾、吴廷翰、焦竑、陈第、李时珍、朱载堉、徐宏祖、宋应星、徐光启、李之藻、李天经、王徵、黄宗羲、顾炎武、唐甄、王夫之、吕留良、刘献廷、李光地、陈确、陆世仪、傅山、傅眉、颜元、石涛、戴震、袁枚、章学诚、焦循、洪榜、凌廷堪、阮元、汪中、俞正燮、李汝珍、龚自珍等44人。[6]

续表

	梁启超	侯外庐	萧萐父
思潮主题	厌倦主观的冥想而倾向于客观考察；排斥理论，提倡实践。	强烈地仇视农奴制度及依存于它的一切存在物；拥护教育、自治和自由；同情人民的利益，特别是农民的利益。	"个性解放的新道德""批判君主专制制度的初步民主思想""科学精神"。
研究方法	借佛学术语"生、住、异、灭"之流转分期，梳理和描述思想史进程。"吾观中外古今之所谓'思潮'者，皆循此历程以**递相流转**。"[7]	侧重于社会史和经济史（唯物史观）的研究方法，"社会史与思想史相互一贯，不可或缺"。[8]	侧重于思想史和学术史（聚焦于**学术流变**以及"思想的内在理路"）的研究方法。
代表作品	《清代学术概论》（商务印书馆1921年）；《中国近三百年学术史》（民志书店1926年）。	《中国早期启蒙思想史》（人民出版社1956年），原名为《中国近世思想学说史》，重庆三友书店1945年首版，后改名为《近代中国思想学说史》（上），上海生活书店于1947年再版。	《明清启蒙学术流变》（与许苏民合写），辽宁教育出版社1995年，后由人民出版社于2013年再版；《中国哲学启蒙的坎坷道路》《略论晚明学风的变异》等一系列代表论文。
写作背景	第一次世界大战；1919年新文化运动；梁启超1920年欧游。	20世纪30年代由陈伯达、张申府等人发起的"新启蒙运动"[9]；1931年开始的抗日战争；侯外庐翻译《资本论》，以及受李大钊、周恩来、郭沫若等影响[10]。	20世纪80年代的文化大讨论；20世纪90年代的寻根意识、国学热；20世纪90年代末至新世纪的现代性反思。

注：1 梁启超著，朱维铮校注：《清代学术概论》，中华书局2010年版，第5页。
  2 侯外庐：《中国思想通史》第五卷，人民出版社1956年版，第26—27页。
  3 萧萐父：《吹沙集》，巴蜀书社2007年版，第12—13、14—15页。

4　以上人物选自梁启超著《中国近三百年学术史》和《清代学术概论》，以及《儒家哲学》《论中国学术思想变迁之大势》的部分篇章。

5　以上人物选自侯外庐著《中国思想通史》第五卷和《侯外庐史学论文集》（下）的部分篇章。

6　以上人物选自萧萐父、许苏民合著《明清启蒙学术流变》。

7　梁启超著，朱维铮校注：《清代学术概论》，中华书局2010年版，第4页。

8　侯外庐曾于1935年出版《经济学之成立及其发展》（国际学社），内容主要是通过对重农学派、古典学派等早期经济思想史的介绍和评判，引入马克思《资本论》经济学"剩余价值"等新学说。在侯外庐的思想史著作中，大多都运用马克思经济学方法分析古代经济变动和社会阶层的分化，进而分析该时期的学术思潮。

9　侯外庐在九一八事变后，从哈尔滨返回北平，加入左翼教师联合会，1932年12月因"宣传与三民主义不相容之主义"被捕入狱，次年8月出狱。通观侯外庐在20世纪30年代的活动、事迹，侯外庐以自己的方式，参与由陈伯达等人发起的"新启蒙运动"，并与左翼人士同声相求。参见杜运辉：《侯外庐先生学谱》，中国社会科学出版社2013年版，"1930年—1937年部分"。

10　侯外庐在20世纪40年代与郭沫若等也有论战，主要是关于墨子"明鬼"论的讨论。

由上表可见，肯定明清思想具有"近代性"是三者的共同点，但在他们各自的具体论述中，仍表现出多方面的不同。就三位对"启蒙"的概念界定来说，如果我们不只是注意到上述表格中含有"启蒙运动""文艺复兴"等字眼的表述，而且联系到这三位学人明清思想史观的形成背景和论述思路，我们就会首先发现他们对"启蒙"的理解各不一致。

1. "政治现象"与"学术变迁"——梁启超论"启蒙"

众所周知，梁启超的清学史二种——《清代学术概论》《中国近三百年学术史》——均写于梁氏1920年欧游归来后。不少学者认为，这次欧游标志着梁启超思想的转变。法国学者巴斯蒂认为，以欧游为分水岭,"梁启超的活动和撰述从那时候起采取了一个全新的方向,即定向于思考中国的文明和中国的过去,而不是思考从西方的借鉴"①。欧游之前,梁启超曾经到访美国、日本、澳大利亚等国,目睹这些国家的繁荣景象。但梁氏这次欧游,时间长达一年之久,又处于欧洲第一次世界大战刚刚结束后的萧条时期。西方各国先进与落后、发达与衰败、战争与繁荣的鲜明对比,对他产生了较大的触动。这些经历构成了梁启超写作《清代学术概论》(以下简称《概论》)和《中国近三百年学术史》(以下简称《学术史》)的大致思想背景。在《概论》的结语中,梁启超表达了他的"感想":

>我国文化史确有研究价值,即一代而已见其概。故我辈虽当一面尽量吸收外来之新文化,一面仍万不可妄自菲薄,蔑弃其遗产。②
>所谓"经世致用"之一学派,其根本观念,传自孔孟,历代多倡道之,而清代之启蒙派晚出派,益扩张其范围。此派所揭櫫之旗帜,谓学问当有讲求者,在改良社会增其幸福,其通行语所谓"国计民生"者是也。故其论点,不期而趋集于生计问题。而我国对于生计问题之见地,自先秦诸大哲,其理想皆近于今世所谓"社会主义"。今此问题为全世界人类之公共问题,各国学者之头脑,皆为所恼。吾敢言我国之生计社会,实为将来新学说最好之试验场,而我国学者对于此问题,实有最大之发言权,且尤当自觉悟其对此问题应负最大之任务。③

---

① 巴斯蒂:《梁启超1919年的旅居法国与晚年社会文化思想上对欧洲的贬低》,载李喜所主编:《梁启超与近代中国社会文化》,天津古籍出版社2005年版,第218—237页。巴斯蒂说:"我找到的文件主要收藏在法国外交部档案和巴黎的国家档案馆,目的是厘清梁氏思想发生转折的具体情况。"见该书第219页。
② 梁启超著,朱维铮校注:《清代学术概论》,第159页。
③ 梁启超著,朱维铮校注:《清代学术概论》,第161页。

由此大致可以看出梁启超晚年对本国学术史的态度有着怎样的转变。毋庸讳言，梁启超本人一生思想芜杂，其思想的复杂多变同其政治经历几乎等量齐观。这位学宗常州今文经学学派的晚清戊戌变法领袖之一，一变为大力鼓吹"新民说""进化论""公德说"的报人，次变为与乃师康有为组建保皇党的流亡政客，再变为与乃师分道扬镳而拥袁、倒袁的财政总长，终变为整理国故、研究学术之清华国学院首席导师（早年曾与古文经学旗手章太炎为敌，晚年又握手言和）。梁启超的一生，堪称清末民初思潮变迁的缩影，上述引文所流露的思想，基本可以算作梁启超晚年中西文化观的基调。

需要指出，梁启超并没有明确用"启蒙"或者"启蒙运动"来指涉明清思想史。首次使用"启蒙"概括和描述明清思想史的学者是侯外庐。与侯外庐相比，梁启超多使用"文艺复兴"一词，他所使用的"启蒙"，只是用来描述清代学术史四分期中的第一期"启蒙期"——梁启超同时也借佛学术语"生"来表述。在梁启超那里，"启蒙"被理解为一种对旧有思潮的"反动"和"破坏"；而"启蒙派"一词，则被用来概括晚明清初的顾炎武、胡渭、阎若璩等若干人，以和清代中期"正统派"惠栋、戴震、段玉裁、王念孙、王引之等人相对举。梁启超说：

> "清代思潮"果何物耶？简单言之：则对于宋明理学之一大反动，而以"复古"为其职志者也。其动机及其内容，皆与欧洲之"文艺复兴"绝相类。而欧洲当"文艺复兴期"经过以后所发生之新影响，则我国今日正见端焉。①

又说：

---

① 梁启超著，朱维铮校注：《清代学术概论》，第5页。

启蒙期者,对于旧思潮初起反动之期也。旧思潮经全盛之后,如果之极熟而致烂,如血之凝固而成瘀,则反动不得不起。反动者,凡以求建设新思潮也。然建设必先之以破坏,故此期之重要人物,其精力皆用于破坏,而建设盖有所未遑。所谓未遑者,非阁置之谓。其建设之主要精神,在此期间必已孕育,如史家所谓"开国规模"者然。①

梁启超进而论述清代"思潮"的特点以及形成的主要因素:

"吾观中外古今之所谓'思潮'者,皆循此历程以递相流转。而有清二百余年,则其最切著之例证也。"

我说的"环境之变迁与心理之感召",这两项要当为"一括搭"的研究。内中环境一项,包含范围很广,而政治现象,关系最大。②

以康熙间学界形势论,本来有趋重自然科学的可能性,且当时实在也有点这种机兆。然而到底不成功者,其一,如前文所讲,因为种种事故把科学媒介人失掉了。其二,则因中国学者根本习气,看轻了"艺成而下"的学问,所以结果逼着专走文献这条路。但还有个问题,文献所包范围很广,为什么专向古典部分发展,其他多付阙如呢?问到这里,又须拿政治现象来说明。③

蜕变趋衰落的原因,有一部分也可以从政治方面解答。④

由此可见,梁启超认为清代学术思潮(从晚明 1623 年之后算起的

---

① 梁启超著,朱维铮校注:《清代学术概论》,第 2—3 页。
② 梁启超:《中国近三百年学术史》,人民出版社 2008 年版,第 14 页。
③ 梁启超:《中国近三百年学术史》,第 20 页。
④ 梁启超:《中国近三百年学术史》,第 26 页。

三百年）的种种"风气"，其之所以发轫、兴盛、灭亡、蜕变，而后"循此历程递相流转"，其中一个很重要的原因便是"政治现象"。事实上，梁启超《学术史》与《概论》最大的不同，就在于《学术史》专门花了三章的篇幅，以"清代学术变迁和政治的影响"为题，说明清代学术思潮变迁的背景。梁启超对中国学术与政治的关系看得很透彻，早在流亡日本时，梁启超就在《新民丛报》上发表文章说："泰西之政治，常随学术思想为转移，中国之学术思想，常随政治为转移。"[1] 中国学术与西方学术的不同点，就在于"学术"受"政治"主导。梁启超这一认识，在他的明清思想史论述中最为深切。

在对梁启超明清学术史观进行大致梳理后，笔者认为：虽然梁、侯、萧均以"启蒙运动""文艺复兴"等词描述明清思想史，但就梁启超的明清思想史观来说，可以粗略概括为"政治现象—学术变迁—启蒙（文艺复兴）"。以梁启超清学史著作所列举的人物来说，其学术路径几乎都与当时的政治气候相关。所谓"启蒙派"，是"为政治而作学问"[2]，因对晚明腐朽政治、外族入侵不满，而转向"经世致用"；所谓"正统派"（考据学派），则是与当时官方意识形态汉学相合拍而兴盛的；所谓"蜕分期"，则主要由晚清今文学派康有为等"借经术以文饰其政论"之类人物（包括梁本人）引领；所谓"衰落期"，则指正统派俞樾等人最后"死守之壁垒也"。

通观梁启超的明清思想史论述，我们还要注意到梁与侯、萧另一明显不同之处——他们对 18 世纪清代考据思潮有着截然不同的评价。梁启超认为清代考据学代表着"科学"，他曾说："自清代考证学派二百余年之训练，成为一种遗传，我国学子之头脑，渐趋于冷静缜密。

---

[1] 梁启超：《论中国学术思想变迁之大势·儒学统一时代》，《饮冰室合集·文集之七》第三册，中华书局 1989 年版，第 38 页。

[2] 梁启超：《中国近三百年学术史》，第 15 页。

此种性质,实为科学成立之基本要素。"① 此外,从梁启超用"全盛期"一词来指涉 18 世纪的考据学,也可见一斑。而侯、萧则将 18 世纪的清代考据学分别描述为明清思想史的"学术暗流"和"历史洄流"。以今天的学界观点看,清代考据学方法是否能够成为"科学"成立之基本因素,是另一问题。问题的关键在于,从这里可以看出梁启超的矛盾心态——一方面他要努力发掘中国文化中与西方科学相类比的资源,以跟随世界"先进潮流";另一方面他又必须从尊重本国文化主体地位的前提出发,找到一个引进科学最适合的渠道。在梁启超看来,清代考据学就是这样一种最合适的途径。

2. 社会运动与社会实践:侯外庐"早期启蒙说"的指向

侯外庐在 20 世纪 40 年代出版的《中国近世思想学说史》,50 年代重新整理并更名为《中国早期启蒙思想史》的两书中,谈到了他对清代考据学的认识:

> 第 17 世纪的启蒙思想,气象博大深远,应作特独研究,是为第一编;第 18 世纪的汉学运动,为学问而学问,正是乾嘉对外闭关对内安定的学术暗流,戴(东原)章(实斋)二子不过是清初大儒思想的余波(梁任公谓清代的学术极盛时代,不确),是为第二编;第 19 世纪中叶至 20 世纪初叶的文艺再复兴,更接受了西洋学术的直接影响,内容殊为复杂多面,直于现在文化相连,是为第三编。②

> 从反对中古的烦琐哲学方面来讲,回到古代一事,也包含着为了进行批判活动而选择武器的功用。然而钻在牛角尖里的所谓"汉学"自然不符合这种情况。顾炎武的"理学,经学也"的命

---

① 梁启超著,朱维铮校注:《清代学术概论》,第 160 页。
② 侯外庐:《中国近世思想学说史》(上卷),三友书店 1945 年版,第 1 页。

题，傅山的"五经皆王制"的命题……这是进步的思想，我们应当把它和乾嘉的"汉学"区别开来。①

毋庸讳言，侯外庐对18世纪清代考据学的评价较低。他甚至不同意把清代考据学溯源到顾炎武、黄宗羲等人。他说："讲清代汉学历史的人，往往把汉学上推到顾炎武黄宗羲。其实清初大儒以经世之务为目的，以考据之学为手段，并无所谓汉学的专门研究。"②侯外庐认为"顾黄之学的支配内容是新世界的启蒙运动"，因此，18世纪的专门汉学，看起来好像是继承顾黄等人的考据，但实际上是"把清初学者的经世致用之学变了质的"。侯外庐为此强调，"专门汉学的前驱者，决不应当追源于顾黄诸人"③，甚至据此批评梁启超、章炳麟、胡适等人，认为章炳麟将"汉学家的治学精神理想化了"，而梁、胡则是把"这种汉学家的治学精神，吹捧成了什么'近代的科学方法'了"④。

与此形成对比，萧萐父在20世纪80年代的代表作《中国哲学启蒙的坎坷道路》中，则将清代考据学称之为"洄流"：

18世纪的历史洄流，表现为社会经济新因素由大破坏到复苏、民族关系由落后族的征服到被融合的过程中，封建专制主义回光返照地稳定了一段，伴之而来的是程朱理学的权威竟得以在"御纂"、"钦定"的形势下恢复。⑤

对比以上所述，可以看出，在对18世纪考据学的思想史的定位问

---

① 侯外庐：《中国思想通史》第五卷，人民出版社1956年版，第34页。
② 侯外庐：《中国思想通史》第五卷，第403页。
③ 侯外庐：《中国思想通史》第五卷，第404页。
④ 侯外庐：《中国思想通史》第五卷，第416页。
⑤ 萧萐父：《吹沙集》，第25页。

题上，侯外庐、萧萐父与梁启超存在较大的距离。众所周知，侯外庐的致思方向，是以马克思历史唯物主义为"范式"来诠释明清思想史。侯外庐特重社会学研究方法的主导原则，即首先分析明清时期的经济社会变动情况，再据此分析该时期的学术思潮。以笔者的阅读感受而言，侯外庐的明清思想史著作，"社会史"成分多于"思想史"成分。

就对整个清代思想的总体认识来说，虽然侯外庐与梁启超一致，认为"中国先秦诸子思想之花果，固然可以媲美于希腊文化，而清代思想之光辉，亦并不逊色于欧西文艺复兴与宗教改革以来的成果"[1]，但二者实际上存在鸿沟。笔者以为，就侯外庐所标举的"早期启蒙"说而言，应首先关注其具体论述是要解决中国思想史上的什么问题。要想弄清楚这个问题，一切都得回到侯外庐当时的撰写背景。作为《中国早期启蒙思想史》的原作，《中国近世思想学说史》在1944年11月就已经出版上卷了。[2] 在这之前，侯外庐已经发表了一系列关于明清思想的论文。[3] 侯外庐后来回忆说：

> 当时，研究和撰写这一段思想史，我感到有强大的动力在推动自己，一则，"近代"问题的研究更能为革命斗争的需要服务，这一点颇令人鼓舞；二则，在认识上，我认为先秦诸子思想与明清之际的思想是可以分别同希腊文化与欧洲文艺复兴、宗教改革后的文化媲美的。这是两个历史剧变时代惊心动魄的文化遗产，确实有必要先行整理。[4]

---

[1] 侯外庐：《中国近世思想学说史》，三友书店1945年版，自序，第1页。
[2] 杜运辉：《侯外庐先生学谱》，中国社会科学出版社2013年版，第139页。
[3] 侯外庐《船山学案》于1944年出版。同年6月，侯于《中苏文化》1944年第15卷第5期，发表《颜习斋反玄学底基本思想》；7月，又于《中苏文化》1944年第15卷第6、7期合刊，发表《黄梨洲底哲学思想与近世思维方法》；8月又于《大学》1944年卷第7、8期合刊，发表《第十九世纪初中国思想界的一个号筒——龚定庵思想的历史说明》。
[4] 侯外庐：《韧的追求》，生活·读书·新知三联书店1985年版，第290页。

可见，侯外庐撰写《近世思想学说史》的动力有两个，除了明清思想史本身的特质之外，另外一个重要的动力是"为革命斗争的需要服务"。这里所说的"为革命斗争的需要"，主要是指抗战时期至新中国成立之前，包括侯外庐在内的马克思主义者和左翼学者反对胡适、陈立夫等人的学术观。[1]事实上，侯外庐撰写近世思想学说史的切入点，就是从评价清代考据学开始的。早在1939年，侯外庐就于重庆《理论与现实》杂志创刊号发表了《中国学术的传统与现阶段学术运动》一文。在这篇文章中，侯外庐认为：

> 清代学人的汉学运动，有人说是中国的文艺复兴，这是错误的。因为当时学术的退休性，固然经过康熙以来的文字之狱以及封建文化的统制政策，被学术的"历史"觉醒所刺激，而这一觉醒却是一般的知识真理之形式发展（如严密性的治学方法，文字学），没有进步历史的布尔乔亚自觉手段的觉醒内容（如西欧文艺复兴时代的知识运动内容）。中国学术史古典的退休特点，一方面保持历史学（包括文字学）的探究，实在是中国学术最好传统承继的优良精神，他方面缺乏进步自觉手段的觉醒，而与中国农民运动脱节，又是长期退休的停滞条件。[2]

在侯外庐看来，所谓"清代学人的汉学运动"，并不能够代表历史的进步——恰恰相反，清代考据学是社会进步的阻碍因素，而清代朴学方法最大的价值，只是"中国学术反对愚昧的'代数学'"，并无"时代的进步意义"。[3]接下来，侯外庐又对"五四"时期"资产阶级"

---

[1] 陈立夫当时提出"唯生论"等观点。
[2] 侯外庐：《中国学术的传统与现阶段学术运动》，《理论与现实》1939年第1期第7页，该文占据十个版面，共分为六部分。文献来源：武汉大学图书馆"晚清民国全文期刊数据库"。
[3] 侯外庐：《中国学术的传统与现阶段学术运动》，《理论与现实》1939年第1期第8页。

的学术观提出批评:

> 自由派资产阶级的自觉手段,因了封建反动的复古,没有和中国民主革命的巨潮配合,却采取了两个路线:一即仍承继着中国古典学术的退休历史,回到历史学的探求中,从梁漱溟胡适之的整理国故(最极端的是拘束于戴东原的遗产),一直到顾颉刚的古史辨,都表明了这一特点:知识阶级和社会运动脱节而在形式知识中的代数学中避难……①

侯外庐这里把梁漱溟视为"整理国故"的人物是不确的。事实上,梁漱溟并没有参与"整理国故"运动,反倒是身体力行地推动"乡村建设"。② 因此,侯外庐批评梁漱溟"知识阶级和社会运动脱节"同样也是偏颇的。此外,侯外庐还就"知行"等问题,强调"行"(实践)的重要性,对孙中山的"知易行难""先行后知"均表示肯定,并提倡"革命的人文主义的哲学"的学术运动。最后,侯外庐在该文末尾第六部分"现阶段的学术运动"中,提出了期望:

> 现阶段的学术运动,不但要把中国民族几千(年)的历史代数学继承起来,而且要批判这一学术精神和实践社会相隔离的矛盾……③

由此可见,侯外庐对"清代学人汉学运动"评价过低的重要原因,就在于"知识阶级和社会运动脱节""与中国农民运动脱节""学术精

---

① 侯外庐:《中国学术的传统与现阶段学术运动》,《理论与现实》1939年第1期第9页。
② 关于梁漱溟的生平活动,参见郭齐勇、龚建平:《梁漱溟哲学思想》,北京大学出版社2011年版,第一章、第四章。
③ 侯外庐:《中国学术的传统与现阶段学术运动》,《理论与现实》1939年第1期第16页。

神与实践社会相隔离"等等。毋庸讳言，侯外庐在抗战至新中国成立期间发表的一系列明清思想史论述，几乎均带有为当时政党之间意识形态和舆论斗争服务的性质。但更重要的是，马克思主义唯物史观本身的理论特性（这里指侯外庐自己所理解的马克思主义唯物史观）——对"实践性""革命性"的强调，以及主张发动社会运动以改变现实这一特质，投射至学术研究领域，必然会造成这样一种学术进路。

至此，我们也就不难明白，侯外庐的《中国早期启蒙思想史》之所以特别重视黄宗羲、顾炎武、颜元、王夫之等人的思想，原因就在于其思想带有明显的"经世致用"的实践性（虽然"经世致用"不完全就等同于"实践"）。也正因为如此，侯外庐格外强调，所谓中国的"启蒙运动""文艺复兴"，绝不能用来形容清代的汉学运动，而应该指向晚明清初顾、黄、王、颜等人重实践（主要是指社会运动）的学术潮流。

为了申述这一点，笔者摘引侯外庐《早期思想启蒙史》第一章第三节"启蒙思潮的特点"的部分论述如下：

> 中国的启蒙者如何心隐、李贽以至王夫之、黄宗羲、顾炎武和颜元等人，都以各种表现方式，强烈地仇视农奴制度及依存于它的一切产物。
>
> 他们同情人民的利益，特别是农民的利益，尽管他们多数并不同情农民暴动。
>
> 十七世纪的中国学者所提倡的"经世致用"之学或实际实物实效之学，是中古绝欲思想的对立物，是进步的资产阶级先辈的先进思想，他们所提倡的个人实践实质上是进步的"市民"的世界观，而"实用主义"的唯心论所标榜的个人主义却是代表大资产阶级的腐朽的世界观。
>
> 傅山虽然敢在京师做平民运动，但他们的思想倾向却接近于

代表城市中等阶级的反对派（不要误会为中小地主）；颜元虽然在方法论上是复古的，但他的思想倾向却接近于城市平民反对派。①

如果我们暂时搁置侯外庐所使用的马列理论"术语"（例如"资产阶级""近代市民""城市平民"等），我们可以看到，侯外庐诠释明清思想史时，一种暗而不彰的思路在于：注重挖掘明清思想史中明确反映社会运动、社会实践的思想资源，以及着重强调以哲学思维批判现实、改造现实的思想家。前者以顾炎武、黄宗羲、颜元为代表，他们的特点是偏重于亲身参与社会实践；后者以王夫之、方以智等为代表，他们的特点是偏重于以哲学思维批判现实。通观侯外庐《中国早期启蒙思想史》，书中多处体现了这一思路。综上所述，笔者认为侯外庐的早期启蒙说可以大致概括为"革命实践—社会运动—启蒙思潮"的模式。

前文说过，在对18世纪清代考据学的认识上，侯、萧二者分别使用"暗流"和"洄流"一词指涉这一时期，此二词表面上看均含有贬低意味，但各自指向不同。"暗流"一词，与"主流"相悖反，或许还起着干扰作用②（侯外庐正是在这种意义上使用"暗流"一词）。而"洄流"则意味着暂时的"洄游"，本身和"主流"方向相一致。萧萐父以"历史的洄流"一词描述清代考据学时说：

  17世纪的启蒙哲学，穿过了18世纪的洄流而在19世纪后期的维新运动乃至20世纪初叶的新文化运动中闪耀出火光，18世纪乾嘉朴学中被扭曲了的科学方法，穿过19世纪的政治风浪而在20

---

① 以上分别见于侯外庐：《中国思想通史》第五卷，第26—36页。
② 侯外庐说："对于它（18世纪考据学）的历史地位的了解，要分清问题的主流和因此主流而派生的副产物。"侯外庐：《中国思想通史》第五卷，第427页。

世纪初酝酿史学革命时发生了重要作用……①

此外，萧萐父与许苏民合作的《明清启蒙学术流变》一书，以明清思想史的"学术流变"为题，也颇能说明这一点。该书以明清启蒙学术为主潮，将明清思想史分为三个阶段，并概括了第三阶段的特点：

> 第三阶段：清中叶时期（即从乾隆至道光二十年，约 18 世纪 30 年代至 19 世纪 30 年代）。其思想动态的特点，可以概括为：执著追求，潜心开拓，身处洄游而心游未来。其思想旗帜，可以戴震为代表。②

由此可见，萧萐父与侯外庐不同，他将 18 世纪的考据学放在 17、18、19 三个世纪的思想历程中，并将之理解为明清之际思想史上不可或缺的"一环"，它虽然"身处洄游"，但其"承上启下"的思想史地位却很重要。萧萐父的这种理解，导源于对黑格尔和马克思思想资源的双重吸收，主要是"否定之否定"的观念和"历史与逻辑相统一"的方法。可见，萧萐父之所以重视 18 世纪考据学，背后蕴含的深意是——明清思想史应被凸显为一个整体的、连续的观念，其内部并不存在断裂和二元对立的现象。

以清代考据学巨擘戴震为例，侯外庐在评价戴震思想说：

> 我们认为戴震思想的天地，比之王夫之、颜元更狭隘些。我们对戴震哲学思想所具有的光芒虽不能忽视，但对其哲学体系则不能不说比清初大儒的成就是有逊色的。③

---

① 萧萐父：《吹沙集》，第 33 页。
② 萧萐父、许苏民：《明清启蒙学术流变》，人民出版社 2013 年版，导论，第 5 页。
③ 侯外庐：《中国思想通史》第五卷，第 430 页。

又说:

> 戴震哲学的理论范畴显得贫乏,没有王夫之变化学说的丰富,但他辩解道器之说,提出"谓之"的字义,却补充了夫之"谓之"的解释。①

此外,侯外庐还认为,就中国哲学史的重要论题"道器论"来说,王夫之的道器论是统一的,戴震所讲的"道器"是分裂的。就社会历史观来说,侯外庐同样认为戴震与王夫之相比,缺乏"历史的发展理论":

> 王夫之的生化论,是生化史的秩序论,是说明条理法则的日新日成,日变日革,器变而道亦变。戴震的生化论却没有历史的发展理论。②

读者可以注意到,侯外庐在评述戴震思想时,几乎处处以王夫之作为参照。侯外庐将戴震思想"劈成两半",给出一种较为对立的评判:"戴震的社会哲学'理'论,颇有人文主义的思想色彩,我们认为在这一点上才是他真正继承了清初大儒的宏图,而他的考据学则是末节小技。"③其实早在1944年,侯外庐就在《乾嘉时代的汉学潮流与文化史学的抗议》一文中,专门将黄宗羲、顾炎武、王船山、李二曲等人对经典的注解、疏解工作,与阎若璩、毛奇龄等人的考据学术区分开来,并认为"首开汉学家之风气"的阎百诗等人,已经"遗忘了清

---

① 侯外庐:《中国思想通史》第五卷,第433页。
② 侯外庐:《中国思想通史》第五卷,第435页。
③ 侯外庐:《中国思想通史》第五卷,第452页。

初大儒的中心传统"。[①]

与侯不同，萧萐父则认为戴震是我国 18 世纪杰出的考据学家、自然科学家、启蒙思想家[②]，并将戴震明确作为启蒙思潮第二期的代表人物。《明清启蒙学术流变》一书中对戴震的学术思想有全新认识："戴震所提倡的'察分理'，为行将日益增多的具体科学门类的诞生提供了哲学依据"，"从戴震所强调的明辨真伪、分析精微的'心知'，到章学诚注重的史学研究的'别裁精识'，大大凸显了'我'作为求'真'的知性主体的地位，为中国学术进一步走向'察分理'式的专家之学和体现巨大历史感的对于社会发展规律的研究开了先路"。[③]不难看出，《明清启蒙学术流变》在这里对戴震思想的认识（例如戴震思想的知性精神），与梁启超、胡适是一致的。

总括而言，由于近代迄今中西古今文化碰撞与交融的"大历史"是梁、侯、萧共同的客观历史处境，同时又因其各自所处的时代氛围不同，以致他们在明清思想史研究领域中，既有一致的致思方向，也有思想个性的差异。但从本质上来说，萧萐父的明清学术史观对梁启超、侯外庐的明清学术史观，不仅是时代主题上的更新，更是宏观认识上的超越。

第二节　明清"启蒙"说的理论架构

1983 年，《中国社会科学》第 1 期刊载了萧萐父的《中国哲学启蒙的坎坷道路》一文，之后由 Margaret Soens 译为英文 The Rough Road of China's Philosophical Enlightenment，刊发于 *Social Sciences in China*

---

① 侯外庐：《侯外庐史学论文选集》（下），人民出版社 1988 年版，第 219 页。
② 萧萐父：《中国哲学史史料源流举要》，武汉大学出版社 1998 年版，第 246 页。
③ 萧萐父、许苏民：《明清启蒙学术流变》，辽宁教育出版社 1995 年版，第 653 页。

(《中国社会科学》[英文版])1985年第2期。该文因其特殊的时代背景和深刻的问题意识,甫一问世,旋即引起海内外学界的巨大反响和热烈讨论,并构成20世纪80、90年代"文化大讨论"中的重要一环。这篇宏文,正式标志着萧萐父明清"启蒙"说的提出。之后,沿着这篇文章所确立的致思方向,又经过十余年的深入咀嚼和艰深思索[①],逐渐形成了一个论述体系较为详备的明清"启蒙"说。它从明清之际思潮具有"近代性"(现代性)这一特质出发,较为全面地论述了明清"启蒙"说的问题意识、概念界定、扬弃对象、范围划分、史学依据、历史现象,由此自成一家之言,独标学林。

一、问题意识

在《吹沙集》的"自序"中,萧萐父以敏锐的时代视角和深沉的历史感触,阐述了探究明清早期启蒙思潮的问题意识在于:

> 中国哲学启蒙的特殊道路问题,是我近些年来在文化讨论热潮中反复思考的一个重点,且与海内外学者有所商榷。拙见大体认为:十七世纪以来,历史的曲折,道路的坎坷,中国近代革命的难产,给中国现代科学文化的发展带来了特定的局限和困难,封建意识的深厚积淀在文化深层结构中的复旧作用,是现代化的重要阻力;历史上形成的"西学中源"、"中体西用"等思想范式,曾在中国文化走向近现代的曲折历程中把人们引向歧途。今天,反思历史,我们应当更自觉地、更有选择地吸收和消化外来文化及其最近成果;在中西文化对比观察中,揭示其同中之异与异中之同,超越中西对立、体用两橛的思考模式,找到中国传统文化

---

① 关于萧萐父"明清启蒙学术史观"的形成脉络,可参见秦平:《萧萐父先生"明清启蒙"学术史观之演进》,《中华文化论坛》2004年第2期。

中固有的现代化的生长点;特别应当重视明清以来反理学的启蒙思潮,正确理解中华民族必须而且可能现代化的内在历史根据;既反对不加分析地维护传统,又反对盲目、幼稚地鼓吹"西化",主张对民族文化发展曲折历史,在反思中求得深解,从而正确地把握传统文化与现代化的历史接合点。①

萧萐父认为,百年来中西文化之争以及近代革命的难产,是中华民族难以走上现代化道路的"重要阻力",它具体表现为两种极端思潮,即"不加分析地维护传统"和"盲目、幼稚地鼓吹'西化'",前者没有从民族优秀传统中找到现代化最合适的"生长点",后者则全盘否定了中国文化有自我更新以实现现代化的可能。这两种思潮归结于一点,就是没有解决好中西文化能否融合和怎样融合的问题。

在《活水源头何处寻》一文中,萧萐父进一步论析:

> 中国近现代思想史上,上述两种特有的意识流——"西学中源"说与"中体西用"论的长期流行,不能简单化地归咎于人们的虚矫和无知,在历史活动的表象背后似乎隐藏着一个重大历史课题在吸引和困扰着人们:近代西学能否和怎样与中国传统文化相融合,并在中国传统文化中找到它的生根之处,从而通过对西学精华的吸收消化而实现中国文化的自我更新,即依靠涵化西学而强化自身固有的活力,推陈出新,继往开来,向现代化飞跃。②

萧萐父把探究明清启蒙思潮的问题意识,进一步明确为近代西学能否和怎样与中国传统文化相融合,目的是通过对西学精华的吸收

---

① 萧萐父:《吹沙集》,自序,第2页。
② 萧萐父:《吹沙集》,第90页。

消化，实现中国文化的自我更新。萧萐父认为，由于人们以往习惯性地将二者看作静态的、僵化的对立两极，而长期陷入诸如"西学中源""中体西用"的历史泥潭难以自拔，其根本症结就在于没有看到中国文化具有自我更新的能力。由此，他以"活水源头"为喻，力图说明"中国传统文化"是动态的、有活力的文化主体，而非类似于博物馆陈列的旧古董、展览品。

基于这样的认识，萧萐父强调正确把握传统文化与现代化的历史接合点，首先应当从民族自身的优秀传统中去找。然而，问题在于：对于思想遗产厚重而内容又十分丰富的传统哲学来说，其中既有被称为"轴心时代"的周秦之际，也有经学和佛学双峰辉映的汉唐哲学，更有以玄学思辨独树一帜的魏晋思潮，还有以扬榷佛老而体大思精的宋明道学等——在这些"民族优良传统"中，明清启蒙思潮何以能够成为最佳的"活水源头"呢？对此，萧萐父说：

> 我在思考这一问题时，从中国封建社会发展的典型性和中国哲学启蒙道路的特殊性这一历史背景出发，逐步形成了这样一种看法，即传统文化与现代化的历史接合点，虽可以多维考察，但历史地说，应主要从我国17世纪曲折发展的启蒙思潮中去探寻。这是因为，我认为，明清之际在我国文化思想史是一个特殊的发展阶段，当时，不仅嘉靖、万历以来社会经济的变动引起了社会风习、人们的文化心态及价值观念等开始发生异动，而且在农民大起义中以清代明的社会大震荡和政治大变局也促成了启蒙思潮的兴起。几乎同一时期，涌现出一大批文化精英，掀起一代批判思潮，在政法思想、科学思想、文艺思想以及哲学思想各个领域，互相呼应，不约而同，其批判锋芒都直接间接地指向宋明道学，而集中抨击了道学家们把封建纲常天理化而以"存天理、灭人欲"为主旨的一整套维护"伦理异化"的说教，这就触及到了封建意识

的命根子，典型地表现出中国式的人文主义的思想觉醒。这一批判思潮及其文艺表现和理论成果，虽经过 18 世纪清廷文化专制的摧残和思想史的洄流，但仍以掩埋不了的光芒，成为中国近代的变法维新派、革命民主派和文化启蒙派的实际的思想先驱，事实上已历史地被证明了是中国现代化的内在历史根芽或"活水源头"。①

在萧萐父看来，把明清启蒙思潮视为现代化的"内在历史根芽"，有如下坚实的依据和顽强的史实：第一，明清之际文化心态及价值观念发生了巨大异动；第二，明清之际处于政治大变局和社会大震荡中；第三，明清之际封建伦理纲常遭到根本性的批判；第四，明清之际产生的批判思潮，被近代的变法维新派、革命民主派和文化启蒙派等作为思想先驱。萧萐父在这里分别从思想观念、政治变迁、社会秩序、历史影响等角度，试图论证明清启蒙思潮何以具有"近代性"。

然而，对于明清学术思潮来说，"启蒙"毕竟是外来观念（前文已述），当它被用来形容和表述明清思潮的"近代性"特质时，必须在概念上首先做一番清晰的梳理和准确的界定。

二、概念界定

在萧萐父看来，探讨明清之际思潮何以成为中国的早期"启蒙"思潮，无疑首先应与西方近代的文艺复兴、启蒙运动思潮做一番比较。他说："思想启蒙、文艺复兴之类的词，可以泛用，但纳入马克思主义的历史科学，应有其特定的含义。"② 由此，他回顾了西欧 14 世纪以来的文艺复兴和后期发源于法国的启蒙运动，指出这些思潮运动的共性在于，虽然"好像是古代的复活，实际是近代的思想先驱借助于古代

---

① 萧萐父：《吹沙集》，第 93 页。
② 萧萐父：《吹沙集》，第 12 页。

亡灵来赞美新的斗争，为冲决神学网罗而掀起人文主义思潮"，正是在这种反对中世纪神学愚昧的意义上，"文艺复兴又被广义地理解为反映资本主义萌芽发展，反对中世纪蒙昧主义的思想启蒙运动"。[①] 基于这样的理解，他界定了什么是"纳入马克思主义的历史科学"下的"思想启蒙"。他说：

> 确定意义的启蒙哲学，应当区别于中世纪的异端思想（那可以推源于12、13世纪经院哲学中的唯名论，乃至更早的作为"中世纪革命反对派"的神秘主义异端），也与西欧以后作为政治革命导言的资产阶级革命的理论发展有所不同，应仅就其与资本主义萌芽发展相适应、作为封建旧制度崩解的预兆和新思想兴起的先驱这一特定含义来确定它的使用范围。[②]
>
> 对文化史上"启蒙"一词即可能各有解说，又如对东西方文化发展轨迹的共性和殊性问题也显然各有看法。就我说，所谓"启蒙"的确定意义，应当区别于中世纪异端，也区别于资产阶级革命时期的成熟理论，而仅仅是指特定条件下封建制度及其统治思想的自我批判，它与资本主义萌芽相适应，只是表示旧思想必将崩解的征兆，新思想必将出现的先声。[③]

由上可见，萧萐父为"思想启蒙"的含义做了极其严格的界定："特定条件下封建制度及其统治思想的自我批判"，并进一步将其内涵限定为"只是表示旧思想必将崩解的征兆，新思想必将出现的先声"，而"启蒙哲学"的使用范围也应根据这一特定含义来确定。同时，这

---

① 萧萐父：《吹沙集》，第13页。
② 萧萐父：《吹沙集》，第14页。
③ 萧萐父：《吹沙集》，第68页。

种"自我批判"也并非能够凭空出现,它同样需要十分特殊的历史条件,由此他引用马克思的论述指出:"历史'很少而且只有在特定条件下才能进行自我批判'",并与社会已经崩溃的历史情形相区别——"如果处于那样的历史时期,革命会代替批判,或者说批判已不再是解剖刀而是消灭敌人的武器"。① 那么,这种特定含义下的"特定历史条件",究竟是什么呢?萧萐父说:

> 一个社会的自我批判总是在自身尚未达到崩溃但矛盾又已充分暴露的条件下进行的。②

在萧萐父看来,14—16世纪的西欧文艺复兴、启蒙运动等思潮运动,均进行了这样的"自我批判",尽管人们给予这些时代以不同名称,如"宗教改革""文艺复兴""五百年代"等,但"这种自我批判乃是世界各主要民族迈出中世纪的历史必由之路"。由此,他论述了什么是中国的"哲学启蒙":

> 中国有自己的文艺复兴或哲学启蒙,就是指中国封建社会在特定条件下展开过这种自我批判。这种自我批判,在16世纪中叶伴随着资本主义萌芽的生长而出现的哲学新动向(以泰州学派的分化为标志,与当时新的文艺思潮、科学思潮相呼应),已启其端,到17世纪在特定条件下掀起强大的反理学思潮这一特殊理论形态,典型地表现出来。至于这一典型形态的哲学启蒙的往后发展,却经历了极为坎坷的历史道路。③

---

① 《〈黑格尔法哲学批判〉导言》,《马克思恩格斯选集》第一卷,第3—4页。转引自萧萐父:《吹沙集》,第14页。
② 萧萐父:《吹沙集》,第14页。
③ 萧萐父:《吹沙集》,第14—15页。

萧萐父说:"我把17世纪崛起的反道学思潮视为中国式的人文主义启蒙的典型表现,是因为我把中国封建社会视为典型的发达的封建社会,不仅封建经济得到了充分发展,其统治思想也得到充分发展。"[①] 不难看出,萧萐父的上述论说,是以马克思的"世界历史"以及五种社会形态论为依据,来把握中国的"哲学启蒙"。也就是说,明清之际的启蒙思潮,是资本主义社会即将代替封建社会在思想领域内的反映。由此,萧萐父全面概括了明清启蒙说的核心和主题。

首先,"启蒙的核心是'人的重新发现',是确立关于人的尊严、人的权利和自由的人类普遍价值的公理,特别是确认每一个人都有公开地自由运用其理性的权利,并且以人道主义原则为人类社会至高无上的原则和普世伦理的底线,反对任何形态的人的异化"[②]。同时,这种"启蒙"又应该是深层次的、理性的。他说,"深层次的启蒙,应该是理性的。我们民族要真正觉醒和腾飞,更需要的是深层次的理性启蒙"[③],它不同于感性的启蒙运动,而是应当进入文化深层,进行哲学批判和深入反思,从而影响社会,经世致用。

其次,按照"启蒙的核心是'人的重新发现'"这一认识,以及对明清思想史全貌的把握,萧萐父将明清"启蒙"说的主题确立为:(1)这一时期合乎规律出现的启蒙思潮,曲折反映当时市民反封建特权的要求,直接受到农民大革命的风雷激荡的影响,表现出某些越出封建藩篱的早期民主主义意识。(2)早期启蒙学者以特有的敏感,注意并尊重新兴的"质测之学",吸取科学发展的新成果与"核物究理"的新方法,以丰富自己的哲学。(3)早期启蒙学者反映了新的时代要求,开辟了一代重实际、重实证、重实践的新学风。[④]

---

① 萧萐父:《吹沙集》,第60页。
② 萧萐父:《吹沙三集》,第40页。
③ 萧萐父:《吹沙二集》,第50页。
④ 萧萐父:《吹沙集》,第19—20页。

进入 20 世纪 90 年代，萧萐父进一步深化明清启蒙说的主题，并将之提炼为：个性解放思想、初步民主思想以及近代科学精神。[1] 这样，萧萐父以近代社会的三大主题——民主、科学和自由，作为探究明清启蒙思潮的历史课题，兼顾民族性和现代性，有力地把传统和现代衔接起来。

三、范围划分

在萧萐父看来，明清"启蒙"说除应对其予以明确的概念界定之外，还应划定其具体的历史范围。虽然萧萐父一贯主张中国的"哲学启蒙"应当从 17 世纪这一特殊的时间段中去寻找，但他认为这一思潮早在 16 世纪中叶就已启其端，它以泰州学派的分化为标志，直接影响了 17 世纪以来的反理学思潮。由此，萧萐父把明清启蒙思潮的具体历史范围界定为从 16 世纪 30 年代到 19 世纪 30 年代的三百年。在《明清启蒙学术流变》一书的跋语中，他指出："确定本书的历史跨度，大体以明代嘉靖—万历时期到清代乾隆—嘉庆时期为起讫范围。"它以明清启蒙学说为主潮，依据晚明到清初经济政治形势的变迁，划分为三个阶段：

第一阶段：晚明时期（即从嘉靖至崇祯，约 16 世纪 30 年代至 17 世纪 40 年代）。其思想动态的特点，可以概括为：抗议权威，冲破囚缚，立论尖新而不够成熟。其思想旗帜，可以李贽为代表。

第二阶段：明末清初时期（即从南明至清康熙、雍正，约 17 世纪 40 年代至 18 世纪 20 年代）。其思想动态的特点，可以概括为：深沉反思，推陈出新，致思周全而衡虑较多。其思想旗帜，可以王夫之为代表。

---

[1] 萧萐父：《吹沙二集》，第 157 页。

第三阶段：清中叶时期（即从乾隆至道光二十年，约18世纪30年代至19世纪30年代）。其思想动态的特点，可以概括为：执著追求，潜心开拓，身处涸游而心游未来。其思想旗帜，可以戴震为代表。①

由上可见，萧萐父不仅进一步将明清"启蒙"说的具体范围细分为三个阶段，而且又以高度凝练的表述，准确地概括了每个阶段的思想动态。在这之前，侯外庐对早期启蒙思潮的划分，只是笼统地概括为17、18、19三个世纪。对此，蒋国保点出："侯先生所谓的'早期启蒙'，是相对于'近代启蒙'而言的，只是特指17世纪至19世纪40年代的思想启蒙，并不包括19世纪40年代至20世纪初的思想启蒙。"②也就是说，与侯外庐相比，萧萐父把中国早期思想启蒙的起程整整提前了70年。更为重要的是，由于萧萐父主张把明中叶以后到"五四"以前的中国哲学的矛盾运动，"当作一个历史过程，一串思想发展的圆圈的研究来加以研究"③，这就一方面把明清启蒙思潮凸显为一个完整的、螺旋上升的思想史进程，另一方面又将之视为"五四"启蒙运动乃至新民主主义运动的前期准备环节。

明清之际的早期启蒙，实际上为1840年鸦片战争以来的启蒙做了更深层次的准备。高瑞泉认为，明清之际卓越的早期启蒙，其实并未真正完成批判理学的任务，从鸦片战争到"五四"前后，以唯意志论为基点的近代思潮，才真正促成了近代中学与西学的交融。龚自珍、谭嗣同等人的思想倾向，正是中、西哲学结合的关键节点。④可见，萧

---

① 萧萐父、许苏民：《明清启蒙学术流变》，人民出版社2013年版，导论，第3—5页。
② 蒋国保：《"坎坷启蒙说"对"早期启蒙说"的继承与超越》，载吴根友主编：《多元范式下的明清思想研究》，生活·读书·新知三联书店2011年版，第9页。
③ 萧萐父：《吹沙集》，第33页。
④ 高瑞泉：《天命的没落——中国近代唯意志论思潮研究》（修订本），上海人民出版社2007年版，第187页。

萐父所划定的历史范围,其实照顾到了中国近代的思想史事实,并因此得到了后续思想史强有力的效果证明。

四、扬弃对象

在萧萐父看来,明清之际思潮之所以能够在真正意义上被称为"启蒙"思潮,恰好是通过对宋明道学的"批判"而建立的。在他看来,宋明道学究心于心性论、修养论的路径,是一种"伦理异化"的理论体系。他说:"宋明道学家把'根于人心'的宗法伦理意识客观化为'塞乎天地'的宇宙意识,把封建社会等级秩序本体化为'理所当然',把主体认识活动伦理化为'存养省察',于是大讲其'天人合一'、'民胞物与'、'理一分殊'、矛盾定位,而归结为'天理'与'人欲'的对立,'道心'与'人心'的对比,论证'三纲五常'是'人论天理之至,无所逃于天地之间'。"① 由于萧萐父认为明清之际启蒙思潮的性质是封建社会即将崩溃的"自我批判",而宋明时期又被视为封建社会的典型,这样,作为封建社会理论体系成熟形态的"宋明理学",因其"服务于后期封建社会的专制统治",而是"具有极大麻醉力的封建蒙昧主义",自然就成为明清启蒙思潮所要变革的对象。

萧萐父指出,中国的封建社会作为典型的发达的封建社会,其统治思想大体经历了两个阶段:其一,唐以前基本上以宗教异化的神学理论形式表现出来,无论是两汉神学、魏晋玄学,还是隋唐佛教,都是靠"一种外在的神秘的异己压迫力量来维护现实的统治秩序和等级特权";其二,宋以后的统治思想,经过宋明理学的理论加工,实质上是把宗教异化发展为伦理异化。萧萐父把这种伦理异化又称为"伦文主义"。他说:"伦文主义是把维护等级隶属关系的纲常伦理绝对化,用以掩盖、代替和扼杀个人的道德意识和个人的独立人格,因而伦文

---

① 萧萐父:《吹沙集》,第28页。

主义恰是人文主义的对立物。"①由此他指出，中国的哲学启蒙或具有人文主义的古文化复兴，决非始于宋代理学，恰好相反，"它是在对整个宋明道学（包括理学和心学）的否定性批判中开始的"②。

与此相对，萧萐父认为17世纪在中国崛起的早期启蒙思潮，就其一般的政治倾向和学术倾向看，已经十分明显地"具有了对封建专制主义和封建蒙昧主义实行自我批判的性质"。例如，这一时期的李贽、方以智、黄宗羲、傅山、王夫之等人，他们震惊于民族危机和政治变局，"利用他们的文化教养，对他们认为导致民族衰败、社会腐化、学风堕落的封建专制主义和封建蒙昧主义，进行了检讨和批判，并把批判的矛头无例外地指向了作为封建正宗思想、统治思想界达五百年的宋明道学唯心主义"③，从而反映了社会前进运动的客观要求，标志着近代人文主义的哲学启蒙。

五、史学依据

萧萐父认为，认定17、18世纪明清之际具有"哲学新动向"，是近代人文主义的哲学启蒙的主要论据，它首先表现为中西文化的初步交融。他以佛教传入中国为例指出，我们民族的思想史，有两次消化外来文化的任务。第一次消化外来文化任务的表现就是佛教中国化，中国原有的哲学，因吸取佛教哲学思辨而得到普遍提高，由此发展出了宋明新儒学等发达的封建社会哲学文化。由此，他指出17世纪以来的"西学东渐"，正和佛教中国化的性质相类，它是我国历史上第二次消化外来文化的任务：

> 第二次，17世纪以来，我们开始接触西方文化，文艺复兴之

---

① 萧萐父：《吹沙集》，第62页。
② 萧萐父：《吹沙集》，第62页。
③ 萧萐父：《吹沙集》，第22页。

后，近代"西学"东渐，中西文化思想开始在中国汇合。四百年的历史走过了坎坷曲折的道路，至今仍在继续进行这一艰巨而复杂的文化融摄工作。①

萧萐父认为，以明末清初耶稣教士的西学传播作为起点的"西学东渐"，为中西文化交流发挥了巨大的"杠杆"作用，由此直接推动了明清启蒙思潮的形成。萧萐父以徐光启对《几何原本》的高度关注、李之藻注意到亚里士多德的形式逻辑、方以智借西学发展中国固有的科学传统、梅文鼎会通中西数学，乃至康熙帝首建算学馆和聘请法人白晋讲授西学的史实为例，指出：这些西方学术文化以传教士为媒介，适时传入中国，从而"合规律地开始了中西方文化的汇合交流史"②。除此之外，萧萐父还着重指出，当时的中国士大夫等先进学者，对西学东渐的态度也并非出于盲目的好奇，而是显示出历史的自觉，这充分表明了中西方文化的交流不以人们的主观意识为转移，是适应当时社会发展客观要求的。在萧萐父看来，尽管当时以耶稣会士为媒介传入的"西学"有极大的局限性，但中国毕竟借助于西学东渐的触媒，开始了"走出中世纪而迈向近代"的民族觉醒和思想启蒙。

但是，萧萐父又指出，西学的传入毕竟只是起到"触媒"和"杠杆"作用的外缘因素，中国的现代化还必须依靠文化主体的自我更新才能真正完成。他说："16世纪末以前的西学东渐，确乎在中国近代的文化代谢中起过杠杆作用，但是中国的现代化及其文化复兴，从根本上说乃是中国历史长期发展的必然结果。"③ 由此，他从明清之际的政治异动、经济现象、文化观念等多方面，展开了对明清启蒙思潮的最深

---

① 萧萐父：《吹沙集》，第39页。
② 萧萐父：《吹沙集》，第40页。
③ 萧萐父：《吹沙集》，第73页。

层的历史依据的分析。在他看来，明末清初商品货币经济的活跃，催生了资本主义萌芽，但作为"衰朽"的封建生产关系及其强固的上层建筑，却阻抑着这一新生事物的生长，使得社会矛盾空前激化，从而涌现出一大批反映时代要求的文化精英，如顾炎武、傅山、黄宗羲、王夫之、方以智、李颙、唐甄、颜元等，他们分别以各自对传统学术的总结性批判，掀起了这样一股对民族文化展开批判的新思潮。在萧萐父看来，这股新思潮突出地表现在文艺思潮、学风变迁、政法观念等社会意识诸领域。

萧萐父指出，明清早期启蒙思潮的产生，首先与中晚明阳明心学的分化有直接的关联。在《略论晚明学风的变异》一文中，他论述了晚明阳明心学的分化是促进明清启蒙思潮形成的一个重要因素。由于阳明心学"现成"派（王畿等人）与"工夫"派（聂豹等人）的双向分化，邹守益、欧阳德等东林志士后又纠其弊端，把体与用、知与行、本体与工夫视为一个动态统一的日履过程，历史地形成了"阳明心学固有的践履精神向经世致用之学讨漉的契机"[①]，之后泰州学派沿着这一"契机"，又进一步剧烈分化，结果使王学彻底走向自身的反面，从而对晚明思潮的蜕变起了重要的引发作用。

从文艺观念来说，萧萐父首先抓住最能直观地反映时代思潮变动的"晴雨表"切入，以无可辩驳的事实指出：明中叶以后，由于城市工商业的发展，文艺思想也酝酿着激烈的变化。文艺界一反明初流行的庙堂文学和拟古文风，呈现出抒发性灵、突出个性、描绘社会风情、反映人文觉醒的新文艺蓬勃兴起的局面。例如李贽的"童心说"，袁宏道的"性灵说"，竟陵诗派的文学新主张，汤显祖、冯梦龙、凌濛初的新文艺观，以及石涛、八大山人等人相当高的艺术创作，极为鲜明地反映了新时代个性解放的要求。

[①] 萧萐父：《吹沙集》，第346页。

从学术风气来说，萧萐父指出，由于这一时期中西科学的交流，出现了前所未有的新生事物——"质测之学"，这对以往"徒言宰理""空穷其心"的宋明理学的学风是一个巨大的突破。它具体表现为科技研究热潮的兴起，以及一大批专精水平的科学论著的问世，如李时珍、徐宏祖、朱载堉、宋应星、王锡阐、梅文鼎、方以智等人的著作。在当时的历史条件下，对自然科学的探究，"由于面向实际，注重实证，强调实践，因而提倡广泛的实地调查、博物考察、文献考订、史地研究"，取得了一大批实际成果。基于此，他指出："当时学术界主潮，扫荡了空疏庸腐的学风之后，迅速取得的巨大学术成就及其倡导的治学方法，并非仅是由陆王的'尊德性'而转向程朱的'道问学'，而是实质上开始了超越汉宋，另辟新途，成为中国学术近代化的蜕变过程中的重要环节。"[1] 在他看来，明末清初学术正是由于这种转折，从而在对整个道学的批判扬弃中，实现了学术路线的多元转向，而与近代西学合流。

从政法观念来说，这一时期的地主知识分子表现出明显的早期民主意识。他们提出"必循天下之公"，"不以天下私一人"（王夫之），要求以"天下之法"代替封建专制的"一家之法"；声称"为天下之大害者，君而已矣"（黄宗羲），甚至怒斥"自秦以来，凡为帝王者皆贼也"（唐甄）。在起义农民"贫富均田"口号的震动下，他们提出种种平均地权的设想，或主张土地公有、平均"授田"（黄宗羲），或主张"有其力者治其地"、"故平天下者均天下而已"（王夫之），或主张"亟夺富民田"（颜元）、"有田者必自耕"（李塨）。这些改革主张，与当时农民革命的理想有质的区别，却与资本主义萌芽的发展要求有着隐然的联系。至于他们反对"崇本抑末"，主张"工商皆本"，抨击科举制度，主张设立学校，以及要求发展科学技艺和民间文艺等，更具有鲜

---

[1] 萧萐父：《吹沙集》，第352页。

明的启蒙性质。①

同时，在萧萐父看来，尽管这些思想家每个人的自觉程度不同，批判的侧重点有异，甚至各自的思想倾向还存在着矛盾，但他认为社会前进运动的客观要求正是透过这些矛盾的合力，"透过特定关系下的思想三棱镜，十分曲折但又十分合理地反映出来"。

六、历史现象

然而，这股符合历史发展趋势的近代人文主义启蒙思潮，却因清朝入主中原，以及清初大兴文字狱等政治压制，犹如昙花一现，几近腰斩。它不仅直接导致17世纪启蒙哲学思想的光芒被掩埋不彰，而且严重地延缓了整个中国历史的发展进程，最终招致外强入侵，再一次地打断了中国历史的发展进程。对于这种极其"坎坷"的历史道路，萧萐父不无痛惜地指出其原因：

> 这是因为中国近代社会新旧交替的长期难产所出现的第一次历史涧流。在涧流中，中国哲学启蒙的道路首次遭到摧折，步入了坎坷的道路。18世纪的历史涧流，表现为社会经济新因素由大破坏到复苏、民族关系由落后族的征服到被融合的过程中，封建专制主义回光返照地稳定了一段，伴之而来的是程朱理学的权威竟得以在"御纂"、"钦定"的形势下恢复。清统治者适应自身封建化的文化要求，起了强化封建传统惰力的作用。②

在萧萐父看来，清初大兴文字狱的文化高压，是中国哲学启蒙的"首次摧折"，由此形成第一次"历史涧流"，而被迫开始了艰难的历

---

① 萧萐父：《吹沙集》，第19—20页。
② 萧萐父：《吹沙集》，第26页。

程。在这之后，清政府又全面收紧内政外交，对外闭关锁国、对内实行文化专制，使中国迅速落后于世界形势，终于遭到列强入侵，中国近代化唯一一次可贵的历史机遇就这样被外力打断。更为严重的是，这种历史悲剧又为后来先天不足的资产阶级留下了十分艰难而又严苛的历史任务。他说：

> 晚生、早熟而又十分软弱的中国资产阶级，在掀起"新学"反对"旧学"的思想文化斗争中，也曾以一种朦胧的历史自觉，把明清之际的启蒙哲学看作是自己的思想先驱。但他们忙于引进"西学"而来不及对自己的历史遗产推陈出新，大量吸收"西学"的过程中，也曾注意到培根、洛克、笛卡尔的哲学与科学昌明的关系，狄德罗、拉美特里的哲学与法国革命的关系，乃至康德、黑格尔哲学的进步意义等，希图吸取来"开民智"、"新民德"，但他们迫于应付政治事变而匆匆建立的哲学体系，却又芜杂而极不成熟。他们力图把当时西方自然科学的新成果和新概念直接纳入自己的哲学体系，用以否定传统的"宋学"和"汉学"，突破古代唯物主义的朴素性和直观性，但由于在理论思维的进程上跳跃了一些环节，只能陷入简单的比附，结果他们所进行的哲学变革往往自陷迷途，乃至完全落空。①

这样，由于政治上软弱、文化上落后，中国资产阶级既无法完成社会革命的任务，也无法完成哲学革命的任务。对于这种令人悲怆而又十分痛心的历史现象，萧萐父总结道："中国的近代及其哲学运动，短短数十年，匆匆跨过西欧近代哲学发展几百年的历史行程，但就理性的觉醒、理性的自我批判、理性的成熟发展等，即这一历史阶段所

---

① 萧萐父：《吹沙集》，第32页。

需要完成的主要业绩而言,却并未跨过,而是处于长期'难产。"

什么是"难产"?萧萐父说:

> "难产"作为一种历史现象,指社会运动和思想运动的新旧交替中出现新旧纠缠,新的突破旧的,死的又拖住活的这种矛盾状况。它在我国历史上多次出现,似乎带有规律性。①

在萧萐父看来,17世纪以来三百年的文化史,就处于这样"长期难产"的历史阶段:"这一阶段,跨越三个世纪、两个朝代,从经济运动和文化运动的实际进程看,本质上是一个统一的历史过程,即中国资本主义与中国启蒙思潮萌芽、挫折、复苏、发展而历尽坎坷、终于'难产'的过程。"②对于这种历史现象,萧萐父运用了一个十分形象的说法:

> 从万历到"五四",三百年的文化运动就其主流而言呈现为一个马鞍形。历史按"之"字路发展,表明了历史的客观要求总是通过复杂的历史事变表现出来,表现为否定之否定的螺旋前进历程。③

在他看来,这种"马鞍形"的螺旋前进历程,也就是中国资本主义从萌芽、滋长、挫折、复苏、发展直到没落的过程。而其间的文化运动和思想解放运动,也就是中国启蒙思潮历尽坎坷的全过程,但在这种历史难产的痛苦中,为摸索真理的历代先进人物,竟然多达四代:"单就哲学启蒙说,明清之际的黄宗羲、顾炎武、方以智、王夫之到颜元、戴震、焦循等同具人文主义思想的早期启蒙者属一代,阮元、龚

---

① 萧萐父:《吹沙集》,第27页。
② 萧萐父:《吹沙集》,第40页。
③ 萧萐父:《吹沙集》,第45页。

自珍、魏源、林则徐等开始放眼看世界的地主改革家为一代,严复、谭嗣同、康有为等努力接受西学以图自强的资产阶级维新派为一代,以孙中山、章太炎为代表的资产阶级革命民主派和后期梁启超及王国维、蔡元培等试图汇通中西自立体系的资产阶级学者为一代。"① 这表明,中国哲学启蒙历程中的哲学劳动成果的保存和传播,哲学发展链条的前后衔接,哲学思潮在运动中的分化和合流,都表现了自己的特点及其历史演变中的客观逻辑。

第三节 明清"启蒙"论说的思想意义

明清"启蒙"说,作为 20 世纪明清思想史研究领域的一种解释"范式",有重要的学术史和思想史意义。

从学术史的角度来说,萧萐父在学术脉络上,深层次地吸取了梁启超和侯外庐明清思想史论述的合理成分,一方面将明清思想史以"启蒙"为主题,整合成一个完整的、螺旋上升的思想史进程,纠正了梁启超将思想史看成平面循环之"递相流转"的偏颇;另一方面克服了侯外庐抬高顾黄王、贬低清代考据学的对立评判,充分肯定清代考据学的价值,并淡化社会经济史的色彩,强化"思想的内在理路"②,提升早期启蒙思潮的论域,将"启蒙"从"社会实践""社会解放"的范畴,转向为以"人"为核心的一系列论题——"人"的发现、肯定人的主体性、"新人学"等等。除此之外,萧萐父扩展了明清哲学的研究内容(例如政治哲学、伦理哲学等),为明清哲学作为宋明理学与近代

---

① 萧萐父:《吹沙集》,第 17 页。
② 萧萐父曾使用"思想的内在理路"之语,在其专著《明清启蒙学术流变》的目录中有三个导论章,分别以"明代中晚期的时代背景与思想的内在理路""明末清初的时代背景与思想的内在理路""清代中期的时代背景与思想的内在理路"为标题。参见萧萐父、许苏民《明清启蒙学术流变》之目录。

思潮的"衔接",在一个时代条件所能允许的尺度内,做了尽可能合理的论证和说明,深化了明清哲学作为一个特殊的思想史单位的学理认知。

从思想史的角度来看,萧萐父提出的"历史接合点"说,苦心孤诣地论证了明清之际的思潮应被视为传统与现代最佳、最近的"接合点"。"接合点"是萧萐父独创的形象表述,他之所以用"接",而不用"结",除了表达文化传承的性质是一场"接力赛"之外,还表明每一个思想史阶段均有不同于在其之前和在其之后的特质,这就决定了文化的传承与转化本身就是辩证的、动态的过程。也就是说,对传统进行有鉴别地传承和有选择地吸收,才是一个"具体"的现代化。

萧萐父的明清"启蒙"说,作为一种试图探究传统如何与现代衔接的"模式",在当时西化思潮泛滥的氛围中,有力地驳斥了"传统—现代化"二元对立、割裂的平面模式。沿着这样的思路出发,自然会逻辑地导引出对多元现代性的探讨——这已经是今天学界的共识。

一、标举中国的"启蒙"

萧萐父的明清"启蒙"说,因其独特的思想个性,而存在一定的内在张力。萧萐父的"启蒙"论说,可大致归纳为"思想多元—文化主体—启蒙与启蒙反思"的学术进路。[①]这样的概括,只是一个粗略的描述,但笔者认为它或许能够代表萧先生"启蒙"论说的整体风貌。诚然,萧萐父曾表明他继承"侯门血脉"[②],但如果我们联系萧萐父的整体思路,深入解读萧萐父"启蒙"论说的一些关键性表述,就会发现:我们过去对于萧萐父"启蒙"论说的了解,大多流于就"启蒙"而言启

[①] 笔者曾比较了侯外庐、萧萐父二者船山研究的异同。见拙文《萧萐父船山学研究的"内在理路"浅探》,《船山学刊》2013年第1期。
[②] 萧萐父:《吹沙三集》,第37—38页。

蒙。萧萐父的"启蒙"论说，其意义绝不是仅从明清之际的思想资源中发掘出与"启蒙"相关的思想特质，而应倒过来说，其更宏大的意义在于——以"启蒙"为话题，为传统文化如何进行现代转化找到本民族的历史文化根据，蕴含继承传统文化优秀遗产的可贵的主体意识。

萧萐父的明清启蒙说，论说主体是中国的"启蒙"，又是从中国思想史的明清阶段寻找现代化的原初生长点，力图打通传统和现代，这就在主旨上必然会对"启蒙"做一番传统哲学的再吸收和重铸。萧萐父"启蒙"论说的出发点，首先是拒斥西化狂潮和复古逆流，他说：

> 百年来，中西古今文化的论争中，不少人在西化狂潮和复古逆流的汹涌夹击之下，目眩神移，无所归依，正是由于在文化心态上失去了民族主体意识，以致陷入了种种误区。这是重要的历史教训。①

针对百年来中西古今文化论争的历史教训，萧萐父指出其根本症结就在于"失去了民族主体意识"。由此，他进而强调："所谓民族文化的主体性，即指民族文化绵延发展中形成的独立自主意识，是一个民族能够涵化外来文化、更新传统文化的能动的创造精神。"② 20世纪80年代曾兴起一股西化思潮，类似"五四"时期激进的"全盘西化"又卷土重来。针对学界的质疑，萧萐父不改初衷，坚持认为：

> 尽管17世纪以来的西学东渐在中国近现代的文化代谢中起过重大的引发作用，但从根本上说，中国的现代化及其文化蜕变只

---

① 萧萐父：《吹沙二集》，第418页。
② 萧萐父：《吹沙二集》，第418页。

能是中国历史长期发展的必然结果。[①]

由上可见萧萐父对本民族历史主体地位的一贯坚持。也因为如此，在进行具体中西文化的比较研究时，萧萐父非常注重强调双方地位的平等。他曾在对比中西科学的成就指出："如果仅就中西科学的早期汇合而言，明清之际确属于特殊的历史阶段，因当时双方大体处于平等地位，从事和平的文化交流，易于显示出各自的优势和弱点；当时传入的西方科学既有古代的、中世纪的积极成果，也有一些近代化的新进展，当时中国科学从总体上也达到这一水平，这就易于比较双方的异同——同中之异与异中之同，易于比较中西双方的科学传统。"[②] 萧萐父这一认识，在20世纪80、90年代西化思潮比较严重的背景下，客观上有利于驳斥中西文化比较研究中"百事不如人"的心理。

萧萐父说："中国有自己的文艺复兴或哲学启蒙，就是指中国封建社会在特定条件下展开过这种自我批判。这种自我批判，在16世纪中叶伴随着资本主义萌芽的生长而出现的哲学新动向（以泰州学派的分化为标志，与当时新的文艺思潮、科学思潮相呼应），已启其端，到17世纪在特定条件下掀起强大的反理学思潮这一特殊理论形态，典型地表现出来。"[③] 萧萐父对"启蒙"的定义，虽然采用马克思主义人类史观的五个社会阶段的划分，但却是通过对比各国的历史道路，从"明清之际是中国文化思想史一个特殊阶段"这一论断出发，做了明确而又严格的界定——"在特定条件下展开过这种自我批判"，重在强调"批判"的"自我批判"，凸显"启蒙在我"的主体身份。

在萧萐父看来，中国的启蒙要靠中国文化的自我批判和自我更

[①] 萧萐父：《吹沙集》，第343页。
[②] 萧萐父：《吹沙二集》，第536页。
[③] 萧萐父：《吹沙集》，第14—15页。

新，而不是套用别国模式。为此他进而论述："人类总要走出封建社会，但走出的途径各不相同"，"如果对比西方，我国与意大利、法国、英国、荷兰等国走出中世纪的办法迥然不同，却近似于德意志和俄罗斯"。① 他一贯认为明清之际的启蒙思潮"既区别于中国中世纪的各种'异端'，又与欧洲走出中世纪的文艺复兴和宗教改革的道路有所不同，而典型地表现出中国式的思想启蒙道路的特点"②。可见，萧萐父的"启蒙"论说从一开始就自觉排拒抽象、同一的"启蒙"理念，并拒斥西方"启蒙"学说占据话语权的主导地位。

在《黄宗羲的真理观片论》一文中，萧萐父引用章学诚对黄宗羲的评价说：

> 这里，两个"合而一之"，一个"综会诸家"，显示出他（笔者按：章学诚）所见到的黄宗羲学术堂庑之广大，超出了汉学、宋学以及宋学诸流派的藩篱；至于"九流百家之可以返于一贯"，则表露出黄宗羲所追求的新哲学体系，对于九流百家的思想都试图融摄包容，驰骋古今，不拘家派，"其于象数图纬，无所不工，以至二者之藏，亦披抉殆尽"。这正是启蒙学者的探索精神和恢宏气象。③

上述论述中使用的"合而一之""综会诸家""融摄包容""九流百家之可以返于一贯"等语，在《周易》《老子》《中庸》等经典中，均可找到根源性的表述。它背后蕴含的独特的认识论、境界论以及深层底蕴，恰恰是西方启蒙学说中较为匮乏的思想资源。由于萧萐父大力

---

① 萧萐父：《吹沙二集》，第40页。
② 萧萐父：《吹沙集》，第61页。
③ 萧萐父：《吹沙集》，第322页。

阐扬中国本土明清之际思想家的学说，必然会在内容上与西方"启蒙"学说相区别，而明清之际的思想学说，在很大程度又来源于对古典思想的熔铸和再创造，这使其学说在客观上就已经蕴含了中国传统哲学思想本已有之的独特内涵，例如"天人合一""和而不同""人文化成""相反相待""杂以成纯、异以贞同""一本万殊"等表述。

晚年的萧萐父在《吹沙三集》的"自序"中再次申述："坚持早期启蒙说，是为了从16世纪以来我国曲折发展的历史中去寻找传统文化与现代化的历史接合点，寻找我国传统文化的现代转化的起点。如实地把早期启蒙思潮看作我国自己文化走向现代文明的源头活水，看作中国文化自我更新的必经历程，这样我国的现代化发展才有它自己的历史根芽，才是内发原生性的而不是外铄他生的。"[①] 这些论述是萧萐父明清"启蒙"说的晚年定论，它表明以"启蒙"为精神源头的现代化，绝不是"只此一家别无分号"的模式，而是强调一个文化主体本身具有自我更新能力的重要性，由此也就逻辑地肯定了现代性的多元和文化的差异性。

二、先秦儒、道等诸子思想与明清启蒙说的内在渊源

除了阐扬明清之际思想家本身的学说之外，萧萐父"启蒙"论说的另一重要的思想来源是儒门《易》《庸》之学及道家思想。20世纪80年代后期至90年代初，萧萐父对道家思想尤为关注，发表了《易蕴管窥》等一系列文章，着重探讨了儒、道之学与明清启蒙学说的关联。在《儒门〈易〉〈庸〉之学片论》一文中，萧萐父指出《易》《庸》等儒门之学与明清启蒙学说的内在思想渊源：

> 《易》《庸》之学的多元文化史观的优秀传统，在明清之际所

---

① 萧萐父：《吹沙三集》，自序。

引发的学术思想变化中的新的整合,也可以说是明清之际的早期启蒙者冲破了儒家道统一尊的囚缚,在学术文化史观上向《易》《庸》之学的复归。①

萧萐父从传统先秦经典著作中,追溯明清启蒙学说的思想起源,在梁、侯的明清思想史论述中是没有这一点的。除儒学思想资源之外,萧萐父还指出,明清之际学者本身的思想离不开对道家思想资源的吸取。在《道家·隐者·思想异端》一文中,萧萐父指出,道家思想的"异端"性格有利于打破人们的思维定式,在学术资源上也常常儒道互补、佛道共融。更重要的是,萧萐父认为,以儒、道为主体的"先秦子学的复甦",是明清之际学术思想重新整合的一个重要因素。他论述道:

> 明清之际,"天崩地解"的社会震荡,"破块启蒙"的思想异动,在中国历史上是空前的。在这空前的变局中,学术思想出现了新的整合,活跃于整个中世纪的思想异端,开始蜕化为力图冲决网罗、走出中世纪的新的启蒙意识。这一思想的重新整合和蜕变的过程,是极为复杂的,但先秦子学的复甦,长期被目为异端的《老》、《庄》、《列》思想的引起重视和重新咀嚼,无疑是一个促进的重要因素。②

此外,萧先生特别重视传统易学的思想价值,他把传统易学按照现代眼光,分为科学易、人文易和诗化易,并认为"科学易"是明清启蒙学说的一个重要来源。他说:"'科学易'作为近现代易学流派,乃是近代科学思潮冲荡的产物。在中国,17 世纪崛起的桐城方氏易学

---

① 萧萐父:《吹沙二集》,第 103 页。
② 萧萐父:《吹沙集》,第 170 页。

学派,可说是'科学易'的雏形。方孔炤、方以智、方中通等,三代相承,精研易理,著述很多,自成体系,其根本趋向在于将传统易学的象数思维模式与西方传入的新兴质测之学相结合。……引进西方新兴质测之学,用以论证和发挥中华科学思想的优秀传统。这正是近代'科学易'的致思趋向。"①以上种种论述,都说明萧萐父的"启蒙"论说并没有局限于"启蒙"本身,而是在更广阔的思想史尺度上,寻求传统文化如何进行现代转化的更坚实的历史依据。

三、"启蒙"与"启蒙反思"

近年来,学界有关"启蒙反思"的讨论很热烈,因其是在全球环境污染日益严重、生态失衡、科技理性膨胀的严峻现实背景下展开,而具有重要的学术讨论意义。②启蒙反思所批评的"启蒙心态",主要是指人类中心主义和工具理性、科技理性的滥用。在这方面,晚年的萧萐父虽然没有明确提出"启蒙反思"的字眼,但他已经借助儒、道资源,表达了对工具理性的批判和对终极关怀的关注。郭齐勇认为,萧萐父的启蒙论说存在显、隐两层,其隐性的一层便是走出现代性,蕴含着启蒙反思的意蕴。③

萧萐父说:

(道家)由此,展开其认识论、方法论上的一系列如何突破片面、局限的自我超越;展开其美学上的一系列由"技"进乎

---

① 萧萐父:《吹沙二集》,第115页。
② 关于"启蒙反思"的集中讨论,可参见《开放时代》2005年第3期刊出的杜维明和黄万盛的长篇学术对话《启蒙的反思》,以及哈佛燕京学社协同《开放时代》和《世界哲学》杂志社于2005年12月15日在北京大学临湖轩举办的"启蒙的反思"学术座谈,其中的辩论文章后集中刊载于《开放时代》2006年第3期;参见郭齐勇、郑文龙主编:《杜维明文集》第五卷,武汉出版社2002年版;以及胡治洪:《现代思想衡虑下的启蒙理念》,武汉大学出版社2011年版。
③ 郭齐勇:《萧萐父启蒙论说的双重涵义》,《哲学动态》2009年第1期。

"道"、由工具理性进到价值理性，实现求真与审美统一的自由理想；……这一切，以其对文明社会中异化现象的警省，以其对工具理性的局限性的敏感，以其对形而上的终极价值的关怀和对人类寻回精神家园的渴望，都有助于现代人走出自己的哲学困境，都是中国传统哲学中最富有现代性的文化基因。[①]

可见，在萧萐父看来，中国传统哲学之所以富有现代性的文化基因，是"对工具理性的局限性的敏感"、"对形而上的终极价值的关怀"，以及对市场经济社会金钱物化、异化等现象的"警省"，而这些不能不与中国传统哲学本已有之的独特内涵存在密切的关联。在这个意义上，萧萐父的"启蒙"论说，因对中国传统哲学的吸收，要比西方的启蒙学说更具有包容性，是对西方启蒙思想的超越。

[①] 萧萐父：《吹沙二集》，第231页。

第四章　萧萐父的中国哲学史观

第一节　学科界定

一、明确中国哲学史学科的自主性

1. 界定"中国哲学史"的概念

"中国哲学"作为一门"学科"的概念，最早应起自1906年刘师培在《国粹学报》发表的《中国哲学起源考》，该文提倡以子通经，建构"中国哲学"。之后经1916年谢无量的《中国哲学史》和陈黻宸的《中国哲学史》讲义[①]、1919年胡适的《中国哲学史大纲》、1929年钟泰的《中国哲学史》、1934年冯友兰的两卷本《中国哲学史》、1936年范寿康的《中国哲学史通论》、1937年张岱年的《中国哲学大纲》，到1963年至1979年由任继愈主持编写的四卷本《中国哲学史》，以及中间1973年杨荣国等人编写的《简明中国哲学史》，再到1980年北京大学中国哲学教研室编写的《中国哲学史》，和1981年孙叔平独著的《中国哲学史稿》，直至1983年萧萐父、李锦全合编的《中国哲学史》上下两卷出齐，以"哲学"作为主题命名的"中国哲学史"的

[①] 陈黻宸的《中国哲学史》于1916年正式成稿，内容为陈在北大讲授中国哲学史的讲义，实际上是一部尚未完成的通史性的哲学史著作。

历程①，走过了接近 80 年的历史。

在这段不足百年的历程中，"中国哲学史"几乎与近代中国历史同步，经受了极为激烈的时代变迁、政权迭代和思潮分化，逐渐演化为三种较为清晰的发展路径：（1）沿用中国传统思维模式，以经学、理学、子学为主干，建构"中国哲学史"；（2）以西方哲学主流学派的理论为依傍，摹写"中国哲学史"；（3）以马克思主义唯物辩证法和唯物史观为指导原则，诠释"中国哲学史"。借用柴文华教授的描述，它们也可粗略概括为"以中释中""以西释中"和"以马释中"三种模式。②其中，"以马释中"无疑是中国大陆学术界的主流，经过 1949 年之后的 30 年艰辛地探索，直到 1979 年全国首届中国哲学史年会的召开，这种情况才得以初步破冰。③以张岱年、任继愈、冯契为首的哲学史工作者，发起"认识论转向"运动，在"废墟"上重建"中国哲学史"。④基于这样的共识，广大哲学史工作者根据自己的学思兴趣，做出了多层面的探讨，"中国哲学史"重新步入正轨。

萧萐父对中国哲学史的探究始于 20 世纪 50 年代末期 60 年代初期。在当时，萧萐父认为哲学史既然是关于哲学思维的历史，当然有其内在规律，而并非一些个别的、偶然的、不可重复的事件或人物，由此

---

① 从宽泛意义上说，这里其实还应该包括侯外庐的《中国思想通史》、冯契的《中国古代哲学的逻辑发展》、方立天的《中国古代哲学问题发展史》等著。但因其命名并不是以"哲学史"为主题，故暂未纳入考虑范围。

② 柴文华：《现代视域与传统原典的结合——对中国哲学史书写的若干思考》，载郭齐勇、欧阳祯人主编：《问道中国哲学：中国哲学史研究的现状与前瞻》，九州出版社 2014 年版，第 6—15 页。

③ 实际上真正全部"解冻"，应该是 1985 年于广州召开的第三届中国哲学史年会。1979 年的太原会议和 1981 年的杭州会议，虽然有学者批评"两军对战"模式，但仍遇到了极大阻力。

④ "中国哲学史"作为一门学科，若以 1919 年胡适《中国哲学史大纲》为起点，至今已有逾百年的历史，关于百年的发展历程，可参见郭齐勇、廖晓炜：《六十年来中国哲学思想史研究的思考》，《文史知识》2009 年第 9 期；陈卫平：《从突破"两军对阵"到关注"合法性"——新时期中国哲学史研究之趋向》，《学术月刊》2008 年第 6 期。

他否定把"历史过程公式化"和把"历史现象个别化"的做法,而认定"哲学史"是一门"历史科学"。萧萐父的观点,与马列经典对哲学史的有关解说密切相关。一般认为,马克思、恩格斯在《神圣家族》中,通过概述近代欧洲的哲学历史,阐述了哲学史观的基本原则,哲学的历史发展被当作一个有内在规律的客观过程被研究。这样,哲学史的研究就成了一门"科学",也有了被明确规定的研究对象。

在萧萐父看来,马克思主义对历史研究的对象的科学规定,是历史研究能够成为科学的根本前提。他说:"历史科学研究的成果,在叙述方法上,力求以具体的形式把历史的具体再现出来,也就是按具体历史进程所固有的丰富性、特殊性、偶然性、曲折性而又服从于内在的必然规律这一特点把它再现出来。"[①] 也就是说,历史研究的对象不能仅仅着眼于个别的、特殊的历史现象,而应该着重探究"历史规律",而历史研究的方法,则应做到逻辑方法和历史方法的统一,特别是对逻辑方法的强调,其目的就是为了发现事物内部的特殊性与普遍性的互相联结,由个别走向一般。由此,萧萐父指明了历史唯物论与历史学研究的区别:一个是由特殊到一般的过程,另一个是由一般到特殊的过程。

毋庸置疑,受当时时代环境的影响,萧萐父这一时期的认识,过于强调所谓"阶级分析"的方法,将"人作为社会关系的总和"这一说法,部分地理解为人作为"阶级关系"的总和,而蒙上了意识形态的色彩,不免带有教条主义倾向,同时他关于历史研究对象的理解也不够全面。但他对"历史规律"的重视,以及对逻辑方法的强调,在其后续的哲学史观中却得到了很好的继承和发展。

进入新时期后,萧萐父重新咀嚼马列经典中有关"哲学"和"哲学史"的相关论述,深入反思以往教条主义的弊端,做出了可贵的个

[①] 萧萐父:《吹沙集》,第445页。

人探索。这种探索的第一步,是重新认识什么是"哲学"。他说:

> 哲学,是以理论思维的形式所表达的关于对象的共同本质、普遍规律。就表达的形式说,哲学与宗教、艺术、道德等相区别,它们是用非"一般"、即非理性思维的形式来表达的,而哲学则是用理论思维形式来表达的关于自然、社会和思维运动的"一般"。①

以今天的学术眼光看,上述论述平淡无奇,以至于我们在所有其他类似的马克思主义教科书中都能找到这种"千人一面"而又略有差别的"定义"。然而,我们应注意到,在当时的政治背景下,作者的表述实际上蕴含了两层时代深意:其一,针对"文革"期间庸俗化的"哲学"定义所带来的思想流毒,"哲学"作为一门严肃的学科,迫切需要恢复权威的学术界定,以杜绝"反攻倒算"的意识形态斗争,确保学术研究工作的独立展开。其二,既然是"权威"界定,那就必须从形式到内容,对"哲学"予以清晰的边沿划定——在内容上,"哲学"是关于自然、社会、思维运动的普遍规律;在形式上,"哲学"的展现方式则是"理论思维"。

由此,萧萐父进一步指出:

> 按照马克思主义对社会诸意识形态的分析,哲学是一种特殊的社会意识,它具有自身的特殊矛盾及其发展的特殊规律。哲学史研究的特定对象,简括地说,就是哲学认识的矛盾发展史。所谓哲学认识,区别于宗教、艺术和各门具体科学的知识,是人们以理性思维形式表达的关于自然、社会和思维能动的一般规律的认识,也可说是对于客观世界的本质和人对客观世界能否认识和

---

① 萧萐父:《吹沙集》,第 404—405 页。

改造、怎样认识和改造的总括性认识。①

众所周知，恩格斯曾为"辩证法"下了明确的定义："辩证法不过是关于自然、人类社会和思维的运动和发展的普遍规律的科学。"② 对比上述引文，萧萐父所谓的"哲学认识"，其实就是"辩证法"，因为二者都是关于自然、人类社会和思维运动的一般规律。由此，萧萐父认为"哲学"所表达的"一般规律"，就是"矛盾发展的一般规律"，而"哲学史"则是认识这种"一般规律"的"历史"，从"哲学"到"哲学史"，需要以"哲学认识"作为沟通的桥梁，这就必然会介入作为认识主体的"人"——因为"人"的存在与否，是决定能否认识、怎样认识和改造客观世界的"逻辑前提"。根据这样的思路，所谓"哲学史"，实际上等同于"哲学认识"的历史；而所谓"哲学"，实际上在某种程度上就是"哲学认识"。

萧萐父的这种理解，实际上导源于黑格尔逻辑学、本体论、认识论相统一的思路（黑格尔视逻辑学、本体论、认识论三者为同一物），而后列宁又把黑格尔的此番观点改造为逻辑范畴的发展与认识的历史相统一。这便是后来我国哲学史界广泛运用的"历史与逻辑相统一"方法的理论根源。

萧萐父正是试图把"哲学史"扭转为认识论意义的概念。这与当时学界"认识论转向"相一致。③ 为此，他着重强调："哲学认识并不与各种科学认识相脱离，也不是各种科学认识的简单综合，而是通过

---

① 萧萐父：《吹沙集》，第364页。
② 恩格斯：《反杜林论》，《马克思恩格斯全集》第二十卷，人民出版社1973年版，第139页。
③ 参见郭齐勇、问永宁主编：《当代中国哲学研究（1949—2009）》，中国社会科学出版社2011年版，第三章。该著指出，1979年全国中国哲学史会议召开，学界普遍达成了"哲学史就是认识史的哲学史观"这一共识，逐渐从"两军对战"的模式摆脱出来，用"螺旋结构"和"圆圈论"等范式重新架构中国哲学史。

哲学的概括、总结和反思,抽象出'构成认识论和辩证法'等属于哲学的'一般认识'"①。这就进一步将"哲学"在宽泛意义上明确为"认识论和辩证法"。紧接着,萧萐父又指出"哲学史"的特殊性在于:"整个人类的认识史(包括各门科学史,及儿童智力发展史、语言史、宗教史、艺术史等等)包罗万象,无比宽广,而哲学史研究的则仅是既区别于宗教、艺术、道德,又区别于各门科学而专属于哲学的'一般认识'的历史,按列宁的提示,即认识论和辩证法的历史"②。这无疑也是将"哲学史"进一步指向为"认识论和辩证法的历史"。③

在此基础上,萧萐父论析了"中国哲学史"这一概念。在他看来,界定"中国哲学史",应从两个方面着手:第一,以纵向的时间性角度看,应从浩繁的中国古代学术史著中,理清和勾勒"中国哲学史"的根源和雏形,找寻属于"中国哲学史"的本土材料,以凸显"中国";第二,从横向的空间性角度看,应从"哲学"与其他诸意识形态相区分的特质出发,划分"中国哲学史"的专门领域,以凸显"哲学史"。这样,萧萐父在马克思主义的哲学史观下,实际上为揭示"中国哲学史"之民族性和现代性的双重特质,做出了一定的个人尝试,尽管这种"揭示"在当时的意识形态下,不一定出于论主本人的学术自觉,但客观上却预示了"中国哲学史"的未来走向(下文对此有所分析,兹不赘述)。

一方面,萧萐父回顾了"中国哲学史"的历史源头——中国古典学术史。他指出:"在中国,早就有对前代学术思想成果进行总结性评

---

① 萧萐父:《吹沙集》,第365页。
② 萧萐父:《吹沙集》,第365页。
③ 20世纪70、80年代学界热衷于使用马克思主义"辩证法"研究中国哲学史,但"辩证法"同时也因为与传统哲学中"阴阳二分"的思维模式有契合之处,才得以与中国传统哲学互通、交融。田辰山曾考证了"辩证法"一词传入近代中国的观念变迁,并指出传统哲学尤其是《易经》的"通变"思维,与"辩证法"有密切联系。详见田辰山:《中国辩证法——从〈易经〉到马克思主义》,萧延中译,中国人民大学出版社2008年版,第65—79页。

述的论著,诸如《庄子·天下》、司马谈《论六家要旨》、宗密《华严原人论》、朱熹《伊洛渊源录》,直到黄宗羲主编的《宋元学案》、《明儒学案》等等。这些论著按不同的时代要求,从不同的思想角度,辨章学术,考镜源流,至今对哲学史研究仍有参考价值。但由于古代社会分工和学术分类的局限,哲学还与其他非哲学的社会意识形态浑沦未分,被包容在所谓'内圣外王之道'、'天人性命之学'的庞杂体系之中。"[1] 与此同时,萧萐父通过对中国哲学史的史料学和史源学考察,强调我们民族是富有"历史感"的民族,文化典籍十分丰富,历来有撰修历史、整理文献的优良传统,崇尚人文精神,因此我们研究中国哲学史,探寻中国哲学史史料之源流,应重视"历史感"这一优良传统。[2] 不难看出,萧萐父对"历史感"的强调,其实暗含了对"斗争哲学"的独断论的否定。

另一方面,萧萐父界定了"中国哲学史"的概念内涵——中国哲学的"认识的矛盾发展史"。他指出"哲学史"相对于伦理史、宗教史等其他学科部门,有其特定的研究对象和论述范围,它取决于"哲学史"的"研究对象所具有的特殊的矛盾性"[3]。由此,他根据"哲学史"是"哲学认识的矛盾发展史"的定义,指出"中国哲学史"的研究当从两个角度双向展开:从共时性的角度看,由于"中国哲学家们对社会政治问题所发表的许多议论,大量的属于社会学史、政治学史、法学史等研究的范围中",有一些是对历史发展规律、社会矛盾运动的哲学分析,因此这样的"材料"无疑应当作为"中国哲学史"的内容;从历时性的角度看,由于中国古代思想遗产中关于人性善恶、道德伦理等问题的言论特别丰富,因此"从哲学史的角度加以择取,确应重

---

[1] 萧萐父:《吹沙集》,第361页。
[2] 萧萐父:《中国哲学史史料源流举要》,第12页。
[3] 萧萐父:《吹沙集》,第366页。

视历代哲学家对人性问题的探讨中有关人的本质、人性的发展等属于历史辩证法问题的认识成果"①。这说明，萧萐父在试图揭示"中国哲学史"的民族性的同时，也努力将"中国哲学史"作为"哲学史"的普遍性表现出来，尽管这一"普遍性"仍是马克思主义哲学下的范畴。

上述两方面只是就"中国哲学史"的"内涵"而言，除此之外，萧萐父还提醒人们应注意"中国哲学史"的"外延"问题，即区分"中国哲学史"与中国思想史、文化史、学说史。他指出，从形式逻辑看，从文化史到哲学史是整体和部分的关系，文化史最宽，其次乃思想史，再次为学说史，最后是哲学史，它们一环扣一环地被包括在前一环之内；但从辩证逻辑看，文化史、思想史、学说史、哲学史又各有自己相对独立的体系，都有其自身的结构、层次、系统、范畴，因此，同样既不能互相包容，也不能互相代替，更不能互相混同。

由此可见，萧萐父对"中国哲学史"的界说，虽然参考了"列宁式"的定义，但实际上并没有对"中国哲学史"采取僵化的理解，他十分强调"中国哲学史是一门尚在建设中的学科"，应该以动态的、发展的眼光看待中国哲学史的建设，因此他于晚年又倡导"哲学史泛化为文化史，文化史纯化为哲学史"，进一步拓展了中国哲学史的广阔路径和丰富面向。

毋庸讳言，萧萐父对"中国哲学史"的界说，始终是按照马克思主义的哲学史观来进行的，但他通过对黑格尔、费尔巴哈、马克思、恩格斯、列宁等人的经典文本的重新咀嚼，在一定程度上廓清了以往有关"哲学"和"哲学史"的混乱理解。更为重要的是，将"哲学史"界定为"认识史"的学术运动，已经预示另一扇"大门"即将打开——如果把"哲学史"界定为人们对于哲学的"认识史"，这必然会逻辑地包含"不同的认识会有不同的'哲学'"，这意味着"中国哲

---

① 萧萐父：《吹沙集》，第366页。

学史"将会存在多种"定义"的可能。而列宁关于哲学史的看法，与其说是一种可借鉴的"定义"，不如说是为探索"中国哲学史"的多种理解打开了"缺口"。吊诡的是，当时共同推动"认识论"转向的学者，绝大多数都主张将"哲学史"理解为"认识史"，并认为这一"定义"是较为妥当的①，但事实上这一"定义"仅仅延续了不到十年——20世纪80年代中期发端的文化热、90年代的国学热，已经在以暗流涌动的姿态，潜移默化地改造着人们对"中国哲学史"的已有认知。

2. 确定中国哲学史的研究对象

如前所述，萧萐父主张首先净化和明确"哲学史"作为一门学科的概念，进而才能确定该学科的研究对象，因为"哲学的概念逐步净化，使哲学史研究的特定对象也逐步明确"②。但由于历史的原因，"中国哲学史"尚存研究对象不明确的问题："中国哲学史作为一门科学，它所研究的特定对象、论述的重点范围和史料的筛选原则，似应得到进一步的科学规定。这是一个历史遗留的问题。"③ 在他看来，出现这种情况的原因有两点：其一，因"哲学史"受传统文化的历史惯性影响，"近代流行所谓'中国哲学属于伦理型'、'中国古代哲学家缺乏逻辑思维'、'中国哲学主流之进展是极高明而道中庸'之类的似是而非的论断，影响到中国哲学史的研究"；其二，因"哲学史"的研究任务不明确，"把未经筛选的各种思想资料羼入哲学史，似乎中国哲学史的研究可以而且应当去分担政治、伦理、法权、宗教、教育等思想史的研究任务"④，使得哲学史与一般的思想史、学术史的研究对象难以区分，以致承担的任务太广泛，而模糊了自己的特定任务。

---

① 张智彦：《中国哲学史讨论会在太原举行》，《哲学研究》1979年第11期。具体内容请参见该次会议论文集：《中国哲学史论》，山西人民出版社1981年版。
② 萧萐父：《吹沙集》，第364页。
③ 萧萐父：《吹沙集》，第363页。
④ 萧萐父：《吹沙集》，第364页。

鉴于此，萧萐父指出：

> 哲学史研究的特定对象，简括地说，就是哲学认识的矛盾发展史。①
>
> 人类认识史可以说就是范畴的发展史。②

什么是"哲学认识的矛盾发展"？萧萐父说："哲学认识的矛盾发展，按其逻辑进程，集中地体现在哲学概念、范畴的产生、发展和演变之中。范畴是认识之网上的纽结，是理性思维在去粗取精、去伪存真、积淀、升华中的结晶。由普通概念精炼成为哲学范畴，哲学范畴的内涵由贫乏到丰富、由朦胧到清晰、由简单到复杂、由抽象到具体，哲学范畴之间的联系、对立、依存、转化的关系又零散而逐步形成的明确的系统，都标志着人类哲学认识一步步提高和深化的过程。"③从这段表述十分严整的文字中，不难看出，萧萐父认为"中国哲学史"的研究对象主要集中为两个：一是范畴本身；二是范畴与范畴之间的联系。对于前者，萧萐父主张"历史的考察"；对于后者，则需要"动态的分析"。

萧萐父对哲学史研究对象的规定，其实是对列宁有关认识论的论述的进一步提炼和抽象。列宁曾说："辩证法，按照马克思的理解，同样也根据黑格尔的看法，其本身包括现时所谓的认识论，这种认识论同样应当历史地观察自己的对象，研究并概括认识的起源和发展即从不知到知的转化。"④根据这样的理解，由于"范畴"本身就是人类试图把握外在的思维形式，不同的"范畴"反映了人类在不同阶段的认识，

---

① 萧萐父：《吹沙集》，第364页。
② 萧萐父：《吹沙集》，第411页。
③ 萧萐父：《吹沙集》，第368页。
④ 《列宁选集》第2卷，人民出版社1976年版，第584页。

那么研究"范畴"其实也就是在研究人类认识的历史。这样,范畴的发展史就等同于人类的认识史。萧萐父在这里省去了列宁、马克思、黑格尔著述的相关文本背景,直截了当地给予如此定义,当然是以求尽快建立中国哲学史的科学体系。

就单个范畴来说,无疑应该考察该范畴在中国思想史上的发展脉络。萧萐父以"阴阳"范畴为例,指出先秦时期的伯阳父虽然提出了"阴阳"的范畴,并把它哲学化,但这只是起点,之后从《老子》《易传》一直到王夫之,都在讲"阴阳",这样"阴阳"作为范畴,就有了不同历史阶段的用法、内涵,而对于"阴阳"的全部历史考察,就构成了关于"阴阳"的逻辑认识的"圆圈"。据此,萧萐父主张中国古代哲学中其他类似"阴阳"的范畴,例如"气""道""天"等都应首先做如此考察,即透过历史的现象形态,发现哲学矛盾运动中范畴演变的逻辑进程,这是哲学史研究科学化的必由之路。

就范畴与范畴之间的联系来说,则应该予以横向的动态分析,虽然每一范畴的内涵都有其自身的演化过程,但"这一范畴与同时代或同一思想体系中的其他范畴之间又还有其横向或纵向的联系,有其流动、变化的过程"①,也就是说,范畴之间相互联系、对立、转化的关系,同样是"中国哲学史"探讨的对象。例如,宋明理学"道、器""心、物""理、欲"等范畴之间的相互联系、转化等问题,由王夫之哲学总其成,形成了中国哲学史的一个"大螺旋",从而凸显中国哲学史有其内在的、合规律的逻辑进程。

可以看出,无论是对单个范畴还是对范畴之间联系的研究,其根本目的是要借"范畴"这一"认识之网上的纽结",以揭示"中国哲学史"合规律的逻辑进程。基于这样的统一认识,萧萐父总结性地指出:"源远流长的中国哲学史,并不是什么'百家往而不返'的可悲战

---

① 萧萐父:《吹沙集》,第414页。

场,也不是什么千古心传的'道统'记录,而是中华民族的哲学智慧在艰苦曲折中发展的合规律的必然历程"①。这里所指的"合规律的必然历程",即指哲学范畴的联系和发展过程,它的具体表现形式是一个个"圆圈"。他说:

> 每一阶段的哲学运动,大体都有一个思想的起点和终点,由问题的提出,矛盾的展开,范畴的演变,争论的深入,到思想的总结,形成一个首尾相应的逻辑进程。这个逻辑的进程,由于它所反映的客观过程的矛盾性和反映过程本身的矛盾性,必然经历着曲折和反复、肯定和否定,由偏到全,由低到高,而表现为近似于螺旋式的曲线,近似于一串圆圈组成的大圆圈。②

基于此,萧萐父十分注重"中国哲学史的科学化建设",认为"应当把研究哲学范畴的历史联系和逻辑发展作为一个重要课题"。③在他与李锦全等人集体编写的《中国哲学史》教材中,贯穿了这一原则:"基于以上认识,在本书的编写中,按我们所理解的哲学史研究的特定对象,比较注意了突出哲学思想的发展线索,而对哲学家们的非哲学的思想成果则尽量删略。把围绕哲学基本问题所展开的哲学矛盾运动,作为论述的重点,而以认识论和发展观为重心。一方面,对历代哲学矛盾发展的普遍根据,即其社会阶级根源、自然科学基础和其他社会意识、时代思潮的影响等,进行必要的历史唯物主义的说明;另一方面,对哲学本身发展的特殊根据,即哲学本身作为思维运动的内在矛盾,试图进行同样必要的唯物辩证法的分析,通过分析哲学范畴的历

---

① 萧萐父:《吹沙集》,第373页。
② 萧萐父:《吹沙集》,第373页。
③ 萧萐父:《吹沙集》,第369页。

史演变来探索哲学认识发展的逻辑进程。"① 如果我们仔细体会这段话，上述论述中的"尽量删略""重点""重心"等词，实际上是在强调中国哲学史的研究对象应避免"干扰"和"污染"，而得到范围清晰、内容净化、目标明确的规定。而"必要的历史唯物主义说明"和"同样必要的唯物辩证法的分析"之表述，则透露了中国哲学史的具体内容主要侧重于"通过分析哲学范畴的历史演变来探索哲学认识发展的逻辑进程"②，而不再过多地论述有关阶级斗争、社会意识等内容，为恢复学科自主性开辟了前路。

二、完善中国哲学史的教科书体系

确立"中国哲学史"作为一门学科的自主性和研究对象，当然是建设"中国哲学史"学科的题中之义，但在具体撰写中国哲学史的过程中，由于任务和目标不同，会有不同性质的中国哲学史著作，例如集中反映个人某一创见之专著性质的中国哲学史、总结梳理思想史之通史性质的中国哲学史等等。但对编写以适应教学、研究需要为目标之教科书性质的中国哲学史来说，其编写具有挑战性，因为它至少要应对以下几方面的要求：（1）因其读者受众广泛，需以引用资料权威、吸取最新学术成果为其首要目标；（2）因其读者背景不同，需以准确

---

① 萧萐父：《吹沙集》，第369—370页。
② 当时关于该教材的书评也多集中在对这一方面的评价。参见丁祯彦、李志林：《中国哲学史研究的新成果——读萧萐父、李锦全主编的〈中国哲学史〉》，《学术月刊》1983年第9期。该文认为，这部教材的特色之一在于较好地运用了历史与逻辑相结合的方法。又参见冯天瑜：《哲学史是发展中的系统——萧萐父、李锦全主编的〈中国哲学史〉读后》，《江汉论坛》1983年第11期，该文指出"编者力避那种把哲学史写成'一堆知识的聚集'的做法，以雄辩的论述向读者揭示——'哲学是在发展中的系统，哲学史也是在发展中的系统'"，并认为该教材的独到之处有两点：力求准确地把握哲学史的研究对象；努力遵循逻辑与历史的统一的方法论原则。此外，杨海文发表于《光明日报》2009年8月21日的《〈中国哲学史〉编撰的盎然诗意》一文，以萧萐父、李锦全在编撰教材过程中的诗文酬唱为切入点，点出该教材编撰的特殊时代背景和氛围，以及所遭受的一些訾议，从侧面说明该教材的理论创新勇气。

平易的语言表述、脉络清晰的逻辑结构作为展现方式。除此之外,一部成功的哲学史教科书,还必须有其自身的独特魅力和创新之处,以与其他教科书相区别。

田文军指出,萧萐父主编的这部教材"最为集中地体现了其中国哲学史研究的方法论意识与理论和价值,也较为典型地展现了中国哲学史在20世纪七八十年代的研究成果与历史情状,构成了中国哲学史学科建设中的一个重要环节"[①]。此言不虚,以今天的学术眼光审视40年前萧萐父、李锦全主编的《中国哲学史》教材,它成功地经受了历史的检验(前文已述),较为圆满地完成了它的历史使命(该教材直到90年代中期才隐退)。即使在今天,它也具有相当多的创见,值得我们重视,主要体现在中国哲学史的教科书时段划分、结构安排方面,有很多可贵的探索。

1. 勾勒"圆圈"

萧萐父认为,中国哲学史的科学化建设应"努力去探索中国哲学的历史发展中所固有的'圆圈'"[②]。"圆圈"首倡于黑格尔,具体指每一思想运动、每一个问题或者每一个矛盾、范畴,从开始到结束的"逻辑进程",但这一进程因其"所反映的客观过程的矛盾性和反映过程本身的矛盾性",必然会有曲折和反复、肯定和否定,因而这一进程在总体上就表现为"近似于螺旋式的曲线"。一个个"圆圈",最终组成一个大的"圆圈",标志一段时期哲学发展的终结。

以先秦哲学为例,萧萐父指出,"战国时期的哲学认识的矛盾运动,有其符合思维规律的固有的逻辑进程,并形成特定历史阶段上哲学发展的一个'圆圈'"[③]。在他看来,这个"圆圈"可以分解为如下几

[①] 田文军:《近世中国的儒学与儒家》,人民出版社2012年版,第158—159页。
[②] 萧萐父:《吹沙集》,第372页。
[③] 萧萐父:《吹沙集》,第374页。

个阶段:(1)逻辑起点:《管子》"精气说"的宇宙观和"静因之道"的反映论,但这一反映论是消极的;(2)认识环节:孟轲和庄周克服这一消极反映论,从不同角度夸大了人的主观精神的能动作用,但仍存在思维与存在割裂的问题;(3)思维与存在的同一性:通过惠施合同异、公孙龙离坚白、庄周齐是非,虽有其片面性,但却分别展开和加深了关于事物的差别性和同一性、认识的有限性和无限性、真理的相对性和绝对性等客观矛盾的逻辑认识;(4)纠正谬误:后期墨家通过科学实践,注意到同和异、一般和个别、相对和绝对在认识中的辩证联结,有所纠正前一阶段的谬误;(5)批判总结:最后荀况以"解蔽"的方法基本上完成了这一任务,把诸子百家的哲学成果作为一个个必要的认识环节纳入了自己的哲学体系,从而逻辑地标志着先秦哲学发展的"圆圈"的总结。

20世纪90年代中期,萧萐父进一步深化上述思考,主张将中国哲学史把握为"四个螺旋"。以"传统哲学的绵延性及其发展的四个螺旋"为题,萧萐父把传统哲学分为四个时期:(1)从远古到秦统一——奠基时期,荀况对诸家"解蔽"并予以理论总结,成为先秦哲学螺旋发展的逻辑终点;(2)从秦汉到唐宋——拓展时期,柳宗元、刘禹锡总其成,达到汉唐哲学螺旋发展的逻辑终点;(3)从宋至明清之际——成熟时期,由王夫之的总结性批判,达到宋明哲学螺旋发展的逻辑终点;(4)晚清至今——转变时期,由毛泽东《新民主主义论》做了历史性的总结,树立古为今用、洋为中用的文化主体思想,成为又一个新的逻辑起点。[①]这样,通过对中国哲学史上不同转折阶段的"逻辑起点"和"逻辑终点"的找寻和界定,萧萐父形成了他独树一帜的哲学史观。

必须肯定,勾勒"圆圈"的方式,对于把握中国哲学史的脉络,

---

① 萧萐父:《吹沙二集》,第89—90页。

形象直观并且易于感知。更为重要的是,"圆圈"并不只是一种具象性的描述,它实际上蕴含了深层的历史意识——对于理解思想遗产厚重庞杂,且十分讲求"历史感"的中国传统思想文化来说,它无疑发挥了"理论的解剖刀"的巨大作用,尽管这一做法有其局限性[①],但对于重新科学化、体系化地梳理中国哲学史,是十分必要的一项工作。

2. 突出"之际"

在萧萐父看来,把握和认识中国哲学史,还应重视对"之际"这一思想史概念的分析。"际",本意为交替,但这里的"之际",并不是指瞬时性的交替时间点,而是指社会鼎革阶段思潮的"质变"期,一般处于新社会即将出现、旧社会即将衰亡的特殊历史阶段。按照萧萐父的理解,"之际"也可以形容为由一个个小"螺旋"所组成的总结性的大"螺旋",它标志着新的哲学发展的来临和旧的哲学思潮的终结。

20世纪80年代前期,萧萐父指出:"最近我们编的《中国哲学史》,把柳宗元、刘禹锡的思想作为封建社会前期哲学思想的一个批判的总结,像荀况在先秦时期的地位那样。在以后,王夫之乃是封建社会后期哲学一个批判总结。"[②] 这里把荀子、柳宗元、王夫之分别看成是三个"批判的总结",原因就在于这三者所代表的哲学思潮属于中国哲学史上比较突出的转型阶段。

由于萧萐父本人对"明清之际"早期启蒙思潮十分重视,他把"明清之际"界定为一个三百年左右的思想史概念。在其主编的教材中,萧萐父把"封建制度衰落、资本主义萌芽时期(明中叶至鸦片战争前)哲学发展的新动向"作为"第五编"独立成章,突出"明清之

---

① 这种"局限性",主要是指以逻辑推理、概念范畴、体系建构等表现形式对中国哲学史的摹写,可能使"中国哲学史"沦为一种预定模式和框架下的被动"填充品"。

② 萧萐父:《吹沙集》,第401页。

际"的思想史地位,使中国哲学史变得更为立体和丰满。① 吴根友指出:"'明清之际'是一特殊的学术史概念,指晚明至道光三百年间的历史时期,不是一般语言中的明清之交,即晚明与清初五十年左右的历史时期。"② 明清之际,近代西学传入和中西文化的交汇融合,决定了其与以往断代史不同的特殊性,这是萧萐父判定"明清之际"思潮具有"近代性"的思想史依据。

3. 选排人物

萧萐父主编并参与编写的《中国哲学史》教材,对思想史人物如何选取、怎样编排的问题,也做了别有慧心的探索。

其一,与一般的哲学史教材不同,该教材将老子哲学放在孔子、墨子之后,孟子、管子、庄子之前③,这是一种极有意义的探索。以往学界虽然普遍认为老子应该位于孔子之前,但对《老子》一书及其哲学如何定位,却聚讼纷纭。该教材独辟蹊径,别具慧眼地认识到《老子》一书把春秋时期出现的许多哲学范畴都纳入其中,变成了一个个环节,从而构成《老子》唯心主义辩证法的体系,因此用分析范畴的演变的逻辑方法可以证明它只能出现在这个时代,故老子哲学应位于孔子之后。不但如此,该教材将《易传》及其哲学,放在荀况、韩非之后,作为第二编"封建制形成时期(战国中、晚期)哲学矛盾运动的展开"的最后一章,也是出于同样的依据。教材之所以如此选排人物,有下列原因:(1)由于文献不足、资料残缺、人为篡史等客观原因,如果只依据历史的方法,就会流于"把历史材料搜集起来,按顺序排列"的做法,无法解决哲学史上的一些疑难问题;(2)根据人类思维认识的客观规律和逻辑进程,运用逻辑的方法,可以在一定程度

---

① 萧萐父、李锦全主编:《中国哲学史》(下),人民出版社1983年版,第161页。
② 吴根友:《西方"启蒙"观念在现代中国哲学史书写中的运用与发展——以侯外庐、萧萐父的明清哲学研究为例》,《华东师范大学学报(哲学社会科学版)》2014年第4期。
③ 萧萐父、李锦全主编:《中国哲学史》,目录。

上梳理清楚思想史的发展脉络。坦白而言，该教材的这一思路，今天仍值得高度肯定。从近年来地下出土简帛文献的研究成果来看，已经有充分的证据表明，《老子》一书的思想以及其他先秦诸子学说，几乎都经历了一个漫长的形成过程。因此，该教材将老子哲学视为"我国奴隶制时代哲学发展圆圈的一个逻辑的终结"①，实际上是将老子本人与老子哲学做了生活史和思想史的剥离，这种思路无疑大体上是符合于思想史的实际的。当然，一位哲学家的思想深度，未必就与其所处时代的哲学水平同步，以逻辑思维的高低阶段来划定人物的生活年代，是不够妥当的。

其二，教材还选取了一些以往教材中不常见，但思想史意义却很重要的古代思想家。以三国时期的杨泉为例，以往的教材中很少介绍其人其学。该教材则在上册第五章以"反玄学思潮在斗争中发展"为题，单独分出一节，以"杨泉的《物理论》"为题，详细地介绍了杨泉的思想。该节原为萧萐父于1965年写成初稿、1979年修订成稿的《略论杨泉及其〈物理论〉》一文。②在该文中，萧萐父发掘了杨泉的唯物主义一元论思想，将其视为桓谭、王充等神灭论思潮和何承天、范缜等人反佛思潮的过渡环节，揭示了杨泉思想的重要意义。不仅如此，该教材还认识到王安石思想的重要性，教材下册以"王安石的唯物主义道气一元论"为标题，单独成章，下分"道气一元的宇宙衍生论""'道立于两'的辩证发展观"两节，较为集中地论述了王安石的哲学思想，以及其所创立的"新学"的重要意义。而以往的哲学史教材对王安石哲学的介绍，不是付之阙如，就是极为简略。此外，该教材予以一定篇幅介绍的类似人物还有欧阳健、鲍敬言、刘禹锡、陈亮、叶适等。由此可见，该教材在选取哲学史人物方面的独特探索和匠心独运。

---

① 萧萐父、李锦全主编：《中国哲学史》（上），人民出版社1982年版，第126页。
② 《略论杨泉及其〈物理论〉》一文同时收录于《吹沙集》。

三、拓展中国哲学史史料学的研究

"中国哲学史史料学",属于"中国哲学史"学科的一门分支学科。该领域的最早著作应属朱谦之于1957年所编写的《中国哲学史史料学》,但这本书当时以油印本刊行,并未正式出版。[①] 之后1962年12月冯友兰出版了《中国哲学史史料学初稿》,被认为是中国哲学史史料学的开创性著作。20世纪80年代迄今,则陆续有张岱年《中国哲学史史料学》(1982年),刘建国《中国哲学史史料学概要》(1983年),萧萐父《中国哲学史史料源流举要》(1998年),刘文英《中国哲学史史料学》(2002年),商聚德、韩进军《中国哲学史史料学论稿》(2004年)等史料学著作出版。几十年来,"中国哲学史史料学"从无到有,取得了长足进步。

其中,萧萐父《中国哲学史史料源流举要》一著,因其"源流举要"四字十分醒目。该著虽然直至1998年才出版,但实际上早在1981年,萧萐父就已经开设了"中国哲学史史料学"一课,并形成了相关讲义。[②] 在《中国哲学史史料源流举要》(以下简称《举要》)出版之际,萧萐父回顾了这门课的主要宗旨:

> 由于中国古代学术尚未分化,哲学史料往往羼杂于其他非哲学的学术资料之中,需经鉴别、筛选和考订,才能清理出来,因而本课不可能单是介绍现成史料,而必须考索源流,辨析真伪,故其内容近于目录学、校雠学、文献学、史源学之综合。[③]

[①] 朱谦之该著于2002年正式出版。参见曹树明:《朱谦之先生的中国哲学史史料学研究》,《陕西师范大学学报(哲学社会科学版)》2012年第9期。

[②] 关于萧萐父开设"中国哲学史史料源流举要"这门课以及成书的情况,参见李维武:《萧萐父先生与"中国哲学史史料源流举要"课》,《武汉大学学报(人文科学版)》2014年第1期。

[③] 萧萐父:《中国哲学史史料源流举要》,弁言,第1页。

在《举要》的"引论"中,萧萐父进一步明确该课的要旨,并把该课更名为"中国哲学史史料源流举要":

> 本课不用"中国哲学史史料学"之名,而称之为"中国哲学史史料源流举要",其内容主要是:以中国历代哲学思想资料及有关史料为对象,序列文献,综述目录,介绍研究成果,考辨学术源流,近于目录学、校雠学、文献学、史源学之综合,系综合性的专业基础课。①

可见,萧萐父之所以更名为"中国哲学史史料源流举要"课,原因在于他认为中国哲学史史料学,应首重"史"的概念,即对"史料的源流演变"的考察。由于把重心落在"源流"二字,这就必然会强调史源学的意识,由此他特意引入著名历史学者陈垣的"史源学"概念,主张对中国哲学史的史料也予以"追寻史源、考证讹误"的考察:"我们研究中国哲学史,为了确切把握各时代哲学家思想的承先启后的关系,也需要对各种哲学史史料进行一番史源学的探究"②。但由于"中国哲学文化史料之繁富,可谓浩瀚无涯;其源流考辨也异说纷纭,难以穷举",因此萧萐父又主张借鉴我国古代目录学方法,梳理中国哲学史史料,序列文献、综述目录。他指出:"我国目录学发展到章学诚,明确了以著录部次、辨章学术、考镜源流、指引治学门径为其主要内容和功用,这就体现了自刘氏父子以来目录学的优良传统和特点。'中国哲学史史料源流举要'一课,其主旨亦近于此——叙列中国哲学史史料之目录,考辨中国哲学学说之源流;其方式是以纲带目,略举其要。"③在

---

① 萧萐父:《中国哲学史史料源流举要》,弁言,第1—2页。
② 萧萐父:《中国哲学史史料源流举要》,弁言,第2页。
③ 萧萐父:《中国哲学史史料源流举要》,第5页。

这里，萧萐父已经将其"中国哲学史史料源流举要"的性质说得十分清楚——"叙列哲学史料之目录"和"考辨中国哲学学说之源流"。正是这种独特定位，使得萧萐父的"中国哲学史史料学"具有鲜明的个人特色。

在笔者看来，《举要》一著的特色，突出地体现在以下几个方面。

第一，在问题意识上，以"古史祛疑"为主题，强调中国哲学史史料的发掘和鉴别首先应有明确的问题意识——"面临着扬弃泥古派和疑古派的双重任务"[①]。在萧萐父看来，迷信古史和怀疑古史是历史研究中两种反复出现的思潮，它对具体的研究工作造成了严重干扰。他一方面批评近代以来国内学界"古史辨派"和"泥古派"的弊端，另一方面也驳斥西方学界关于"中国文化外来说"和"中国历史缺环论"的谬误。由此，萧萐父强调考古的重要性，提出"科学释古"说。他指出："根据日益丰富的考古新成就，运用马克思主义的方法，重新考释传世的古史文献，完全有可能科学地阐释古史，恢复中华民族文明史的原貌和全貌。"[②] 在他看来，运用考古新发现可以解决一些争论不休的学术问题，例如关于中国"纪元"论争等问题，从而为扬弃疑古思潮提供可靠的客观事实根据。但由于史前考古"姓氏不清"等问题和古史文献"纪年错乱"等弊端，因此他又主张将考古发展和传世文献结合起来："把传世文献与考古成果结合起来考察，就可以互正互补，相得益彰。"[③]

不难看出，"古史祛疑"的意义虽然在于"透过历史的投影去把握历史的真实"，以尽可能恢复历史的本来面貌，但客观上却大为丰富和扩展了中国哲学史史料的视野和范围，并在更高的层次上为中国哲

[①] 萧萐父：《中国哲学史史料源流举要》，第14页。
[②] 萧萐父：《中国哲学史史料源流举要》，第18页。
[③] 萧萐父：《中国哲学史史料源流举要》，第30页。

学史史料学提供了坚实的历史依据和理论依据。因此,《举要》一著将"古史祛疑"放在"引论"之后的"第二讲",其重要考量正在于此。

第二,在内容侧重上,重视对传统文献考据、古籍整理方法的介绍,凸显了强烈的方法论意识。《举要》一著,以将近三分之一的篇幅介绍传统文献学、版本学、训诂学、目录学、史源学的意义和价值,其中第三讲以"朴学简介"单独为题,下分"朴学源流""关于语言学""关于目录学""关于版本学""关于校勘学""关于辨伪学""关于辑佚学""关于工具书""余论"等九节。在萧萐父看来,整理中国哲学史史料不能离开对传统文献考据学的吸取,因此他指出在充分认识到传统考据学的局限的基础上,"必须肯定其实事求是的学风和整理古籍的成就。我们要把中国哲学史研究推向前进,就必须穿越而不能跳出前辈学者的这些劳作",从而建立起马克思主义的文献考据学,除"应当充分重视史料的鉴别、考订"外,同时还必须"坚持把唯物辩证法应用于哲学认识的发展,通过历史上合乎规律出现的哲学范畴、原理的联系和演变,进行具体的阶级分析和历史分析,揭示哲学认识的矛盾发展的客观逻辑,由此判定某些难于判定的哲学著作的时代性"。[①]由此可见,萧萐父实际上是把传统文献考据学的方法和"历史与逻辑相统一"的方法相结合,统筹互补,来处理中国哲学史史料学当中的复杂问题,这无疑是十分具有创见的探索。

第三,在撰写方法上,《举要》一著以中国哲学史的重要思潮为主线,辅以人物、著作的梳理和介绍。肖航指出《举要》一著的写法不同于其他的史料学著作:"萧先生改变了前两书(笔者按:指冯友兰和张岱年的史料学著作)以人物为经,以著作为纬的写作方法,采用了以每个时代的主要思潮为经,以人物或著作为纬的写法。"[②]事实上,除

[①] 萧萐父:《中国哲学史史料源流举要》,第60页。
[②] 肖航:《沾溉学林 嘉惠后学——论萧萐父先生〈中国哲学史史料源流举要〉的特点及意义》,《哲学评论》第7辑,武汉大学出版社2009年版。

了冯、张二著，朱谦之和刘建国的史料学著作也是在依据时间顺序的基础上，以人物或著作为主线撰写史料学著作。以人物或著作为经的写法，其优点是一目了然，便于迅速把握某一人或者某一学派的重要著作，但缺点是易和中国哲学史本身的内容相混，停留在史料的先后罗列上，无法看到众多"史料"之间的继承、演变关系。但如果选择以"思潮"为经、以人物或著作为纬的写法，则可以很好地弥补这一不足，因为这样易于将繁复的"史料"围绕某一哲学史的重大问题，按照某一逻辑、某一主题，内在地串联起来，讲清楚相关的研究成果有哪些，有利于从史料学的角度，深刻地理解中国哲学史的思维进程。正是基于这样的认识，《举要》一著或以诸子各家学说，或以自然科学思潮、社会批判思潮、文艺美学思潮等，或以无神论和有神论，或以道学与反道学思潮，或以科学主义、人文主义、马克思主义思潮，作为具体纲目梳理哲学史料，这就以极为明确的逻辑梳理意识，深化了史料学的意义。

第四，在章节安排上，突出"周秦之际"和"明清之际"史料的重要性。与一般的史料学著作按照朝代的先后顺序罗列史料不同，《举要》一著以"周秦之际哲学史料"单独为题作为"第五讲"和"第六讲"，以"明清之际哲学史料"单独为题作为"第十一讲"。这反映了作者一贯的学思特点。众所周知，萧萐父一贯强调中国哲学史的研究要重视两个"之际"："晚周之际"和"明清之际"。值得注意的是，在"明清之际哲学史料"这一讲中，《举要》一著还别有慧心地介绍了"18世纪汉学家著作中的哲学史料"和"17、18世纪自然科学家的著作"，以及"耶稣会士来华译著"等情况——这是《举要》一著的独有创见。在以往的史料学著作中鲜有这样的史料介绍，它反映了作者"世界历史"的高度视野，以及对明清之际的时代特点的准确把握。

从以上所举几点可见，《举要》一著，在一般意义上虽然可以笼统归为史料学著作，但实际上它又不局限于一般的史料学著作，为探索和完善中国哲学史料学学科做了极有意义的贡献。

第二节 方法建构

一、历史与逻辑的统一

众所周知,历史与逻辑相统一的观点,首倡于黑格尔(黑氏的表述是"逻辑与历史的一致"),后经马克思、恩格斯改造,形成了以实践论为基础的方法论。恩格斯将逻辑的研究方法同时也理解成历史的研究方法,其作用在于排除历史进程中的偶然因素和干扰材料,而追寻规律本身。而历史的方法,则是通观全部历史过程,总结其内在规律,进而检验逻辑的方法是否正确。然而,在哲学史研究中,这两种方法长期处于混乱、颠倒的状态,它表现为要么只探究规律,要么只研究个别案例,使得哲学史的研究沦为言之无物的材料堆砌或者抽象空洞的概念演绎。因此,萧萐父认为首先确立哲学史的研究方法至关重要,因为它将对哲学史的学科性质和研究对象给予内在性的规定。

正是基于此,萧萐父首重"历史和逻辑的统一"之方法,其原因在于两点:其一,从内部来说,该方法是"由于哲学史这门科学既属于史学又属哲学这种特殊的性质所决定的"[①];其二,从外部来说,该方法作为辩证逻辑的科学思维的普遍方法,"是马克思主义熔铸、改造黑格尔哲学史观所取得的重大成果"。在《中国哲学史方法论问题刍议》一文中,萧萐父具体指出:

> 以唯物史观为前提的历史和逻辑相统一的方法论原则,毫无疑问应当成为哲学史研究的指导原则和根本方法。马克思主义所肯定的历史和逻辑的统一,既是唯物的统一,又是辩证的统一。

---

① 萧萐父:《吹沙集》,第370页。

一方面，坚持从历史事实出发，把哲学发展的生动的现实的历史过程作为哲学范畴的逻辑发展的出发点、根据和基础；另一方面，也必须善于透过历史的现象形态，摆脱某些起扰乱作用的偶然性因素，从历史上具体的哲学矛盾运动中去发现其概念、范畴演化发展的逻辑进程及其理论上前后连贯的诸环节。这样把历史的方法和逻辑的方法结合起来，对历史上前后更替、互相对立的哲学体系及其范畴，进行深入的马克思主义的阶级分析、历史分析和逻辑分析，剥掉它们的外在形态和特殊应用，揭露其中包含的作为人类哲学认识发展的必经的理论环节。[①]

一般而言，哲学史的研究方法是多种多样的，有阶级分析法、历史主义法、逻辑分析法、比较鉴别法、人物评价法、史料考订法等等——但这些方法其实都只是"普通"的方法而已，它们并没有反映出"哲学史"这门学科"既属于史学又属于哲学"的性质。因此，萧萐父主张，既要把"哲学发展的生动的现实的历史过程"反映出来，又要把握"概念、范畴演化发展的逻辑进程及其理论上前后连贯的诸环节"，其中"范畴"和"环节"是关键词。

强调考察"范畴"，这就明确肯认了中国哲学史上有丰富的认识理论、精深的思辨体系这一哲学史事实，有助于克服以往"两军对战"之公式化、贫乏化、庸俗化的模式；强调把握"环节"，这就充分认识到中国哲学史是今胜于古、螺旋上升的"合规律"的思维进程这一思想史事实，有利于矫正以往"道统心传"之简单变迁、平面循环的认识。

但就具体运用来说，萧萐父仍主张首从"范畴"着手，注重对哲学范畴的历史考察和逻辑分析。这是因为："哲学认识的矛盾发展，按

---

① 萧萐父：《吹沙集》，第372页。

其逻辑进程,集中地体现在哲学概念、范畴的产生、发展和演变之中。"[1]第一,范畴是"人类认识在去粗取精、去伪存真、由表及里、由此及彼中积淀下来的认识之网的网上纽结";第二,范畴的内涵总是由贫乏到丰富、由简单到复杂、由朦胧到清晰、由抽象到具体流动变化的;第三,范畴之间相互联系、对立、转化,同样也是一个流动变化的现象。而哲学发展到一定阶段的历史总结,"也总是通过把以往各个体系中的重要范畴纳入一个新的体系而变为这一新体系中各个环节来实现的",因此,注重范畴的静态考察和动态分析,是哲学史研究方法论的深化。

为了说明这一方法的具体运用成效,萧萐父以学术研究《老子》的思想定位为例,指出《老子》一书曾把春秋时期出现的许多范畴都纳入其中,以作为一个个环节,从而构成了老子思想辩证法体系,由此似乎可以判断《老子》一书的时代,应在孔、墨之后,孟、庄之前,因此用分析范畴演变的逻辑方法能够证明它只能出现在这个时代,而这一逻辑的方法如果再与历史的方法相结合,就可以得到更加确切的证明。再以王夫之为例,如果运用历史和逻辑相统一的方法,就可以看出"王夫之的哲学通过扬弃朱熹和王阳明而复归到张载,完成了宋明时期围绕'理气'、'心物'关系问题展开的整个哲学矛盾的大螺旋"[2]。在萧萐父看来,这充分说明了历史和逻辑相统一的方法的"巨大威力"。

虽然掌握"历史和逻辑统一的方法"是必要的,但还必须正确摆正"逻辑"和"历史"的关系:一方面,必须把黑格尔对历史和逻辑的颠倒重新颠倒回来,坚持从顽强的思想史事实出发,"把历史作为逻辑的基础、出发点和根据";另一方面,又要强调"逻辑方法是历史科

---

[1] 萧萐父:《吹沙集》,第368页。
[2] 萧萐父:《吹沙集》,第375页。

学唯一适用的方法","历史研究必须摆脱历史现象形态和各种偶然因素的干扰"。[①]

然而,由于哲学史所研究的问题错综复杂,以及思想史本身独有的立体交叉、前后不一的特点,经常会出现"历史和逻辑的不一致"的情况。针对此,萧萐父指出:"既要看到历史现象的偶然性、跳跃性、曲折性,又要把作为认识史的合规律的逻辑进程及其客观意义揭示出来"[②],坚持二者的统一,以历史的方法作为基础和客观依据,然后再从中探索它的逻辑和规律性。因此,这种情况并不影响我们从总体上把握二者的统一,但这种统一并不是简单的重合,而是"辩证的统一"。以 17 世纪思潮为例,萧萐父指出,虽然这一时期的反理学思潮以及颜元、戴震等做了一些准备,以及后期的康有为、谭嗣同、严复、章太炎、孙中山也"好像试图创立了一个有近代特征的哲学形态",但由于历史难产和社会畸形未能很好地实现——但是,从总体上说,还是能够看出近代哲学思维否定之否定的大螺旋,进而可以探索其规律性。

萧萐父认为,运用历史和逻辑相统一方法的最终目的,是要把握中国哲学史的思维进程:既要发现哲学史一个个小的逻辑、小的圆圈,又要从历史高度把握哲学史这个大的螺旋——"哲学发展的大小阶段,都经历这样一个由低级到高级、由片面到全面的前进螺旋"[③],整个哲学史就是由许多小圆圈构成的大圆圈,它是一种"合规律"的思维进程。

二、纯化与泛化的互补

在哲学史的研究过程中,可能会遇到一些非哲学的思想资料与思

[①] 萧萐父:《吹沙集》,第 411 页。
[②] 萧萐父:《吹沙集》,第 396 页。
[③] 萧萐父:《吹沙集》,第 398 页。

想史、学术史本身混杂难分的情况，从而导致研究对象不明晰、研究性质不明确的现象。鉴于这种情况，萧萐父说："鉴于哲学史研究曾羼入许多非哲学的思想资料，往往与一般思想史、学说史混杂难分，我们曾强调应当净化哲学概念，厘清哲学史研究的特定对象和范围，把一些伦理、道德、宗教、政法等等非哲学思想资料筛选出去，使哲学史纯化为哲学认识史，以便揭示哲学矛盾的特殊规律。"[①] 由此，他提出"泛化"与"纯化"互补的方法。

一方面，我们"应当净化哲学概念，厘清哲学史研究的特定对象和范围，把一些伦理、道德、宗教、政法等等非哲学思想资料筛选出去，使哲学史纯化为哲学认识史，以便揭示哲学矛盾运动的特殊规律"[②]；另一方面，我们又要"强调哲学史研究可以泛化为哲学文化史"，这是因为"以哲学史为核心的文化史或以文化史为铺垫的哲学史，更能充分反映人的智慧创造和不断自我解放的历程"。由此可以看出，萧萐父的这一界说，实际上以"人"的价值为核心，探讨"纯化"层面的哲学与"泛化"层面的文化之间关系。在他看来，由于"文化是哲学赖以生长的土壤，哲学是文化的活的灵魂，哲学所追求的是人的价值理想在真、善、美创造活动中的统一实现"，因此他主张哲学可以广义地界定为"人学"，而文化从本质上说又是"人化"，这样就将"纯化"与"泛化"的方法论意识统一起来。

在此基础上，萧萐父又主张把"纯化"与"泛化"看作一个双向互动、循环往复的过程："或由博返约，或由约趋博，或纯化，或泛化，或微观，或宏观，或纵向，或横向，都可以'自为经纬，成一家言'，而只有经过这样的两端互补和循环往复中的反复加深，才能不

---

① 萧萐父:《吹沙集》，第417页。
② 萧萐父:《吹沙集》，第417页。

断地开拓新的思路,提高科学水平"①。早在20世纪60年代初期,萧萐父就已经初步认识到哲学史研究应"纯化"为"哲学认识史"的研究;80年代晚期至90年代,萧萐父则从文化人类学、社会学的角度,多次强调"泛化"研究的重要性。萧萐父的"泛化"与"纯化"的研究方法,直接意义是丰富了中国哲学史研究的方法论,开辟了新思路;间接意义则是有助于树立中国哲学史作为一门学科的自主性意识和民族特征(由哲学史泛化为文化史,则必然会对传统文化作一番重构和理解)。

三、公情与私情的区分

针对哲学史研究过程中的个人偏好问题,萧萐父提出了"公情"说,主张在研究哲学史的过程中,应当区分"公情"和"私情"。在《历史科学与历史感情》一文中,萧萐父指出:

> 应当区别两种感情:一种是个人的主观的非科学的偏爱偏恶,这是应该去掉的私情;一种是通过对历史的客观的冷静的科学分析,通观全局,综合许多侧面情况而产生的一种历史感情,一种具有历史感的价值判断,即符合历史趋向,与历史固有前进性相一致的褒贬。这可说是一种"公情"。②

所谓"私情",具体来说就是"在历史研究、哲学史研究中,如果孤立地研究某一个人,很容易发生研究谁就'爱'谁的现象,带上一些感情的色彩"③。在萧萐父看来,对于从事哲学研究的工作者来说,在

---

① 萧萐父:《吹沙集》,第417页。
② 萧萐父:《吹沙集》,第410页。
③ 萧萐父:《吹沙集》,第407页。

研究过程中不掺杂任何个人的主观感情是不可能的，但事实上我们又确实存在个人主观偏好之"爱好谁就研究谁"之类的问题。因此，他主张我们应"具有历史感的价值判断"，即以"与历史固有前进性相一致的褒贬"来看待哲学史人物和问题。那么怎样才能够与历史固有的前进性产生相一致的褒贬呢？萧萐父主张"综合其哲学路线、政治思想倾向及学术活动、社会实践、人格修养、精神风貌，从各方面来考察，总会产生一致褒贬的倾向性"，他以明清之际的思想家王夫之、顾炎武、黄宗羲等人为例，指出他们均提出了与以往时代不同的新观念、新认识，那么我们对这些人物产生的一些褒贬的倾向性，"如果和历史的前进性相一致，则这种历史感情似乎不妨碍马克思主义历史科学的严肃性"[1]，它是一种基于马克思主义党性的"历史感情"。

由此可见，萧萐父的"公情"，实际上是要求研究者主体首先应努力培育深沉的历史感。所谓"历史感的价值判断"，虽然是以唯物史观的观点予以评介，但实际上与中国文化深厚的"历史意识"也不无关联。[2]"历史意识"是中华文明非断裂性的体现——中国哲学不是靠否定前代文化思想而创造新的全新体系，而是在吸收、丰富前代哲学观念的内涵和外延的基础上，表达新的观念。因此，从方法论的角度来看，萧萐父关于"公情"的论说，实际上也有助于树立民族文化主体的方法论意识。

四、哲理与诗心的交融

在长达 60 年的学思历程中，萧萐父尤为关注中国哲学重"情"、重"诗"的特质，并对中国传统哲学浓厚的诗化性质做了深入辨析，

---

[1] 萧萐父：《吹沙集》，第 410 页。
[2] 李泽厚认为，中国思想之所以带有唯物论倾向，与中国文化浓厚的"历史意识"密切相关。详见李泽厚：《中国古代思想史论》，生活·读书·新知三联书店 2008 年版，第 322 页。

提出了"哲学的诗化与诗的哲学化"的论点，它涉及"诗"与"真"、形象思维与逻辑思维的关系问题。萧萐父强调，诗魂是中华传统文化最具有渗透力的精神基因，中国传统诗学的渗透力虽然体现在民族生活的方方面面，但是在文化深层则突显为两个方面：

> 一方面，表现在"诗教"对社会政治生活的全面渗入，儒学正宗一贯宣扬诗教的重要性和现实性，强调诗的政治化和伦理化……奠定了诗作为政治伦理教化工具的价值取向。……诗，在对现实政治参与中，实现着人类理想的美和善的统一。这是中国诗美学传统中一个显著的特点。另一方面，也深刻地表现为诗心对哲学文化的渗入。许多哲人认定哲理与诗心的合一更能达到形而上学的内在超越，因而强调哲学的诗化与诗的哲学化。①

萧萐父从诗学对中华文化的深层影响的角度指出，中国传统诗学的渗透力主要表现为"诗教"和"诗心"，前者具有伦理教化工具的价值取向，是"中国诗美学传统中一个显著的特点"。为了深入说明这一点，他通过列举《周易》《诗经》《尚书》《逸周书》《老子》《庄子》《列子》《文子》等文献，以及孔孟、阳明、荀况、屈原、贾谊、晦翁、梨洲、船山等思想家，总结道：

> 中国哲学的致思取向，从总体上乃是诗化的哲学。②

由此，萧萐父指出中国第一部哲学专著《老子》，其实是精心琢磨出的全可韵读的哲学诗篇。荀况的《成相》《赋》篇，则是以民歌和赋

---

① 萧萐父：《吹沙二集》，第508页。
② 萧萐父：《吹沙二集》，第508页。

体诗化自己的哲学。"陶、谢、嵇、阮,各有名篇,李、杜、王、孟,纷呈异彩,直到晦翁的'源头活水',阳明的'海涛天风',梨洲的'此意无穷,海怒鹏骞',船山的'光芒烛天,芳菲匝地'……春兰秋菊,葳蕤不绝,神似慧命,绵延之今。"[1] 萧萐父认为,正是这些思想家对诗的匠心独运,形成了"中国哲学中一个追求诗化的优秀传统"。

以禅宗为例,萧萐父指出,中国的禅宗以及禅诗,属于典型的"诗化的哲学",具有独特的认识论意义。以禅宗南派为例,他说:"慧能创立的南禅,以特有的敏锐把认识固有的矛盾展开,使之趋向极端,自觉地陷入'第一义不可说'的悖论困境中而别求出路,提出'亲证'、'顿悟'之说,强调遮诠、否定乃至静默的认识功能,并充分重视了诗化的审美意识的认识论意义,从而推进了佛学的排遣常人认识的认识理论。"[2] 在萧萐父看来,禅宗"顿悟"之所以具有遮诠、否定乃至静默的认识功能,其实与其运用禅诗有着密切关系——"充分重视了诗化的审美意识的认识论意义","禅门的诗化,大量禅诗和诗禅的出现,表露了认识活动中求真、趋善和审美的统一,逻辑思维、直觉思维和形象思维的互补,既有必要,又属必然"[3]。由此萧萐父精辟地指出,"禅语言"其实就是"哲学化了的诗句或诗化了的哲学语言"。

萧萐父说:"石头禅风善于运用语言,充分利用中国语言文字的多义性、暗示性、灵活性、模糊性,以及中国传统诗美学中的'赋、比、兴'等,形成了一套生意盎然、活泼泼的禅语言。一些哲学化了的诗句或诗化了的哲学语言,被广泛地生动地运用于应机接化……"[4] 这说明禅诗(禅语言)所独具的"遮诠、否定乃至静默的认识功能","亲证""证悟"的认识方法,可以较好地调和逻辑思维和形象思维的冲

---

[1] 萧萐父:《吹沙二集》,第509页。
[2] 萧萐父:《吹沙二集》,第295页。
[3] 萧萐父:《吹沙二集》,第296页。
[4] 萧萐父:《吹沙二集》,第312页。

突，寓情于理，情理交融，这就从方法论的角度揭示了哲理和诗心、审美与契真、哲思与直觉的辩证统一。

就萧萐父本人的学思个性来说，即表现为诗心与哲理的合一，晚年尤为强调"双 L 情结"。① 崔海亮曾在《萧萐父先生的中国哲学史观论纲》一文中指出："萧先生一生有两个情结：'历史情结'和'双 L 情结'……所谓'双 L 情结'，就是如何实现哲理与抒情的融合，思与诗的统一。"② 由此可见，萧萐父在阐扬中国哲学与诗学可以共融的优秀传统的基础上，一方面着重指出中国诗哲学的这一事实——中国哲人认定哲理与诗心的合一更能达到形而上学的内在超越，它有助于避免把中国哲学引向宗教信仰的迷狂和科学实证的局促；另一方面丰富了中国哲学的研究方法，在一定意义上消解了中国哲学的合法性问题。当代视野下的中国哲学应从中国古典诗学吸取营养，为中国哲学的未来形态的建构提供一种可能性，因为它反映了中国哲学的终极关怀。

五、现实感与历史感的辩证

萧萐父是一位怀有强烈现实感的知识分子，他关心国事民瘼，对时代和社会问题尤为关注，著有《真理和民主》《关于改革的历史反思》《关于改革开放的文化思考》等充满现实感的论文。这种强烈的历史责任感，促使他在具体的哲学史研究工作中十分强调哲学研究的现实意义，讲求"历史感"和"现实感"的统一，主张"在研究哲学史的过程中，应当论史结合、中外对比、古今通气"，"观察现实问题应有历史感，研究历史问题应有现实感"。③ 他说：

---

① 萧萐父曾说："我的《吹沙集》和《吹沙二集》都试图体现'诗文并存，情理并重'。现代价值理论中的理论理性和实践理性的关系，实际上也就是科学实证与人文关怀的关系问题。"见萧萐父：《吹沙三集》，第 244 页。

② 崔海亮：《萧萐父先生的中国哲学史观论纲》，《西华大学学报（哲学社会科学版）》2013 年第 5 期。

③ 萧萐父：《吹沙三集》，第 197 页。

> 马克思主义的历史科学要求我们：观察现实，应当有历史感；研究历史，应当有现实感。为了理解现实，必要追溯它的历史；而我们清理过去，又总是为了开拓未来。①

众所周知，黑格尔曾把哲学界定为"思想中所把握的时代"，马克思则把哲学理解为"时代精神的灵魂"，虽然二者的根本前提互为对立，但它们都明确无误地昭示了哲学与现实的紧密联系。马克思主义一贯认为，"抽象本身离开了现实的历史就没有任何价值"，而且"在思辨终止的地方，在现实生活面前，正是描述人们实践活动和实际发展的真正的实证科学开始的地方"，由此他们指出："哲学家们只是用不同的方式解释世界，问题在于改变世界。"② 哲学研究中的"现实感"，不仅是指对现实中的人及其实践活动予以思考，更重要的是这种思考应与历史发展的必然趋势相一致。换句话说，解决问题比描述问题更重要。因此，哲学史研究所要体现的"历史感"，就不应当仅仅停留于思想史的逻辑发展路径，更应当将思考的结果化为现实问题的解决动力。

萧萐父关于"现实感"和"历史感"的双重要求，正是要将重心放在这样的"历史反思"上——既要为现实提供历史借鉴，又要为现实预测未来趋势，树立历史责任感和历史自觉意识。他引用王夫之"趋时应变者可以日新而不困""守其故物而不能日新，虽其未消，亦槁死"等语，以历史上的古代哲学家为例，指出他们也"曾有过一些开放性思想的萌芽"③，同时又借海涅对黑格尔的"两个凡是"的解释——"凡是现实的都是合理的，是指随着时间的推移，现实的将变

---

① 萧萐父：《吹沙二集》，第12页。
② 《马克思恩格斯选集》第1卷，人民出版社1995年版，第73、57页。
③ 萧萐父：《吹沙三集》，第200页。

为不合理的,将变为行将过时、灭亡的东西"①,指出"历史感"和"现实感"相统一,正是要打破僵硬的、守旧的思想禁锢,从而不断开拓前进,追求新事物。

在萧萐父看来,历史和现实的辩证关系给予我们的启示有如下几点:(1)应摆脱历史惰力,摒弃小农经济所带来的保守、落后意识;(2)应树立正确的主体思想,消化吸收中外一切优秀思想,敢于创新,提高历史自觉;(3)应清醒地认识到本民族文化的弱点,培育马克思主义中国化的健康土壤。②也就是说,统合哲学研究和历史研究的哲学史研究,应以理解和解决现实问题为己任,否则将会苍白无力、陈旧庸俗,失去生命力。

就萧萐父本人的学思兴趣而言,他又极为重视现代中国哲学史人物思想的研究,原因就在于这些人物具有强烈的现实关怀精神。例如,他曾指出"熊先生(笔者按:熊十力)的哲学创造中洋溢着一种强烈的时代感与文化寻根意识"——这里所言的"时代感"正是"现实感"的意涵,而"文化寻根意识"则是指熊十力哲学深厚的"历史感",他高度评价熊十力的哲学创造"呈现出古与今、传统与现代化的历史接合"③,由此可见一斑。

必须指出,萧萐父的"历史感",并不是过去—现在—未来的单线进化的时间观念,而是一种立体的发展观念,他说:"我们主张从变化了的社会存在和历史向中国人民提出的现代化的现实任务出发来审视传统,把传统看作是寓于中国人民的历史实践和'殊途百虑之学'中的不断发展和更新的历史文化之流,从传统的发展变化去寻找它与现代化的历史接合点。"④正如钟兴锦指出:"萧教授十分强调哲学要贴

---

① 萧萐父:《吹沙三集》,第200页。
② 萧萐父:《吹沙二集》,第28—30页。
③ 萧萐父:《吹沙三集》,第246页。
④ 萧萐父:《吹沙三集》,第266页。

近生活，面向实际，树立忧患意识，提高哲学批判功能，反对奴性，批判蒙昧主义。"①由此可见，萧萐父"历史感"和"现实感"的论说，虽然是在为改革开放寻求历史根据，但却含有深切的现实关怀。

第三节 现代哲学人物评述

作为哲学史家，萧萐父十分重视对近现代哲学的研究，其相关思考体现在他对部分近现代哲学史人物的个案研究、思想介绍、学术评论中。在"吹沙"三集中，予以专文评述的近现代思想人物就有梁启超、熊十力、蒙文通、刘咸炘、唐君毅、梁漱溟、冯友兰、钱穆、徐复观、侯外庐、郭沫若、冯契等。不难看出，上述这些思想史人物乃近现代哲学史上的活跃人物，他们虽学术源流各异，但学思宏富，堪称时代缩影。这些人物当中，既有乡邦蜀学思想家，也有现当代新儒家巨擘，更有马克思主义学者。

新中国成立以后，由于多种原因，这些为民族文化延续和发展做出巨大贡献的思想家，其学思贡献难以得到正常的学术整理和研究，使得本应该继承近代哲学思想的丰富遗产的现代中国哲学，其面向变得极为狭隘和局促，在很长的一段时间内，对20世纪思想史人物的研究仍然局限于马克思主义领域，而一大批对民族哲学的发展做出巨大贡献的非马克思主义学者，因其自成一家的学说体系无人问津。萧萐父是很早就倡导对这些非主流思想家展开研究的学者之一。1985年，萧萐父与友人一道在湖北黄州举办了首次以熊十力学术研究为主题的研讨会，意义重大。1987年，中国现代哲学史研究会成立大会和首届全国性的理论研讨会在北京举行，他致信大会，明确阐述了研究20世纪思想史人物的重要意义：

---

① 萧萐父：《吹沙三集》，第453页。

通过以马克思主义为指针的清"左"破旧，在中国现代哲学史的研究中能跳出简单化的两军对战模式（即把"五四"以后哲学史看作仅是马克思主义与反马克思主义的斗争史），能注意到在马克思主义与反马克思主义的对立营垒之间，还有一个广阔中间地带，其中尚有不少正直学者，对中国现代哲学的发展，作出了他们特定的贡献，应当对他们作出公正的评价。①

由此，萧萐父列举了熊十力、马一浮、汤用彤、梁漱溟、金岳霖、冯友兰、贺麟，以及胡适、殷海光、唐君毅、方东美、钱穆、徐复观等学者的思想著作及学术贡献，并指出新时期的现代哲学研究应注意："一位思想大家，往往熔铸各种先行思想资料，出入古今各大学派，不会拘守一家之言，而必自有其新的创获，故既不能单凭其一时的自道，或时流的褒贬，或后代的赞词来草率论定。"②在他看来，对近现代哲学史人物的思想探赜索隐，有利于把握中国近现代哲学的诸形态。他说：

中国近代哲学诸形态的成熟，经历了漫长的历史道路。17世纪的萌芽，18、19世纪的曲折发展，直到20世纪中叶，才通过中西思想文化的异同之辨而逐步走向成熟，形成了各家独立的理论思想体系。这一逐步成熟的过程，大体说，在近百余年中西文化的汇聚冲突中，经过了晚清时期肤浅地认同西学、到"五四"时期笼统地中西辨异这样的发展阶段，到20世纪中叶，通过对中西哲学文化的察异观同、求其会通，终于涌现出一批标志中国近代哲学走向成熟的理论体系。诸如熊十力、梁漱溟、马一浮、金岳

---

① 萧萐父：《吹沙二集》，第406页。
② 萧萐父：《吹沙二集》，第487页。

霖、冯友兰、贺麟、朱光潜、张东荪、方东美以及同代而稍晚的唐君毅等等，他们堪称后五四时期中国卓立不苟的一代思想家。他们诞生于20世纪中国的时代风涛中，不同程度地实践着融通儒佛道、涵化印中西的学术途径，稍异于专精之学而独运玄思，真积力久而达到成熟，终于形成了中国近代哲学成熟发展的诸形态。①

从上述总括性的概括中，可知萧萐父着眼于百余年来"中西思想文化的异同之辨"的思想高度，将20世纪的思想家视为中国近代哲学发展的"诸环节"。在他看来，近代哲学诸形态的成熟有其过程：从晚清时期的肤浅认同到"五四"时期的笼统辨异，再到20世纪的察异会通。其中，20世纪的中国，因其处于中西古今各种文化思潮的剧烈冲突和融合中，"其表现形态是中西古今新旧文化价值的评判之争"，"既与世界哲学思潮声息互通，又与中国传统哲学血脉相因，对中华未来腾飞自有其文化酵母作用"②，因而是值得充分重视的研究课题。正是基于这样的学术认识，萧萐父以其深厚的哲学素养和广博的文化视野，展开了对近现代思想史人物的评述，或梳理其学术贡献，或揭示其学思特点，或褒扬其学术独见，或发扬其学术意义，为我们展现了他视角下的现代哲学。

在笔者看来，萧萐父的现代哲学评述，主要集中于以下几方面。

一、学贵独创的博通学风

近代哲学思想人物由于处于新旧过渡时代，在他们身上大都表现出传统学术和现代哲学、中学根基与西学视野的二重性。中西思潮的碰撞与交融，为其哲学创造提供了机遇，也提出了巨大挑战。自晚清

---

① 萧萐父：《吹沙二集》，第488页。
② 萧萐父：《吹沙二集》，第523页。

康有为、梁启超、胡适、严复、章太炎、廖平等，至欧阳竟无、熊十力、冯友兰、梁漱溟等无一不是面对这样的客观境遇。因此，近代思潮普遍带有在学风上融通中西、在学思上首重独创的明显特征。对于萧萐父来说，乡邦蜀学尤为明显地表现出这一点。巴蜀大地是萧萐父的家乡，其父萧参乃晚清蜀中名士，与近代经学大师廖平渊源颇深。廖平既是萧参的老师，又是其证婚人。除此之外，萧参同辈学人唐迪风（唐君毅之父）、蒙文通、吴芳吉等蜀中名士同气相求、同声相应，砥砺学行。萧萐父青少年时期除优游涵泳家学之外，还深受蜀地学风熏陶，对乡邦蜀学极为重视。萧萐父说：

> 蜀学渊渊，源远流长，积健为雄。仅自晚清以来张之洞、王闿运、刘申叔、廖季平等讲学蜀中，倡导博通学风，影响所及，曾涌现出一代代卓有思想风骨的人文知识分子群，乘时代风涛，藉外缘内因，代有通人硕学应运而生。①

近代蜀学之所以"代有通人硕学"，就在于其"倡导博通学风"。在萧萐父看来，探究近代蜀学，应首推蜀学"奇葩"刘咸炘②。刘咸炘英年早逝，在世仅36岁，短短一生却撰写了236部（共计475卷）著作，总其名为"推十书"，取《说文解字》"推十合一"之意。刘咸炘其学博大精深，于哲学、文学、史学无所不猎，既有对传统学术的系统梳理和深入分析，又有对现代学术研究方法体系的初步探究，试图融中学、西学于一炉，为传统学术的现代转化做出了卓越的贡献，堪

---

① 萧萐父：《吹沙二集》，第450页。
② 刘咸炘（1896—1932），字鉴泉，四川双流人，其祖刘沅曾列《清史·儒林》，受家学熏陶，自幼好学，存世仅36岁，却留下了极为丰厚的著作，编为《推十书》，堪称近世蜀学天才。需要指出，萧萐父为推动国内学界对刘咸炘学术思想的研究做出了巨大贡献，除本人亲自撰写评述论文、作序之外，还大力号召学林推动对刘咸炘的研究。

称博通学风的典型。[①] 在萧萐父看来，刘咸炘其学之广博精深表现为三个方面。

第一，在著书体例上，刘咸炘撰巨著《推十书》，首列《中书》《两纪》总标纲旨，次《左书》以"知言"，次《右书》以"论世"，次《内书》辨天人义理，次《外书》析中西学术之异，"力图用一定的哲学纲旨（普遍原理或根本范畴），贯通'天、地、生（生物界以"人"为中心）'的各种事理，以及古今东西的一些学理，试拟形成一个系统化的理论体系"[②]，这充分表明刘咸炘力图使传统学术现代化，已具有一定的自觉。

第二，在学脉源流上，刘咸炘首受家学熏陶，次受浙东章学诚"六经皆史"学术影响，并发展了章学诚"六经皆史"的思想，探索了具有现代性的人文思想与浙东启蒙学术思潮的内在接合。[③] 事实上，刘咸炘的学术渊源除了家学和浙东史学两重来源，还有西学这一重来源。[④] 在其所著《一事论》中，涉及的西学人物就有斯宾塞、孔德、杜威、勃朗等，并对近代西方哲学与中国本土文化有较深的异同比较。

第三，在学思贡献上，刘咸炘特重哲学思辨，将"传统的'两一'学说与现代辩证矛盾观相契合而得以哲理化为某种系统"[⑤]，一方面着力于中西哲学范畴的异同比较和认真清理，"已初步琢磨出一个融贯中西的范畴体系"，另一方面又注意引进和研究"论理考证法"的逻辑分析方法，总体上反映了"通过中西古今文化的异同对比，力求探索其深

[①] 关于刘咸炘的研究成果，可参见欧阳祯人：《刘鉴泉先生经学思想概述》，载《儒家文化研究》（第二辑），生活·读书·新知三联书店2008年版，第356页；《刘咸炘诸子学思想初论》，载郭齐勇、蔡方鹿主编：《存古尊经 观澜明变》，四川文艺出版社2012年版，第283页。

[②] 萧萐父：《吹沙二集》，第463页。

[③] 萧萐父：《吹沙二集》，第462页。

[④] 参见杨燕：《简论刘咸炘"明统知类"治学观》，载郭齐勇、蔡方鹿主编：《存古尊经 观澜明变》，第304页。

[⑤] 萧萐父：《吹沙二集》，第453页。

层义理的会通，找到中西哲理范畴可能交融互补的契合处"。郭齐勇指出："一般认为，刘咸炘的史学尤其是宋史研究值得推崇。而萧先生却能独辟蹊径，阐发了刘咸炘作为一名身处'后五四'时代的思想家的意义。"[①] 由此可见一斑。

如果说刘咸炘堪称近代蜀学"奇葩"，那么另一位近代蜀学大家蒙文通[②]先生，则被公认为是20世纪硕果仅存的经学大师之一。作为乡邦后学，萧萐父并没有从经学、史学角度评述蒙文通的学思成就，而是从其理学、道家、道教思想方面，更进一步地揭示了蒙文通广博的学术贡献。本节只集中介绍萧萐父就蒙文通道家、道教思想的评述。

首先，在道家研究方面，蒙文通深造自得，对南北道家做了思想分疏，对重玄道论做了历史发掘。其一，与论道家仅言老、庄的一般观点不同，蒙文通提出了"北方道家说"，主张先秦时期的道家实以北方杨朱之学为主流，而南方庄、老之学则为支流。其二，蒙文通分疏了杨朱之学在衍扬流播中的多种流派，例如"纵情派""忍情派"等。其三，蒙文通辨明了田骈、慎到在北方道家中的重要地位，特别揭示了其"贵因""贵公""贵齐"等学说的深义。其四，蒙文通指出晚周并无"黄老"之说，"黄老"乃汉人所发，由此纠正了人们误以为田、慎之学本于黄老的错误看法，这一精审的识断，已为马王堆出土帛书确证。其五，蒙文通在庄、老关系的问题上，指出虽然庄子屡屡言及老学的师承授受，但《道德经》一书则晚于《庄子》，其根据在于"经"皆战国晚

---

① 郭齐勇：《萧萐父先生与近现代蜀学》，载郭齐勇、蔡方鹿主编：《存古尊经 观澜明变》，第9页。
② 蒙文通（1894—1968），原名尔达，字文通，四川省盐亭县石牛庙乡人，我国现代杰出的历史学家。蒙文通的学思兴趣主要在中国古代史及古代学术文化研究领域中。早年曾业于清末国学大师廖平与刘师培，从研究传统的经学开始了他漫长的学术生涯，后来又向近代佛学大师欧阳竟无先生问佛学与古代学术思想，代表论著有《古史甄微》《经学抉原》《儒学五论》等。萧萐父与蒙文通渊源颇深，蒙文通是萧萐父、卢文筠夫妇的证婚人，其父萧参与蒙文通同气相求，曾共同执教于四川尊经国学专科学校。

期的说法，以及《庄子》与《道德经》的内容对比。萧萐父以自身的深厚学养，指出蒙文通之所以能够独辟蹊径，原因就在于他对儒、墨、道、法诸家思想在发展中的分合出入，注意其相互影响，力求予以动态地把握，把杂而多端的诸子学说视为汉代新儒学之所由来的必经环节，从而揭示出从先秦到秦汉诸子思想由分到合的演进逻辑。

其次，在道教研究方面，蒙文通提出了"道教三源说"，认为太平道、天师道和神仙家共同构成了道教的源头，辨明了道教成仙理论在唐代的重大转变，即内丹事盛，外丹日衰。与一般学者多从教仪、法事、丹鼎、符箓以及茅山等角度研究道教不同，蒙文通从"宗教哲学的高度把握道教的历史发展"，把道教哲学的研究置于传统文化的大视野中，既看到了道教哲学理论在形成、创建中借鉴和兼融儒、佛的一面，又论及了道教哲学对其他主流学派的重要影响。在道教哲学史研究方面，蒙文通对"重玄"学派予以了系统发掘，开"重玄学"研究之先河，他通过界定"道家重玄学派"，精辟地指出晋唐时期的重玄思潮的特点在于"以重玄为道，以三一为归"，并对"重玄学"的流变做了推本溯源的研究。

最后，在文献辑校方面，蒙文通成就斐然。萧萐父高度评价了蒙文通在辑校道书方面的卓越贡献。蒙文通精善之古代典籍达二十余种，尤其是《老子成玄英疏》和《老子李荣注》两种文献价值十分重要的善本。众所周知，成玄英的老子疏历来缺佚，蒙文通却独辟蹊径，他以强思齐、顾欢之注疏为本，参校宋李霖、范应元等著以及鸣沙山出土《老子义疏》残卷，从而恢复了成玄英《老子义疏》的原貌，其关于成玄英兼采王弼、河上公两派而力求超胜的理论观点，为如何探究隋唐道教理论的发展提供了重要启示。

由此可见，萧萐父对近代思想史人物的评述，首重揭示其广博精深、好学兼奇、杂而多端的学风，既"偏赏蕾芽新秀"，又"通观涵化"。事实上，萧萐父评述、欣赏、阐扬20世纪的思想史人物时，十分偏好那些学风驳杂、学思善变,但又自成一派的思想史人物,原因就在于他本人的运思趋向就是不断追求博通。

二、现代人文精神的特质

20世纪的思想史因汇聚中西古今之争,既是一个传统思想不断积淀、转化的过程,又是一个现代人文精神不断生发、阐扬的过程,二者双向互动,浑融一体。建构"心通九境"哲学大厦的乡邦大哲唐君毅的学术思想,尤为突出地体现了这一点。唐君毅少年时期曾于萧萐父之父萧参处学习国文,乃父唐迪风与萧参同为蜀中狷介独洁之名士。唐君毅为学志向,致力于传统哲学的弘扬,并建构"心通九境"的哲学大厦,终成一代哲人。

萧萐父首先从高处概观,认为唐君毅之学就其时代性特征来说,无疑是综摄吸纳了西方近代哲学特别是德国古典哲学在理论和方法上所取得的总结性成就,同时也并未忽视西方现代哲学思潮所提出的问题;就其民族性特征说,则显然较多地承继了道家和佛家的理论思辨成果及其"齐物""内行"或"判教"方法等。[①] 他在以"即哲学史以言哲学"等一系列论著中,系统剖析"道""理""心""性"等主要哲学范畴,全力打破传统的学派界限和外在的名言歧异,着重从义理上来通观这些范畴的历史演变和逻辑进程。[②] 在此基础上,萧萐父以高屋建瓴的学术视野,总结了唐君毅运思的主要趋向:首先是道德自我的建立,确立自贵其心的个体独立人格及其自觉追求真善美等理想的价值;其次是人文精神的阐扬,把道德自我作为精神主体的合乎逻辑地展开,历史地总结中西人文思想的成就和异同,肯定了中国文化的精神价值;最后是文化价值的哲学升华,其哲学系统以整个生命存在和

---

① 萧萐父:《吹沙二集》,第487页。
② 萧萐父:《吹沙二集》,第487页。

心灵活动为基础，对人类文化的各种价值形态和哲学义理进行哲学心灵的遍观和升华。

> 约而言之，从道德自我之建立到人文精神的阐扬，再进到文化价值的哲学升华，围绕着人，开展出人生、人心、人性、人格、人伦、人道、人极、人文的多层面慧解。以人对物质欲望等个体生命的超越为出发点，又以人的文化创造作为人的主体性的实现并视为哲学终极关怀的归宿。君毅之学，人学也。迪风先生于世纪初拟著《人学》之宏愿，终由君毅继志述事，积学求真，以"充实而有光辉"之形态完成之。[①]

萧萐父精辟地指出："君毅之学，人学也。"而现代人文精神，正是以人为核心，以关心人的多方面需求为指向，旨在超越个体生命的局限和物质欲望，给予哲学的终极关怀。除此之外，萧萐父还高度评价了唐君毅独特的宗教观以及有关宗教的系统理论——宗教与其他人文价值和文化意识，有着交涵互动的关系——体现了他的文化包容意识和宗教创新观念。[②] 在萧萐父看来，唐君毅哲学的意义就在于，人之所以为人，定要摆脱钱权拜物教、功利主义的束缚，真正实现个体的道德价值，由此他在《论唐君毅之哲学史观及其对船山哲学之阐释——读〈中国哲学原论〉》一文中，指出：

> 君毅先生悲智双运，神交古人，其对船山哲学体系的理论中心和最后归趋的把握，可谓独具卓识。他明确判定："船山之学，归在论史。""船山之学，得力于引申横渠之思想，以论天人性命，

[①] 萧萐父：《吹沙集》，第552页。
[②] 萧萐父：《吹沙二集》，第491页。

而其归宗则在存中华民族之历史文化之统绪。"这都指明,船山哲学之致思进程及价值取向乃在于继天道之善,立人道之尊,而归宗于人文化成论。①

作为船山研究大家,萧萐父指出唐君毅的船山研究其博大气象正在于"继天道之善,立人道之尊","深体并融会了中土司马迁和西哲黑格尔之宏伟的历史感,用以阐释船山由'气'的纲缊生化观而转入重社会历史价值与民族文化价值的人文化成论"②,以重在阐扬人所创造的人文世界为最后归趋,凸显了人道(创造性)与天道(终极信仰)二者的交涵互动,并最终归结于人文化成的意义。

如果说萧萐父对唐君毅的评述,重在揭示其人文化成的精神境界,那么他对徐复观学思成就的肯定,则重在揭示主体人格自由和艺术审美精神。在他看来,徐复观之学的特点在于:"大体从政治文化、道德学说、艺术精神三个方面对中国传统文化进行了有破有立的疏释,着力阐扬传统文化中被窒压、被曲解的人文主义精神"③,其学术研究和文化剖判的总方向,是通过对传统思想的负面的揭露批判以凸显其正面的价值,"剔除古老民族文化中污秽及僵化的成分",从而复活并弘扬其不朽的真精神。

首先,在政治文化的剖判方面,徐复观反对把中国传统文化的真精神与封建专制主义混同起来的极端观点,而坚持从中国历史中把与种种政治污秽夹杂在一起的中国文化真精神剥离开来,把中国文化中原有的反抗专制的自由民主精神认真发掘出来,并使之与现代民主意识相沟通,以推进中国现代化进程。

---

① 萧萐父:《吹沙集》,第563页。
② 萧萐父:《吹沙集》,第566页。
③ 萧萐父:《吹沙二集》,第496页。

其次，徐复观通过对中国人性论史的研究，着重梳理了传统道德学说的诸层面，主要发掘了儒、道两家学说中的忧患意识和自由意识。他从原始宗教向人文转化来阐释儒家的人性论；剖析庄子反对人性异化的自由观，对于庄子反抗政治伦理异化的自由理想高度评价，对儒、道两家的真精神加以融通。

最后，徐复观通过对中国艺术史，特别是中国传统绘画及画论的研究，着重发掘中国艺术精神中的主体意识和艺术境界中所实现的人格自由。中国艺术精神不同于西方，最根本的一点是强调艺术美是从人格根源上涌现出来的，是主体精神的自由表现。徐先生对中国文化主流学派的道德哲学和艺术精神的诠释，其理论中心集中在阐发其中蕴含的人的主体性和精神自由。他在孔孟儒学中发掘出道德自律与人格独立的主体性原则，他在庄学、玄学中又发掘出审美观照与艺术自由的主体性原则。他肯定人不仅是道德主体，而且是艺术主体，也就承认了主体的多元化，人还可以作为独立的认知活动的主体、政治与经济活动的主体、科技与宗教活动的主体等等。

徐复观在学术上通观儒道，扬榷诸家，对道家思想多方面的认同，同样也可以推演出学术思想上综摄融贯的多元化。[①] 萧萐父评述徐复观"一以贯之的思想，是他力求发掘中国传统文化中的人文精神，亦即主体自由的精神，高度自觉的忧患意识，不为物化的人道之尊。这是现代化价值的生长点，是传统与现代化的接合处"[②]。

三、民族文化的主体意识

熊十力，被公认为20世纪本土民族哲学中最具有原创性的哲学家之一。自20世纪80年代起，萧萐父就为大力推动熊十力思想研究做

---

① 萧萐父：《吹沙二集》，第503页。
② 萧萐父：《吹沙二集》，第503—504页。

出了重要学术贡献，先后举办学术研讨会、整理著作出版等。[1] 通览"吹沙"三集中有关熊十力的序言、评述、访谈之文，其核心和主题无不是强调民族文化的主体意识。

首先，熊十力治学立言之根本特点是不囿陈说，力破门户，兼综博采，自立权衡，不仅与奔竞浮华的崇洋论者和佝偻近视的国粹论者大异其趣，而且与拉杂比附而浪言融通者相比亦卓尔不群，与同时代的中西文化论者相比，颇能以高一层次的哲学思路，贯通古今，平章华梵，衡论中西，出入于道、佛、儒各家及宋、明、清诸子，而自创《新唯识论》的独特体系。由此，萧萐父指出"熊先生治学立言的根本不在其学脉数变，而在于其自有主宰"[2]，因此用任何一种学派"范式"都难以限定其学其思。

其次，熊十力哲学创造的时代诉求在于"深研中国传统学术，进行严肃的历史反思，其明确的目的，就在于总结'中国何由停滞不进'、'革命终无善果'的历史原因和思维教训"[3]。他一方面着眼于对中国封建专制主义传统遗毒的清理，另一方面深入总结辛亥革命失败的原因在于"民主革命的理论在中国缺乏应有的根基和思想土壤"。因此，他上下求索，"自觉探寻中国哲学启蒙的特殊道路，绝非偶然地把王阳明、王船山视为自己的哲学先驱，把明清之际的启蒙思潮视为中西新旧文化交会嬗变的枢纽，自辟一条承先启后、推陈出新的学术途径"[4]，力图从传统文化中找到自己民族传统中的"根芽"，"赋予它们以民族化的理论形态和现代化的时代内容，借用古代的语言和传统思维模式来表达新的时代精神"。

最后，熊十力哲学的独创性在于其所阐扬的人文精神与人文价值：

---

[1] 在"吹沙"三集，收录了萧萐父多篇关于熊十力其人其著其学的介绍与评述。
[2] 萧萐父：《吹沙三集》，第246页。
[3] 萧萐父：《吹沙二集》，第470页。
[4] 萧萐父：《吹沙二集》，第515页。

"熊氏哲学其所以在后'五四'时期的中国乃至东方哲学论坛上独树一帜，卓然成家，正由于它所阐扬的人文精神与人文价值，既与20世纪世界哲学思潮相汇通，又保持了'东方哲学的骨髓与形貌'，是对中华优秀传统文化的创造性的发展、转化和继承"[1]，因此其哲学创造中洋溢着一种强烈的时代感与文化寻根意识，中国哲学启蒙的内发原生性，在熊先生的特立独行和学术创造中得到生动体现。

这种对民族文化的主体意识的强调，同样表现在萧萐父对另一位卓立不苟的思想家——梁漱溟的学术评述中。萧萐父指出，与胡适提出"充分世界化"的口号不同，梁漱溟"从另一极出发，以同样敏锐的目光看到了世界文化发展的多样性"[2]。在中国文化的近代化"肤浅认同—笼统辨异—融合会通"的过程中，梁漱溟的哲学思想给我们的启示在于："西方现代文化是欧美各民族文化的现代化，仍然是民族性和个性很强的东西，尽管其中寓有世界性的要素。从这个意义上说，中国文化现代化要走自家的路（但不脱离人类文明的发展大道），并不是错的，文化的民族主体性的问题，确乎是一个极其重要的问题。"[3]

四、传统哲学的现实关怀

在萧萐父看来，探究20世纪哲学史人物的学思贡献，还应着重关注以建构哲学理论为重心，以批判现实和影响现实为指向的思想家。由此，他对冯契的学思贡献有所关注，尤其是冯契关于"智慧"的相关论说。在他看来，冯契晚年的《智慧》三书，作为个人独创的会心之作，以其深广的哲学视野和贴合时代脉搏，以实践唯物主义辩证法为方向，从理论上阐明知识和智慧的关系，解决科学主义与人文主义的对立以及

---

[1] 萧萐父：《吹沙二集》，第515页。
[2] 萧萐父：《吹沙二集》，第536页。
[3] 萧萐父：《吹沙二集》，第537页。

"可信与可爱"的矛盾，达到一种新的哲理境界，并取得了一定成功。

具体而言，冯契发掘了中国传统哲学认识论的丰富思想，他"运用分析与综合相结合的方法，对比中西哲学史，辨同异，别共殊，重新诠释中国传统哲学的特点，澄清了关于中国哲学只重伦理学、缺乏认识论的流行观点，从而充分揭示了中国传统哲学中关于辩证逻辑思想及各门自然科学方法论的丰富和关于自由人格理想学说的高明"[1]。至于冯契所提出的"广义认识论"，其意义在于，"对西方近代实证论思潮的狭隘观点是一个突破，并提供了解除、沟通理性主义与非理性主义之间两极对立的致思途径，这就具有了更重大的时代意义"[2]。冯契所提出的"平民化的自由人格"理论，"一方面从正面指出个性解放和大众团结相统一的新时代的价值观和平民化的自由人格理想形成和实现的机制；另一方面，联系十年浩劫及社会现实中某些阴影，又从负面揭露中国文化中还有天命论、独断论与怀疑论、虚无主义等互补而成的腐朽传统，在现实生活中还有流毒"[3]。可见冯契的哲学创造工作，因其具有历史感的理性自觉，而具有了鲜明的时代特征。

萧萐父认为，冯契对20世纪中国历史进程的深入反思在于：一是对客观的历史过程的反思，即对20世纪中国社会的演变，包括经济、政治、文化等各方面做批判的总结；二是对反映现实生活的社会意识、理论认识等各个领域包括20世纪中国哲学的演变做批判的总结。萧萐父强调，冯契对本民族缺乏自我批判和系统反思的现象做了深入批判，认识到理论上的盲目性曾在实践上造成民族的巨大劫难，因而枯燥的理论建构工作是有意义的，这对中国哲学史的进一步发展提供了启示和借鉴。

---

[1] 萧萐父：《吹沙二集》，第441页。
[2] 萧萐父：《吹沙二集》，第442页。
[3] 萧萐父：《吹沙二集》，第439页。

第五章　萧萐父的文化观

萧萐父有言:"多维互动,漫汗通观儒、佛、道;积杂成纯,从容涵化印、中、西。"[①] 所谓"通观儒、佛、道",重在"通"字,主张对以儒释道为主体的传统文化做多根系、多维度、多层面的梳理和把握,进而求得通观、求得通解、求得通识;"涵化印、中、西",则重在"化"字,主张以自我更新的民族文化为主体,以动态发展的外来文化为客体,双向互动,从而甄别吸收、涵化摄取世界先进文明的营养成分,促成中国传统文化的现代化和西方先进文化的中国化。"通观"是"涵化"的先行准备,"涵化"是"通观"的必然结果,前者反映了多元的文化学术史观,后者体现了开放的文化包容意识。

第一节 "通观儒、佛、道"——文化主体性

萧萐父一贯主张中国文化从来都不是单一化和凝固化的体系,他曾以"传统文化的多维与两分"为题指出:如果从文化发生学的角度审视整个人类文化,人类文化从来都是"多源发生、多元并存、多维发展"的,世界古文明虽然各具特色,但在文化传播中的辐射、迁徙、涵化、融合等,实际上都以文化发生的多根系和文化发展的多向度为

[①] 萧萐父:《火凤凰吟:萧萐父诗词习作选》,第224页。

前提。

众所周知，蒙文通曾有著名的"三系说"，堪称中国文化多元论的先驱。蒙文通从历史学的角度，考证出中国上古民族可分为"江汉—炎族""海岱—泰族""河洛—黄族"三系，其部落、姓氏、居处地域皆不同，其经济文化各具特征。[①] 蒙氏后又以《经学抉原》一书，进一步从学术文化的角度丰富和完善了此说。费孝通从民族学的角度出发，综合了地理环境、聚居区、语言、民族融合等因素，指出中华民族作为一个统一体，存在着多层次的多元格局，但各个层次之间存在着分而未裂、融而未和的多种情形。[②] 费孝通强调，虽然中国历史上纷争不断，但从"多元"走向"一体"的大趋势是历史的主线。张光直则从考古学的角度，以发现"最初的中国"为基点，建构"相互作用圈"（Interaction Sphere）的概念[③]，并指出考古发现的大汶口龙山文化、良渚文化、红山文化、屈家岭文化、齐家文化等文化类型都证明了中国古代的国家未曾单独出现，而是成双地出现或者出现于复合的网状组织之中，即中国文明的起源并不是单一孤立的，而是呈现多元一体的格局。

与蒙文通、费孝通、张光直相较，萧萐父重在揭示中华文明的演进特征，他以新中国成立后田野考古的丰硕成果为基础，从马克思主义人类史观和现代文化发生学的深广视野出发，把海岱、河洛、江汉等多根系的史前文明，与春秋战国之际诸子蜂起的"轴心时代"，视为同质性的思想史进程。这样，通过把远古文明与中古文明、近世文明

[①] 蒙文通：《古史甄微》，《蒙文通文集》第五卷，巴蜀书社 1987 年版，第 4 页。
[②] 费孝通：《费孝通论文化与文化自觉》，群言出版社 2005 年版，第 56—57 页。
[③] 张光直：《中国相互作用圈与文明的形成》，《中国考古学论文集》，生活·读书·新知三联书店 2013 年版，第 160 页。另参见张光直《连续与破裂——一个文明起源新说的草稿》《从商周青铜器谈文明与国家的起源》等文，载氏著《中国青铜时代》，生活·读书·新知三联书店 2013 年版。

衔接起来，萧萐父试图说明中华文明的最本质特点，就是多元演进。

萧萐父认为，先秦诸子百家的历史发展就十分典型地表现为这种多维并存、矛盾两分的基本格局：阴阳家产生最早，邹衍集大成——道家继起，《老子》成书，并演化为杨朱、宋钘、庄周等南北道家——儒、墨渐盛，"儒分为八、墨离为三"——法家晚成——兵、农、纵横诸家应时勃兴。其中，虽然就"理论思维水平的深广度而言"，真正独立发展、体用皆备的学派，只有儒、道、法三家，然而，这三家学说又同样表现出离合演变、交融互补的情形，它们是：（1）道、法由相依而分弛；（2）儒、法由相乖而合流；（3）儒、道由相黜而互补。秦汉以后，玄学正宗或"以儒合道"，或"以道合儒"，其主旨都在"儒道兼综""情理兼融"，从学派形式上初步实现儒家和道家的兼容与互补。而作为"中国化了的佛教"的禅宗，又"直承庄子之学"，成为宋明道学的哲理化思辨得以形成和发展的基本学术条件。[1] 由此，儒、道、佛三教水乳交融而又各具特色，成为中华文化的主干。

一、人文化成——儒门之学

儒学，一般被视为传统文化的主干。原始儒家开创儒学的基本规制，秦汉及至晚清，中华传统文化逐步定型为以儒学为正宗。萧萐父指出，把握儒家之学，应以动态的眼光看待儒家学说，把儒学视为源远流长的传统文化中的"一环"。这是因为不论是在儒家产生之前，还是产生以后，都有若干其他学术流派与之并存并立。基于此，萧萐父认为历史上并不存在"统一的"儒家，儒学乃至儒学传统都是历史地形成和历史地发展的，因为"人们无不是按各自的先入之见和历史意识去建构、去诠释自己的儒家传统"[2]。但同时，他又指出这种诠释的

---

[1] 萧萐父：《吹沙集》，第157页。
[2] 萧萐父：《吹沙集》，第141页。

多样性，并不排斥诠释的对象仍有其历史的统一性，"因为诠释者总生活、思考在统一的历史的行程中，而被诠释的对象总有其历史的继承性；而历史又总是以自己固有的严峻方式，检验着、筛选着各式各样的诠释，增减其存在的历史合理性"①。在萧萐父看来，儒家学说正是通过与中华固有的道、法、墨、名、阴阳家，以及各民族文化传统，乃至西方近代思想相融合、变异、分殊、发展，"摄取各家，为我所用，而自有重心，蔚为中华文化的主流学派之一"，而形成了一个多向度且可供诠释者自我选择的丰富传统。②

从横向来说，萧萐父认为儒学传统起码有以下几个层面：（1）儒经的传统。孔子乃至孔门搜集、整理、编撰了古文献，以丰富的古文献作思想载体，形成了儒经传统，成为中国传统文化中最丰腴的遗产。（2）儒行的传统。这里指儒学行为规范体系，它以"冠、婚、丧、祭"等基本礼仪为基础，与群体生活实践和群体价值意识息息相通，成为儒家传统"特具再生力的深层社会基础"。（3）儒学的传统。儒学强调文治教化的作用，注重对历史遗产的继承，对自身理论的加工，对异端思想的涵化，从而使儒学思想体系具有较大的包容性。（4）儒治的传统。儒治和儒学，治统和学统、政统与道统相互依存，从"三纲八目"到经世致用，形成了儒学与政治的复杂关系。通过上述梳理和划分，萧萐父总结性地指出，"儒家传统"并不仅仅是一种学术思想或精神资源，而是依附于一定的经济政治制度的伦理规范、社会风习、文化心态、价值理想等的综合体。

从纵向来说，萧萐父认为儒学在不同历史阶段表现出不同的思想气质。在原生阶段，儒学立论朴实，重视人伦和礼乐文明等理想的社会和谐秩序。这一时期的儒家适时地对"郁郁乎文哉"的周代礼教进

---

① 萧萐父：《吹沙集》，第141页。
② 萧萐父：《吹沙集》，第141页。

行理论加工，使"礼"不再仅仅局限于器物层面，而是拔高至人文价值的层面。这一过程主要展现为两方面：孟主性善，把礼教内化为修己之道；荀主性恶，把礼教化为治人之经。通过孟、荀互补，原始儒家既论证了宗法伦理意识的固有性，又强调了宗法伦理规范的必要性，充分肯定了人作为主体的道德自觉的意义。秦汉以后，属于儒学的衍生、变异阶段。萧萐父指出，这一时期的儒学大体上融合了道法刑名思想，服务于宗法封建制，"宗法伦理由相互的道德感情转变为绝对的伦常义务"，自觉的道德要求日益成为强制的行为规范，而表现出"始终都在论证宗法伦理及其政治推广的纲常名教的神圣性和绝对性"——萧萐父称之为"伦理异化"。萧萐父在这里所指涉的"儒学"，主要是指与封建统治权力相结合的意识形态化的"儒学"，因抹杀了人的个体性而日益腐朽，而儒学传统的真正精华"早已裂变为文化代谢中的新生面"。

通过这样的历史择取，萧萐父认为儒学思想最重要的贡献在于：人文化成思想和多元文化史观，他说：

> 儒门有《易》、《庸》之学，乃战国末至秦汉之际的儒生们，在被坑、被黜的逆境中仍然自强不息，"戒慎乎其所不睹，恐惧乎其所不闻"，认真吸取道家、阴阳家思想而努力营建的形上学（Metaphysic）。其要旨体现在《易传》、《中庸》之中。①

在这里，萧萐父没有选择《论语》《孟子》等人们习以为常的儒学经典展开论述，而是以《易传》和《中庸》切入，原因就在于：儒学坚定不移的天道信仰以及"自强不息"的精神，"对于历史的未来充满乐观的信心"，正在《易传》《中庸》中得到明确体现。他说：

---

① 萧萐父：《吹沙二集》，第93页。

《易传》与《中庸》，义理互通。《易传》强调道兼三才，由"弥纶天地之道"推及于人事之"崇德广业"；《中庸》则强调"道不远人"，由"庸德庸言"之具体实践出发而上达于"无声无臭"的天道。二者致思的侧重点稍异，而二者一些立论的基本点采自道家的形而上学意蕴，则恰然自相会通。①

对于《易传》来说，它正是由于改造了《老子》的"道常无名、朴"和"朴散、则为器"的思想，得以规定了"形而上者谓之道，形而下者谓之器"等哲学观念；对于《中庸》来说，它则是由于吸收了《老子》"道也者，不可须臾离也"之思想，得以提炼出"君子之道费而隐"等抽象命题，从而建构了儒家形上学"体用""本末"等基本范畴。同时，《易传》《中庸》又发挥了《老》《庄》关于人应效法天地的思想，而更注意"君子效法天地所起的作用"，例如"神而明之，存乎其人""天行健，君子以自强不息"等。

在萧萐父看来，《易》《庸》之学之所以能够作为儒家的形上学，就在于其有选择地吸收了道家思想，它具体表现为三点：第一，摆脱了传统的宗教观念，对"道"这一范畴予以新的哲学规定——从本体论的角度建构儒家天道观的基本构架；第二，由天道观转入人道观，突出了"诚"的范畴，把"诚"看作是人的认知活动和道德实践的基础和终极目标；第三，儒家人道观中具有丰富蕴含的"中庸""时中"等思想原则，"作为一种普遍的价值尺度，用以观察一切人文现象和文化创造活动"。由此，他进一步指出，以"中和"原理作为理论基石的《易》《庸》之学，因表现出"和而不同"的包容性和"含弘光大"的发展观，一方面使得充满着杂多、差异和矛盾的客观自然界被视为一个和谐的整体，这就在总体上呈现为一个"大德敦化"的总体整合；

---

① 萧萐父：《吹沙二集》，第95页。

另一方面又将"一致而百虑"等文化学术思潮的多元并存、多维发展,视为"人文发展的客观自然进程",从而将"天文"与"人文"整合起来。由此,萧萐父高度评价了《易》《庸》之学所含的多元开放的文化学术史观,"是周秦之际诸子峰起、百家争鸣的文化局面的理论升华,其所揭示的多维并行的文化发展规律,无疑在我国文化史观中是极为珍贵的思想遗产"①。

二、思想异端——道家风骨

以"风骨"诠释道家思想的特质,是萧萐父的慧解。"风骨"一词多用来描述文学史现象,如"建安风骨"(又称"魏晋风骨")等。《文心雕龙》有单篇文论"风骨",一般用来品评人物,后逐渐用来表述文辞、形式与内容、思想的关系。此外,同时代谢赫《古画品录》中提出"画有六法",其中第二"骨法用笔",指画要有骨劲。②萧萐父将文学评论术语"风骨"移用于哲学史领域,颇具才情。在他看来,如果说儒家近于"贤人作风",名家近于"智者气象",墨家近于工匠意识,法家近于廉吏法度,那么道家"则似可说是表现了隐者风骨"③。

就社会根基来说,萧萐父认为,早在远古时期,就因社会形态的阶级分化和政治斗争的失利,产生了一批与"权力结构保持一定的距离和独立不阿的批判态度"的隐者人士,他们对社会持有批判态度,反抗伦理异化和政治异化,以德抗权,成为时代忧患意识和社会批判意识的承担者,他们贵己养生,遁居山林,注意对人体节律与自然生态的观察和探究,强调个体小宇宙与自然大宇宙之间的同构与互动,成为民间山林文化和道术科学的开拓者。这些人士的生活实践,"乃是

---

① 萧萐父:《吹沙二集》,第102页。
② 谢赫:《古画品录》,中华书局1985年版,第1页。
③ 萧萐父:《吹沙二集》,第163页。

道家风骨得以形成和滋长的主要社会根基"。他枚举先秦时期老子、庄周、伯夷、叔齐、遽伯玉、柳下惠、列子、老莱子、杨朱、南郭子綦等,指出这些在野者由于"具有博古通今的历史教养,又与现实权力斗争保持一定距离,因而有可能深观社会矛盾运动,冷静分析和总结历史经验",这些早期隐者发展为道家思想群,再发展为稷下学者群,日益充分而明晰地体现出道家的思想特征。

就思想文化条件来说,萧萐父以历史上"隐者"中的道家人物巢父、许由、段干木、张良、黄石公、严光、陶潜、陶弘景、李白、司马承祯等为例,指出他们不同程度地体现了道家的风骨和隐士文化的传统:"道家隐者们的言行和他们在各个文化领域中的创造活动,形成了中国历史上与历代庙堂文化相并立或对峙的山林文化传统",为中国的文化艺术、审美创作做出了巨大贡献。道家的首要经典《老子》熔铸大量先行思想资料,富有历史感地对文明社会的深层矛盾进行了透视和总结,又以"参万岁而一成纯"的历史教养,对远古至春秋时期哲学发展的积极成果做了一个划时代的总结,综合了古代辩证智慧的丰富成果而标志着我国朴素矛盾观的历史形成。这些都成为道家风骨的重要文化基因。

一般来说,人们大都将逍遥自在的"隐逸"视为道家传统,萧萐父却将"隐逸"诠释为"风骨",令人耳目一新。它同时又与原始儒家"不事王侯"①的品格异曲同工。孔子曾说:"道不行,乘桴浮于海。"②《论语·泰伯》中又说:"天下有道则见,无道则隐。"但在萧萐父看来,道家"风骨"隐逸的背后,其实质是"思想异端"。他说:"在中国,自秦汉统一,汉承秦制,儒术渐尊,儒法合流,形成了封建法统与学统的正宗以来,道家思想以其被罢黜、受排斥的现实遭遇,更

---

① 《周易·临卦》象曰:"不事王侯,志可则也。"
② 《论语·公冶长》。

以其固执天道自然、抗议伦理异化的理论趋向,便一直被视为思想异端。"①其代表人物有"淮南八公"、严君平、扬雄、王充、嵇康、阮籍、孙登、鲍敬言、戴逵、范缜、赵蕤、孙思邈、成玄英、皮日休、郑樵、马端临、邓牧、刘基、颜钧、何心隐等——虽然他们并非全部出自道家,但确实有不少是具有道家思想风骨的隐逸人物。由此,他高度总结了道家风骨的内涵:(1)"被褐怀玉"的异端性格。它主要是"对世俗价值抱着强烈的离弃感,对现实政治力图保持远距离和冷眼旁观的批判态度,从而在学术思想上往往表现出与正宗官学相对峙的异端性格"②。(2)"道法自然"的客观视角。道家对社会和自然的观察,都力图采取客观的视角和冷静的态度。一方面力图探究宇宙万物的本源,实现了对远古宗教意识和实践理性的超越和突破;另一方面"富有历史感地提出了救治之方及'无为而治'的理想社会的设计",重视"天地与我并生,万物与我并一"的自然生态,尊重客观自然规律。(3)物论可齐的包容精神。道家学风由于长期与山林民间文化息息相通,因此与儒家"攻乎异端"和法家的"燔诗书"的褊狭文化心态不同,表现出一种超越意识和包容精神。

在萧萐父看来,道家学风的特点还在于以"尊道贵德"为理论重心,力图超越可名言世界的局限,探究宇宙万物的终极本源。一方面,由自然哲学引向社会哲学,从"道法自然"的原则引出社会批判的原则,并着重揭露文明社会反人性的异化现象。另一方面,又以贵己养生为立论基点,由自然哲学深入到生命哲学,尤其是对生命的深入探究,深入到探究哲学意义上的"真人"与"真知"。所谓"真人"和"真知",萧萐父理解为"摆脱了异化枷锁、归真返璞的人所特有的对

---

① 萧萐父:《吹沙集》,第166页。
② 萧萐父:《吹沙二集》,第167页。

人天合和境界的体知"[1]。至于道家学风在方法论方面的重要贡献，则可概括为"通过相对主义而导向辩证智慧"，由齐是非、齐美丑、齐生死、齐寿夭等破对待的追求，而昂扬一种可贵的超越精神。它又具体表现为两层：一层是承认事物普遍的相对性，避免认识上的片面、绝对和独断，进而由相对论导向辩证法而达到的对一般单向度、直线性认识谬误的超越；另一层则敏锐地注意到人类的理性能力及认知活动与名言工具固有的根本局限，超越了主客两分的局限，因而能不断地开阔视野，似乎"有助于突破现代哲学的某些困境"。

公允而言，萧萐父对道家思想的作用评价过高，他以道家思想为准，把"儒家"和"法家"等其他诸子视为"褊狭""专断"，是有失偏颇的。儒、法、阴阳家等均和道家一样，也是通过吸收其他诸子资源而自成一体。但是，我们必须看到，人们常说的儒道"互补""交融"，大多时候往往流于一种泛化的描述，而萧萐父对道家"风骨"的细致剖析和雄辩论述，恰恰破除了人们对道家思想的一般印象（例如无为、消极、避世、逍遥等），丰富了道家思想的其他特质。正如刘建平所言："如果说，徐复观写《中国艺术精神》是从美学和艺术史的角度对道家的这种异端思想的现代价值予以发掘的话，那么萧萐父则是从哲学的角度明确提出这一概念并详细论述的第一人，它体现了对个体生命存在的独特性、多样性、人文性和精神性的尊重，并提醒我们注意道家思想的这一精神特质对个性解放、思想去蔽和反异化方面的历史作用和现代价值。"[2] 基于这种认识，我们也就不难理解，萧萐父为何十分欣赏道家学风所表现出的包容精神和开放精神，以及它所富有的现代意义的文化基因。

---

[1] 萧萐父：《吹沙二集》，第190页。
[2] 刘建平：《论萧萐父的"道家风骨"》，《武汉大学学报（人文科学版）》2010年第1期。

三、圆融证悟 —— 佛学慧解

中国传统思想大体上来说是"人"的学问。儒、释、道虽然学派观点各异，但都十分重视现实人生。如果说儒学重视人伦秩序，道家追求身心修养，那么佛学则讲究了悟解脱。萧萐父指出："佛家哲学，简而言之，可说是一种以人生究竟、宇宙实相为对象的特殊形态的本体理论以及人作为认识主体对于这'究竟'、'实相'如何体认、把握的证悟学说。"① 萧萐父把佛学理解为"一种唯心主义的本体论以及对于本体的证悟论"，它有两个方面：一方面是本体和现象的关系问题；另一方面是主体和本体的关系问题。可以看出，与一般的佛教研究工作者不同，萧萐父侧重于从哲学的角度审视佛学。蒋国保指出，萧萐父的佛学研究特点在于以"哲学家"的眼光看待佛学思想，这一点与方东美、牟宗三有可比性。② 在笔者看来，萧萐父的佛学研究有其重心：第一，重视佛教哲学关于认识论、辩证法的思想；第二，重视中国化的佛教经典；第三，重视禅宗的"顿悟"思想。

1. 佛学认识论

佛教思辨哲学，博大精深。萧萐父删繁就简，抓住最能代表佛学认识论思想的"缘起说""中道观""二谛义""证悟论"四部分，予以逻辑的梳理和阐释。在他看来，"缘起说"强调事物的普遍联系和多重关系的综合，它虽然在一定程度上是"歪曲地"反映客观事物的普遍联系，但却承认任何事物都是多种多样的关系的综合。从"缘起说"推出的"中道观"，则提出"空""假""中"三个范畴，又"遮破二边"，以达到"中道"，是对"缘起性空"的认识深化，蕴含了某些辩证法的因素。然而，由于它把认识过程中的相对和绝对、有限和无限

---

① 萧萐父：《吹沙二集》，第288页。
② 蒋国保：《哲学家视角下的佛学研究——读萧萐父先生的佛学研究论著》，《武汉大学学报（人文科学版）》2014年第1期。

的辩证关系予以割裂,因而"引向了反辩证法的思维途径"。而"二谛义"("真谛"和"俗谛")则是佛教试图解决它所说的"真理"和常识之间的矛盾的表现。吕澂指出:"二谛就是相对的两种实在的认识。"[①]萧萐父认为"二谛义"对人的认识予以多层次的分析,虽然其"结果是要剥夺人的认识能力,取消人的认识能力",但它实际上接触到了认识过程中的本质和现象的问题,以及真理认识无穷深化的问题,具有认识论意义。以禅宗为代表的"证悟论",认为人类的一切认识能力、认识活动、表达工具,都具有相对性、局限性,因此需要通过一种神秘的认识途径,才能使主体与本体直接冥合,实现精神状态的突变和认识能力的飞跃。除此之外,佛教的证悟论以诗的语言来表达佛教的真理,这就说明"形象思维可以补充逻辑思维的不足,可以克服逻辑思维的局限,可以给人一种特殊的启发"[②]。

综上所述,萧萐父指出,缘起说、中道观、二谛义、证悟论的模式和方法,因贯穿于佛教的各宗,形成其哲学思辨的一般结构和共同倾向,在逻辑意义上具有共性,尽管它们基本上属于貌似辩证法的相对主义思辨,把世界二重化和认识神秘化,但仍具有重要的历史意义和现实意义,并非全是"不结果实的花"。

2. 佛学中国化

一般而言,佛教的重头经典是《金刚经》《法华经》《无量寿经》《大般若经》《维摩诘经》等,但萧萐父侧重研读中国化的佛教经典,比如《大乘起信论》《肇论》《坛经》《古尊宿语录》等与中国本土儒、道二教糅合较深的佛教论著。何燕生指出:"萧先生是一位中国哲学史家,他对禅宗的论述,是基于中国哲学史的'问题意识',并不是为研究禅宗而研究禅宗。萧萐父把佛教、禅宗视为中国哲学的一个重要组

---

① 吕澂:《中国佛学源流略讲》,中华书局1979年版,第178页。
② 萧萐父:《吹沙集》,第262页。

成部分。"① 萧萐父对佛学中国化的研究，其特色在于揭示佛教和儒、道等思想如何融合的论述十分细致。

就《大乘起信论》（以下简称《起信论》）来说，首先，萧萐父指出，《起信论》适应了佛学进一步中国化的历史要求，其"一心二门"的理论架构，虽从佛性与心识、如来藏与阿赖耶识异同问题的两难论辩中来，但显然是吸取、融摄了中国传统哲学的智慧。具体来说，《周易》的"尚杂"（"物相杂，故曰文"）、"兼两"（"兼三才而两之"）之义，《老子》"常有、常无"的对立范畴，《庄子》"和之以是非而休乎天钧，是之谓两行"的启示，《中庸》"未发"与"已发"，《易传》"寂"与"感"相分，《乐记》"天性""物欲"两分等思路，自可作为《起信论》由"一心二门"开展出的真妄、净染、性识等一系列"二而不二"构想的活水源头。其次，萧萐父指出《起信论》把"真如本性"规定为本觉，并对由觉到不觉的流转与由不觉到觉的还灭进行详尽剖析，正是《起信论》在佛学中国化中的突出贡献。② 因为它对"性觉"义的阐释，显然受到了《中庸》《孟子》思想的影响。《孟子》主张"性善"，而必须"尽性""尽心"，"心之官则思，不思则不得"，强调"思"的作用；所谓"以先觉觉后觉""以斯道觉斯民"，更突出了"觉"的意义。《中庸》讲"自诚明"与"自明诚"相结合的觉性，又强调"极高明而道中庸"。《起信论》善于吸纳、消化这些思想资源，故敢于以"不觉"说无明，以"觉"变佛慧，辨诸"觉"义而把中国化的佛学思辨推进到一个新的境界。而《起信论》"不一不二""二而不二"的灵动方法，"因善于从中国传统哲学的'物生有两'、'和而不同'、'相灭相生'以及体用相涵、本末一贯等思想中吸取智慧"，使得

---

① 何燕生：《萧萐父先生的禅学论述》，载《中国哲学史书写范式反思暨纪念萧萐父先生冥诞九十周年学术研讨会论文集》，武汉，2014年11月8—9日。
② 萧萐父：《吹沙集》，第270页。

佛教中佛性与众生心识等疑难问题都得到很好的解决。萧萐父通过上述十分细致的学术史剖析，高度评价了《起信论》的历史意义：它是佛学中国化的历史和逻辑发展到特定阶段的产物，它对南北朝以来中国佛学的各种论争，在一定意义上做了一个阶段性的总结，并对隋唐中国化佛学的创宗立义提供了直接的思想资源。

萧萐父指出，中国化的佛学是以"证菩提"为归趋，主"心性本觉"（不同于印度佛学以"入涅槃"为归趋，主"心性本寂"），因而尤为重视"智光""慧观""觉解""心悟"，与老庄玄学相融会，被纳入中国哲学认识史的逻辑进程，促进了宋明时期哲学理论思辨的发展，直到近现代仍保持其对思想界的吸引力。[①] 这里所说的"佛学"，其典型代表便是禅宗。早在1962年，萧萐父就作了《禅宗慧能学派》一文。在他看来，禅宗作为隋唐佛教诸宗之一，其中的慧能学派，和与之同期而后基本合流的华严宗，"可以说是中国封建统治思想由前期的神学正宗到后期的理学正宗之间一个承转、过渡的中间环节"[②]。禅宗慧能学派的思辨分为三个环节：第一，"即心是佛"的本体论；第二，"顿悟成佛"的方法论；第三，"凡夫即佛"的宗教归宿。慧能的"亲证顿悟说"，则从人类认识具有局限性这一前提出发，在如何"转识成智"的问题上，主张以特有的敏锐把认识固有的矛盾展开，使之趋向极端，自觉从"第一义不可说"的悖论中别求出路，强调遮诠、否定乃至静默的认识功能，并充分重视诗化的审美意识的认识论意义，推进了佛家的派遣常人认识的认识理论。

由此，萧萐父指出禅宗的精神在于：(1) 勇于破旧立新的改革精神。道信、弘忍一改过去"一钵千家饭"的旧传统，采取农禅并举、禅戒结合的新方式，"确立了中国禅宗特有的丛林制度，走上山林佛教

---

① 萧萐父：《吹沙集》，第288页。
② 萧萐父：《吹沙集》，第252页。

的发展道路",从而使禅门学风有可能具有某种相对的独立性和一定程度的自由品格。(2) 善于取精用宏的创造精神。禅宗各学派人物,以"守心"或"守本真心"为归结,又广引经论,自加诠释,兼容并包,取精用宏,表明他们在理论上具有创造性和全面性。(3) 敢于广开法门的宽容精神。早期禅宗以灵活的传教方式,广接学人,并且无明显谱系之争,这种宽容的恢宏气象是禅宗得以迅速发展的重要契机。因此,无论从禅学理论的自觉创造,禅门生活制度的稳固确立,政教关系的思想改向,还是禅修方式的多样更新,均表明中国禅宗的开拓精神,属于传统文化中至今仍具有活力的文化基因。

第二节 "涵化印、中、西"——多元现代性

"现代性"(modernity)一词,最早出自西方英语世界,其背景是文艺复兴、启蒙运动乃至西方工业革命。从语源学的角度来讲,"现代性"早期主要运用于文学、艺术评论等领域,以与"传统"创作方式和"古典"审美观念相区别。马克斯·韦伯曾把"现代性"形容为"祛魅",意为世俗化的社会运动,旨在反思宗教蒙昧和高扬人的价值。工业革命以后,"现代性"一词逐渐蔓延到经济、社会、政治、文化等领域,有了社会学、政治学、经济学等多学科的不同意义。陈嘉明曾指出"现代性"是"一种与现实相联系的思想态度和行为方式,因此它与哲学认识论、方法论和道德、宗教、政治哲学密切相关"[①]。陈嘉明主要从哲学角度探讨"现代性"的意涵,但"现代性"的意涵并不局限于此。"现代性"一词,狭义地讲,一般是指现代商品生产和市场经济的运作方式;广义地讲,"现代性"则是一种在世界范围内业已存在的现代社会生活和组织模式,以及人们在这种模式下的生活方式、社

[①] 陈嘉明等:《现代性与后现代性》,人民出版社2001年版,第3页。

会认知、文化心理、交往规则、思想态度、价值观念的总和。

历史上的"现代性"运动，催生了一系列自由、平等、民主、人权等现代观念，形成现代社会的根本特征——以理性为内核的主体性意识。现代性的历史展现过程，既是重新肯定世俗生活的过程，同时也是试图瓦解宗教、信仰、传统的过程。与此同时，"传统"以及以"传统"为表征的历史文化，则长期被视为"现代性"的"障碍"。将现代化看作是摈弃传统的观点，肇始于马克斯·韦伯、斯宾塞，之后的代表人物 T. 帕森斯、W. 罗斯托、D. 贝尔将这种观点发展为"传统—现代化"模式。该模式认为现代与传统是断裂的，并认为以资本主义生产方式为代表的发展模式，才是现代化的唯一范本，而第三世界不发达的原因在于这些国家本身的社会制度和文化传统不利于现代化的模式，此论说在之后的西方中心主义时期达到了顶峰。

但是，东亚经济腾飞的模式和美国次贷危机的爆发，已经在事实上证明这种观念本身具有局限性。[①] 罗荣渠指出："'现代化'是一个高度概括性的术语，含义又很笼统。按两分法，把社会现象按'传统'与'现代'编排成两组相互排斥的特征，也是虚假的。因为任何现代社会都不可能是纯粹的现代性社会，而是现代性与传统性兼而有之的社会。"[②] 罗荣渠又进一步指出："现代化理论受到的另一种非难是：它的理论架构是一种主观的构想，经不起实践的验证。把一切前现代化的东西都归之于'传统'，事实上抹煞了传统不论其空间因素和时间因素都存在极大的特殊性与多样性（multipilicity）。"[③] 金耀基认为，从传统到现代是一"连续体"，传统与现代并非二元对立。由此，他总结"现代"或"现代性"这个词语，虽然大致为学者所承认，但是仍

[①] 具体论述详见徐远和主编：《儒家思想与东亚社会发展模式》，广西人民出版社 2002 年版，第 27—47 页。
[②] 罗荣渠：《现代化新论》，北京大学出版社 1993 年版，第 38 页。
[③] 罗荣渠：《现代化新论》，第 38 页。

有一些学者反对甚至放弃这个词语,他们反对的理由主要有几点:第一,"现代性"一词含有浓厚的"价值判断"的色彩;第二,"现代性"一词常常暗示一个单一的、最后的事态,具有目的论倾向;第三,"现代性"一词常常被看作是"经济的现代性"的代名词,从而忽略了政治、文化等领域的价值;第四,"现代性"常常被看作是"传统"的对立面。① 杜维明引用俄亥俄大学张灏先生的提法,号召"我们不仅要从现代的角度来批判和了解传统;同时,也要从传统的角度来批判和了解现代"②,杜维明将之形容为"用现代来'格义'传统,用传统来'格义'现代",这样使得传统和现代性成为一个辩证发展的关系。与倾向于反思和批评现代性不同,高瑞泉教授强调现代性作为中国哲学现代转型的内在向度的意义。他认为,中国的现代性与西方的现代性除了有时间的差别,还有民族和文化的差别,它体现为:"中国人追求现代化的过程,始终伴随着'古今中西'的文化争论,虽然'今'和'西'的主张占着主导的地位;然而 20 世纪中国的特殊问题('中')和数千年文化传统('古')依然是有力的。现代性在中国的实现呈现为'古今中西'复杂互动的过程。"③ 由此,高瑞泉指出,真正与中国哲学的现代型转型直接相联结的是"学习型现代性",它的历史起点既不同于宋代的"近世",也不同于明清之际。

上述学者对现代性的探讨,归结于一点,就是要消解那种抽象、同一的"现代性",主张有具体民族文化内容的"现代性",这必然会逻辑地导引出对"多元现代性"的探讨。

基于这样的问题意识,萧萐父主张应在确立中华民族文化主体性的前提下,寻求中国自己的"现代化"。他说:"中国的现代化,特别

---

① 金耀基:《从传统到现代》,中国人民大学出版社 1999 年版,第 96—97 页。
② 杜维明:《现代精神与儒家传统》,生活·读书·新知三联书店 2013 年版,第 123 页。
③ 高瑞泉:《现代性:中国哲学现代转型的内在向度》,载景海峰主编:《拾薪集》,北京大学出版社 2007 年版,第 10—22 页。

是文化深层的人的精神（价值取向、思维方式、行为方式等）的现代化，绝非西方文化的'冲击反应'（即'被西化'），而必有其根本的内在的历史根芽或活水源头。只有树立起'以我为主'的文化主体意识，才能善于吸纳西方先进思想及其最新成果，并使之中国化，从而促成中国传统哲学的现代化。"[1] 为此，他首先历史地回顾了近代中国百年来的文化进程：

> 百余年来，中西文化的异同之辨，也不期而然地呈现出由肤浅地认同到笼统地辨异再到察异观同而力求会通这样三个阶段，大体与中国近代史上的革命进程相顺应，而在晚清时期、"五四"时期和抗日民族解放战争后期三次中西文化论证的高潮中表现出来。[2]

在他看来，晚清时期无论革新派还是保守派，全都贯穿着一个为救亡图存而向西方学习的主题，虽然提出了"西学中源"说，但它"除透露出在西方文化冲击下人们意识中的某种畸形的民族情感以外"，已经隐示着"异质的西方近代文化一传入就产生了如何使之与中国传统文化相结合"这一历史课题。"五四"时期将这一问题深化，已经触及中西文化思想、价值等深层结构的比较和论证，大体形成了西化派和国粹派各执一端的"两极分化"，但"双方都不再停留在文化的表层现象去肤浅地认同，而是抓住中西文化深层结构中某些要素去进行对比和辨异，超出晚清思想界华夏自我中心的狭隘眼界，而是放眼世界，以中、西、印等文化类型作为考察对象"[3]。之后，马克思主义深入传播

---

[1] 萧萐父：《吹沙二集》，第91页。
[2] 萧萐父：《吹沙集》，第51页。
[3] 萧萐父：《吹沙集》，第53页。

以及新民主主义运动蓬勃开展,这一时期"对中西文化已不再简单地认同或辨异,而力求在较深入地对比研究的基础上去求其会通"①,中西文化的冲突与融合得到了初步的总结,也取得了重大成果。

但是,萧萐父同时也清楚地看到百年来中西文化的冲突与融合,仍有不少遗留问题。特别是在新时期改革开放的背景下,这些问题突出地表现为:"如何探寻中国文化现代化的内在历史根据,找到传统文化的历史接合点?"对于此,他在《中国传统文化的"分"、"合"、"一"、"多"与文化包容意识》中进一步指出:"从文化的角度看,世界华人过去和现在始终面临着东西(东方文化和西方文化)、古今(传统观念和现代意识)之间文化思潮的矛盾冲突,面临着如何正确解决传统文化与现代化的历史接合的课题和中国文化与西方文化的互补交融的难题。"②对于这一问题,他主张筛选"历史传统"和探索"代谢条件":

> 多元的传统在不同的历史条件下形成,也只能随历史条件的变化而产生变革和得到发展。因此,传统的继承,并非文物的保管,也不是古学的复兴,更不是对古今文化的肤浅认同,而是按照"人事有代谢,往来成古今"这一历史的客观进程,基于主体的自觉,对历史中形成的传统去进行筛选和评判,去发现自己视为先驱者开拓的足迹,接过他们点燃的火炬,探索新旧文化代谢发展的历史条件和根据,从而找到传统与现代文化创造的历史接合点。③

在萧萐父看来,"历史接合点"的问题,对非欧地区走向现代化的

---

① 萧萐父:《吹沙集》,第54页。
② 萧萐父:《吹沙二集》,第10页。
③ 萧萐父:《吹沙集》,第83页。

道路几乎具有普遍的意义。从世界文化现代化的进程来看，非欧文化地区，如亚、非、拉美，都存在民族文化与外来文化、传统文化和现代文化之间的矛盾冲突，一般都出现了要么传统主义，要么西化主义的二元对立。①这里所言的"矛盾冲突"，当指亨廷顿的"文明冲突"论。而在萧萐父看来，正是因为有冲突，才有可能进行调和。由此他把中西古今之争的问题，仅视为文化代谢的"一环"。他说：

> 事实上，人类文化从来就是多元发生，多维进化，而又在一定条件下普遍趋同的，不可能有单一的进化模式。特别是各民族各地区间的相互传播、交流和涵化，也必然会出现多样化的发展道路。19世纪中叶以来的中国社会与思想文化，不仅表现为中西的冲突与融合，也表现为古今的矛盾与贯通。近百年来中国社会的转型与文化的变迁，从总体上说，正是处于中西古今错综的矛盾汇合之中，处于新旧文化复杂的推陈出新的代谢过程之中，而并非只是中国文化被西方化的单向过程。所谓中西文化的冲突，只不过是中西古今文化矛盾汇合、新陈代谢中的一个中介环节而已。②

由此可见，消解文明"冲突"的关键在于，能否从传统文化中找到现代化的契机。这是因为：一方面，现代化是世界思潮，现代文化基本是国际性的；另一方面，每一民族的独立发展又必须探寻自己民族文化的根基，这就构成了文化发展在独立两极中必要的张力。虽然各民族文化现代化的"趋势"不可逆转，但这并不意味着西方的现代化道路就是唯一的模式和范本，相反，西方近现代社会同样存在种种畸

---

① 萧萐父：《吹沙集》，第85页。
② 萧萐父：《吹沙二集》，第56页。

形和弊端。①萧萐父认为，中国传统文化的现代化应是双向互动的，因为"近代中国文化思想的发展，既表现为中西的冲突与融合，又表现为古今的变革与贯通，可说是处在中西、古今错综的矛盾汇合和新旧文化复杂的代谢过程之中，绝非只是中国文化被西方化的单向过程"②。中国民族文化的进一步发展和中西哲学智慧的互补合流，一方面"必须通过自我批判的反思和历史教训的总结，从根本上走出单一政治化的旧格局，而更好地恢复和实现学术文化固有的价值和功能"；另一方面"应当更好地实现'两化'，即中国传统文化的现代化和西方先进文化的中国化"。"两化"是互相区别而又互相联系的文化过程，必须善于兼顾，才能逐步圆满解决古今和中西两方面的矛盾的复杂交错的问题。要使中国传统文化向现代化转变，必须吸收西方的先进文化，其中当然包括西方文化发展的重大成果马克思主义在内。他说：

  这里有一个文化创造的主体问题：能否以中国传统哲学为主体？洋为中用，是否以"中"为主体？我觉得讨论这个问题是非常好的事情。以中国哲学为主体，那么马克思主义又怎样摆法呢？照我看，马克思主义自上个世纪末传入中国，已经有一百多年。在这个意义上说，传统文化已经包括了百年来马克思主义在中国的发展。③

在萧萐父看来，外国文化再优秀，如果不与我们的民族特点和现实需要相结合，不经过民族文化主体的演化和现时代的选择，都不可能真正生根和发生作用。所谓"民族文化主体"，应是一个动态演变

---

① 萧萐父：《吹沙三集》，第3页。
② 萧萐父：《吹沙三集》，第5页。
③ 萧萐父：《吹沙二集》，第46页。

的、自我更新的概念。萧萐父说:"民族文化的主体性应当是社会的现代化与人的现代化协调并进的民族文化自我发展和自我更新的主体性。"① 他肯定中国传统的现代化既有普遍，也有特殊，于现代化的普遍趋向中凸显中国文化的主体性，在接受外来先进文化的同时不忘从优秀的民族文化遗产中发掘"活水源头"。也正是基于此，萧萐父十分反对"用政治标准代替其他一切标准而抹杀学术文化固有的特点和独立价值，用政治决定一切代替诸意识形态的相互作用，用真理的单向运动代替真理的螺旋发展，用日趋僵化的指导思想来限制民族文化主体精神的发扬"②。

除此之外，萧萐父认为，中华传统文化的历史发展形态可用"合中有分，分久必合"描述——这是中华文化持续发展的内在机制与客观法则。但在他看来，文化的发展，"分"要比"合"好，因为如果深观文化生命和民族智慧的动态发展就会发现，合分、分合是互涵递进的。真正的新的整合，必以分殊为前提，苟无分殊，何来整合？民族传统形成的文化心理素质的某些共性，可以超越一定时期内政治、经济格局所造成的民族的分离、隔阂和差距。而这种超越政治和经济格局的民族传统形成的共性，正是"文化中国"的题中之义。

"文化中国"的概念，最早由美国天普大学傅伟勋教授倡导③，但真正落实并发扬这一概念的学人乃杜维明。杜维明认为，"文化中国"包括三个意义世界：第一意义世界，指广义的汉人所组成的社会，就是地球上以中国人为主体的社会，它不只是一个政治概念和地域概念；第二意义世界，指侨居于世界各地的华人以及华人社会，杜维明也称之为"离散族裔"（dispora）；第三意义世界，指与中国人没有血缘关

---

① 萧萐父：《吹沙三集》，第 265 页。
② 萧萐父：《吹沙三集》，第 7 页。
③ 傅伟勋教授在 1988 年正式提出"文化中国"的概念。详见氏著《"文化中国"与中国文化》，第 12—13 页。

系,但致力于中国文化研究和传播的世界各地的汉学家、研究者,以及关心中国文化的非汉语人士。[①] 与杜维明从价值理念和人文反思的角度界定"文化中国"不同,萧萐父倾向于从文化"分殊"发展的角度,把"文化中国"分为五层次:(1)大陆母体的中华文化;(2)港台地区的中华文化;(3)东南亚以及东北亚各国华人聚居地区的中华文化;(4)散居世界各国的华人所拥有的中国文化;(5)外国朋友的汉学研究中所弘扬的中华文化。在他看来,这五个层次各有成就,展现为杂多性,由一趋多,多中显一,在经历了一段必要的"分殊发展"后,未来必然会进入一个"兼综并育"的融合期。也就是说,"文化中国"这一范畴,不仅仅是世界华人文化这一综合性的概念,同时也包容了世界各国人士对中华文化进一步深化的研究成果。"分殊"和"兼综",实际上也是"多维"与"两分"。传统文化的演进,无论是过去,还是现在、将来,其发展态势从来都是多元、多维、多根系、多向度的,并在差异、矛盾、对立和竞争中互动互补,互相采摘吸纳、渗透融合。

费孝通曾说:"'文化自觉'是当今时代的要求,它指的是生活在一定文化中的人对其文化有'自知之明',并且对其发展历程和未来有充分的认识。从某种意义上说可以讲,文化自觉就是在全球范围内提倡'和而不同'的文化观的体现。"[②] 就中国文化与其他文化的关系来说,费孝通主张"美人之美,各美其美,美美与共,天下大同"。汤一介在《新轴心时代与中国文化定位》中指出,在经济全球化的背景下,"我们必须既要反对文化上的霸权主义,又要反对文化上的部落主义。要反对文化上的霸权主义,必须是以承认和接受多元文化为前提,必须充分理解和尊重人类各种文明、各民族、各群体,甚至每个人的多样性和差异性;要反对文化上的部落主义,必须是以承认和接受多少

---

① 郭齐勇、郑文龙主编:《杜维明文集》第五卷,第381—389、439页。
② 费孝通:《费孝通论文化与文化自觉》,第386页。

世纪以来各民族之间的文化交往和互相影响是文化发展的里程碑为前提,批判排斥一切外来文化的狭隘心理。"[1] 费孝通、汤一介、萧萐父三者,从不同侧面强调了文化多样性的客观存在,虽是对当时亨廷顿提出的"文明冲突"论的检讨和回应,但讨论的深化却加深了对文化的多样性的肯认,从而逻辑地指向多元现代性的存在事实。

第三节　真善美统一——"文化即人化"

"文化",如同"哲学""文明"等概念一样,因内涵广泛而难以抽象概括。《易传》有"人文化成"之论,"文"在传统哲学中乃贯通天人、无所不包的概念,它强调顺遂的教化,而非强力的变化。现代对"文化"的定义,仍属于人与人、人与自然、人与观念之间的意义系统,总体上仍是主体—客体的理解模式,但这种"模式"已经得到东、西方学术界的检讨,例如西方后现代主义者罗蒂、德里达对主、客体对立的深度批判[2],以及中国本土哲学对"天人合一""体用不二"的重新解释,尤其是以"生成论"取代以往"矛盾论"的路径,冲击了人们以往对"文化"的认知。

萧萐父认为"文化"在某种意义上可约化为"人化",它分为广义和狭义二层。广义的"文化",可分为表层的器物文化、中层的制度文化、深层的精神文化。其中"深层的精神文化"即文化的"狭义"范畴,"专指人类实践中的精神创造活动长期积淀而成的社会心理、价值体系、思维方式、人伦观念、审美情趣等"[3]。在社会意识的诸形态中,哲学是核心,它对文化的各层次都起着世界观、方法论的作用。由此,萧萐父指出:"文化是哲学赖以生存和发展的土壤,哲学一旦形成就成

---

[1] 汤一介:《新轴心时代与中国文化的建构》,江西人民出版社2007年版,第174—175页。
[2] 罗蒂、德里达等人十分致力于消解主、客体相对立的思维方式,以及真理客观论。
[3] 萧萐父:《吹沙二集》,第86页。

为文化的活的灵魂。"① 如果说哲学可以广义界定为"人学",那么文化"本质地说就是'人化'"。

在萧萐父看来,把握传统与现代化的历史接合,当然应当重视近代化基因的启蒙思想。但就传统文化如何现代转化,还应注意以下几个层面:

> 首先应着力于价值取向,为把传统哲学中伦理价值至上的取向,改造为人的全面发展,使人的主体性和人生价值在科学认知、艺术审美、宗教实践,以及经济活动、行政管理与现代各种职业等各个方面都得以平等实现。其次重视思维方式和行为方式的改造,把传统哲学中偏重整体综合、直觉体悟的思维方式,改造为以实证分析为基础,善于把感性的具体、知性的分析与理性的综合三者统一起来;把传统哲学中公私、群己、义利观中的贡献和局限加以分疏,注意发掘其中的现代性和有助于救治西方现代社会中人性异化、价值迷失的诸因素。②

上述论述中所强调的"科学认知""艺术审美""宗教实践",以及"感性的具体""知性的分析""理性的综合",无不是在强调作为文化主体的人应具备知、情、意,抑或真、善、美的统一。萧萐父一贯主张"哲学即'人学'",标举人文主义精神,这必然使他的文化观带有强烈的人本主义色彩。许苏民指出:"在先生(笔者按:萧萐父)看来,中国文化最高的境界并不像一般人所认为的,是道德伦理,而是涵盖真、善于一体的'大美'"。③ 深入萧萐父的表述思路,可知他的"文化即人化"绝非"人的本质力量的对象化"等惯常理解,而是对

---

① 萧萐父:《吹沙二集》,第87页。
② 萧萐父:《吹沙二集》,第92页。
③ 萧萐父:《吹沙三集》,第414页。

真、善、美的追求,也是情与理的交融、思与诗的统一。

一、"诗化"

萧萐父一生喜作诗,仅"吹沙"三集,便录有三百余首诗词。他有浓厚的"双 L 情结"(Logic、Lyric),并提出"诗的哲学化与哲学的诗化"的论题。萧萐父认为,"诗"最能代表一种文化的精神密码,特别是作为"诗的国度"的中华,"诗"是中华传统文化中最灵动、最具有渗透力的精神文化基因。"诗",作为表现人类理想美与善统一的文学载体,它以情与理、哲与思的冲突与交融为内容,反映了人们对"诗化的人生境界"的追求。萧萐父说:

> 在情与理的冲突中求和谐,在形象思维与逻辑思维的互斥中求互补,在诗与哲学的差异中求统一,乃是中华哲人和诗人们共同缔造的优秀传统。他们在这一心灵创造中实现着美和真的统一,使中国哲学走上一条独特的追求最高价值理想的形而上学思维的道路,既避免把哲学最后引向宗教迷狂,又超越了使哲学最后仅局促于科学实证,而是把哲学所追求的终极目标归结为一种诗化的人生境界,即审美与契真合二为一的境界。①

在萧萐父看来,中华文化的优秀传统是"在诗与哲学的差异中求统一",以"形象思维"和"逻辑思维"、"美"和"真"的统一为终极目标,最终达到"诗化的人生境界"。对于诗与哲学的关系,亚里士多德认为,诗比历史更接近于哲学。西方有源远流长的诗学传统,由此构成了西方文化特殊的诗与哲学的认知。对比西方的诗学,中国诗学反映了中国哲人对天、地、人的哲学思考和感悟。由于中国诗学的对

---

① 萧萐父:《吹沙二集》,第 508 页。

象，先天地将"神"（宗教意义）排除在外，混融主观与客观为一（移情、移景、物我通感），因而中国诗学中所反映的哲学思想，并不必然存在所谓西方语境下的"本体论"的问题意识，毋宁说它只是具有"存在论"（天地与我相贯通）的意义。

在"吹沙"三集的诗文中，萧萐父多次谈到哲理与诗心（诗情）的合一。如《甲申乙酉杂诗忆存》中的"欲从烦恼证菩提，慧梦情天撷彩霓"；《自题吟稿》中的"诗情慧境两参差"；《戊午辛酉杂诗忆存》中的"童心诗骨两嶔崎"；《一九八〇年九月舟行海上口占》中的"诗情不羡云中鹤，慧境宁同井底蛙。黑氏（黑格尔）连环原可解，刘郎（刘禹锡）交胜实堪夸"[1]；20世纪80年代，在和李锦全先生合编《中国哲学史》书稿完成后所作的一首诗中有"九畹兰心凝史慧，五湖鸥梦入诗篇"。[2] 从这些诗句来看，"慧梦""慧境"均指哲理，"诗情""诗骨"则指"诗心"。萧萐父厚重的诗歌创作实践活动，表明他将诗与思的矛盾化为追求自我的内在动力。

如果按照萧萐父的形象思维和逻辑思维"互斥互补"的思路，哲学与诗也可以看作是逻辑与语言的关系。赵红梅认为："现代哲学的诗化表面上看是从方法论上而言的，实际上是从存在论意义而言的。方法论意义上的哲学的诗化，指的是现代哲学强烈要求把语言转变为诗性的或非逻辑的存在论意义上的哲学的诗化，指的是现代哲学强烈要求把语言转变为存在本身"，"只有走向诗化、寻求隐喻才能找到把人和自然统一起来的原始力量，只有诗人才是向'在的世界'的神圣之家最终还乡的最大的也许是唯一的保护者，只有诗才是人除去遮蔽、返回家园的唯一途径，只有诗才能恢复天、地、神、人的原始一体。

---

[1] 以上诗句见于萧萐父：《吹沙集·滴水吟稿》，巴蜀书社2007年版。
[2] 20世纪80年代，萧萐父受教育部委托，与中山大学李锦全先生主持编写《中国哲学史》教材，期间曾作诗多首，且与学界诗友多有唱和，这些诗作曾结集为《编余吟咏》。参见杨海文：《〈中国哲学史〉编撰的盎然诗意》，《光明日报·国学版》2009年8月10日第12版。

可见，走向诗化的现代哲学把审美意识变成了本源性意识"。[1] 赵氏所论述的现代西方"诗学"转向，对"本源性意识"的追求，在中国传统诗学中有丰富的表述。

一般而言，现当代西方哲学的面向之一，是将诗与哲学融合起来，继续追问"存有"的意义。尼采曾说："事件要成为伟大，必须同时具备两个方面：成事者的伟大官能和受事者的伟大官能。"[2] 当代西方哲学家海德格尔在后期也努力追求思与诗的结合。尼采是康德、黑格尔等西方古典哲学终结后开启现代哲学的"匕首"先驱，海氏则以"诗"的隐秘性、隐喻性为切入点[3]，回到古希腊源头，叩问存在（存有）的意义，进行后现代反思。因此，从某种程度上说，西方哲学的每一次重大转型都在诗乃至诗学中反刍和重建。[4] 对比中国哲学，自胡适《中国哲学史大纲》问世以来，百年中国哲学（学科）的发展过程中，探索中国传统诗学与中国哲学之间关系的学者并不多见。倘若对中国哲学的合法性问题不做讨论，将中西哲学对世界与人生（天与人、外在与内心）的意义的关注作为共同的、粗略的衡量标准来看，在中国哲学百年历程中，王国维和马一浮二者虽处对立面向，其各自的诗学思想却值得关注。

王国维曾自析道："余之性质，欲为哲学家则感情苦多而知力苦寡，欲为诗人则又苦感情寡而理性多。"[5] 知识论上的实证论、伦理学上

---

[1] 赵红梅：《从哲学的逻辑化走向哲学的诗化》，《江汉论坛》1997年第11期。
[2] 尼采：《悲剧的诞生——尼采美学文选》，周国平编译，北岳文艺出版社2004年版，第107页。
[3] 海德格尔曾说："诗之道，就是对现实闭上双眼。"海德格尔：《人，诗意地安居》，郜元宝译，远东出版社2004年版，第91页。
[4] 西方诗学的代表人物，还有荷马、柏拉图、叔本华、荷尔德林以及近代德国浪漫主义思潮人物等，当代西方思想家德里达、伽达默尔、哈马贝斯则对诗以及诗学有大量相关论述。关于西方诗学与哲学的深层关系，不是本书所能胜任，这里仅做粗略描述。
[5] 王国维：《静安文集续编·自序二》，《王国维遗书》（三），上海书店出版社1983年版。

的快乐论、美学上的经验论虽可信却不可爱；伟大之形上学、高严之伦理学与纯粹之美学虽可爱却又不可信。王国维深受叔本华影响，而叔本华恰恰是西方现代哲学的先驱之一。从某种程度上而言，叔本华是西方现代哲学史上破除理性、思辨对语言的奴役，以及将人的情感超拔凸显的代表人物之一。但是，王国维本身的大量诗词创作却带有悲观主义的浓厚色彩，他并没有看到叔本华悲观主义哲学背后所强调的生命意志。[①]王氏虽求助于康德哲学及叔本华哲学，但却深陷"可信者不可爱，可爱者又不可信"的矛盾而无法调和。

对比王国维诗美学的实践活动，现当代新儒家马一浮则呈现出另外一番气象。马一浮认为，诗的重要性在于"仁"，因为诗可以激发人之作为人之"心之全德"："仁是心之全德，即此实理之显现于发动处者，此理若隐，便同于木石。如人之患痿痹，医家谓之不仁……故圣人始教，以诗为先，故《诗》主仁。……人心若无私系，直是活泼泼地，拨着便转，触着便行，所谓'感而遂通'，才闻彼，即晓此，此便是兴。……兴便有仁的意思，是天理发动处，其机不容已。《诗》教从此流出，即仁心从此显现。"[②]从这个角度看，马一浮与叔本华通过追求人的道德情感、生命意志而实现"人"本身，反倒有一致之处，当然二者的言说背景存在着巨大差别。

在"哲学"传入中国后，如何审视作为现代学科的中国哲学与传统诗学的关系，萧萐父有着清醒的认识："康德花了一生的功夫，写出了三大批判，把理论理性、实践理性与审美直观三者的功能和作用范围，加以严格区分，于是，形而上学如何可能，不可说的东西如何能说，成为哲学上长期悬而未决的大问题。如果再扩而大之，近代以来

[①] 可参见王国维著、陈正兴笺注《王国维诗词笺注》（上海古籍出版社 2011 年版），该书中除诗外，首次辑录了王国维以往未辑录的词作手稿。

[②] 马一浮：《复兴书院讲录》第二卷，《马一浮集》第一册，浙江古籍出版社 1996 年版，第 161 页。

人类哲学发展的大势，大体可以分为两条路线：科学主义与人文主义、实证主义与非理性主义，长期对立，得不到会通。"[①] 这里所说的科学主义与人文主义、实证主义与非理性主义的"对立"，倘若深入体味，又何尝不是思辨理性的哲学与直观感性的诗（语言）的"对立"的放大呢？其实，这种对立和冲突，完全可以通过吸取中国传统诗学的思想资源而得到一定的克服。

对中国传统诗学思想的发掘，有助于凸显中国哲学的自主性。吴根友认为，传统中国哲学因为具有浓厚的诗性特质，在以柏拉图、康德、黑格尔等为代表的主流西方哲学传统的尺度或范式之下，恰恰是不够哲学的典型表现。但在世界历史的新视野下，哲学的形态及哲学观也在发生变化，传统西方的主流哲学观不再是唯一的裁量何种思想形态是哲学的标尺了。[②] 也就是说，中国哲学因其独特的文化特质，而正好是"够哲学的典型表现"，由此成为所谓"哲学"可供参考的标准之一。

综上所述，萧萐父对中国哲学与中国诗学可以共融的优秀传统的阐扬，一方面探索了中国哲学走向世界哲学的可能路径，另一方面丰富了中国哲学的研究方法，在一定意义上，也有助于消解中国哲学的"合法性"问题。当代视野下的中国哲学，从中国古典诗学中吸取营养，不失为一种可贵的尝试。

二、"原美"

萧萐父作有《原美》一文。在他看来，实质与形式、现实与理想、存在与意义、事实与价值等，常常被认为是分裂的，因此一个整全的人生也被理解为两种：一种是"事实判断"所了解的人生，被自然律支配，没有价值和目的；另一种是"价值理性"所了解的人生，它认

[①] 萧萐父：《吹沙二集》，第311页。
[②] 吴根友：《试论"世界历史"时代里的"世界哲学"与哲学的中国性》，《华中科技大学学报（社会科学版）》2011年第1期。

为整个人生的活动都是意义的展现。在他看来，后一种无疑才能够帮助我们洞彻人生。因为它表明了人生的"每一个行为都应该涵蕴一个目的性的价值"：

> "真"是理性所涵摄的实在底秩序；"善"是自由意志所实现的人格底尊严；而"美"则是整个心灵所观照的对象底和谐。秩序、尊严与和谐，并不是一些描述的实在，而只是实在所表现的意义与律则，这是人底精神向宇宙所宣布所赋予所渲染的。①

萧萐父指出，由于人类知识的两种性质——由事实判断和价值判断所形成的"知识"，常常把宇宙和人生分裂成"无法统一的片段"，形成了理想与现实、存在与意义的矛盾，甚至可以说哲学与科学、诗与逻辑的冲突都是由此发生的。人们一般认为这种"矛盾"是无法调和的。但在萧萐父看来，这种观点似是而非，因"对于人生的认识与了解，我们只能有'方面'与'层次'的不同，而并不是'部分'与'片段'的割裂，认识底层次纵有差异，但认识对象却不容分割"②。由此，他从"认识对象"的客观存在出发，认为应把"事实的必然"和"规范的意义"之间的关系理解成"从属的统一关系"，而不是外在的"二元对立"。

萧萐父进一步指出，事实与价值、存在与意义等两套命题，之所以"就其终极的意蕴言是有着从属的统一底关系"，原因就在于："事实命题只是现象的描写与所知对象之间底必然关系的陈述，而对此描述内容底'意义'之了解，即是说对于生活事实底理想性与目的性底把握，则非叙述科学所能穷究的；规范意识完成悟性所未尽之功！价

---

① 萧萐父：《吹沙二集》，第367页。
② 萧萐父：《吹沙二集》，第369页。

值范畴扩大并充实了悟性的形式。"[1] 由此他指出，人生其实是在事实的基础上创造价值生活或意义生活。这样一来，事实和价值得以贯通，宇宙作为认识对象，而变为"一个可理解的意义系统"，而人生则对我们呈现为"一个价值实现的历程"。

在萧萐父看来，这里的"价值"，应根据人生意义的和谐，囊括真、善、美三种价值系统，它们并非互相对立，而是互相涵摄，以道德、智慧、艺术的形式，交相融贯，"凝成一个唯一的价值观念体系"，整全的人生的意义，就在真、善、美等人类认识形式的运用过程中展现。而这种意义的展现，就是"美"的本质。萧萐父指出："美底意义就是实现了的和谐"[2]。"美"既然被理解为价值和事实的整合，那么它就应该是"渗透在现实中的理想"和"溶注在存在中的价值"。所谓"和谐"，即是指通过规范意识所摄取的最高理想，而实现了价值和理想的最高统一。由此可见，萧萐父认定"美"是对"真"和"善"的统摄。

萧萐父把"美"分为四个阶段和两种领域，它们是"形体美""智慧美""情操美""人格美"，以及"静的和谐"（Static Harmony）与"动的和谐"（Dynamic Harmony）。在萧萐父看来，由"静的和谐"到"动的和谐"，同时也是由"形体美"而"智慧美"而"情操美"再到"人格美"的转化与递进。这四种美"并不是互相排斥而是层层涵摄的"，如果我们把这四种人生美交相融合，那就实现了"最高的和谐与最高的美"。但这种最高的"美"究竟是什么？萧萐父以"画"或"乐曲"比喻，"如果不仅具备了形式的完整，而且蕴涵了澄澈的智慧，深挚的情操与庄严的人格"，则可以说它实现了最高的美。同样，如果一个人能够把灵魂与外在、内界与外界予以协调和融合，我们也可以说他实现了最高的美。但这种"美"的实现并不会停止，而是无穷无尽地延

---

[1] 萧萐父：《吹沙二集》，第369页。
[2] 萧萐父：《吹沙二集》，第372页。

续下去，因为人生的意义的本质是"无穷的扩大与充实——创造"。

贺麟曾把文化定义为"真理化""道德化""艺术化"的统一。他说："所谓文化，乃是人文化，即是人类精神的活动所影响、所支配、所产生的。又可说文化即是理性化，就是以理性来处理任何事，从理性中产生的，即谓之文化。文化包括三大概念：第一是'真'，第二是'美'，第三是'善'……"[①] 不难看出，贺麟仍是沿袭了黑格尔高扬理性的观点，认为理性要高于道德和艺术。

方东美认为，"从历史上面看，许许多多最好的文化，代表文化的优良精神，第一层是宗教，第二层是哲学，第三层是艺术"[②]，他也称之为真、善、美之"价值统会"，最后归结于人的生命精神的"情理一贯"。方东美同样认为哲学是最高层面，能够"总摄种种现实与可能境界之中的情与理"[③]，而宗教崇"情"以斥"理"，艺术宣"情"以悖"理"。

冯契曾把真、善、美分别表述为"人生理想、道德理想、审美理想"，并把三者统摄于自由人格[④]，它摒弃了圣贤豪杰和逍遥遁世的人格，是人人可以达到的，因此又称作"平民化的自由人格"。冯契指出，"人类通过化理想为现实的活动来发展科学、道德和艺术，创造有真、善、美价值的文化"，它改变了现实和自我，培养了以真、善、美统一为理想的自由人格，使理论化为德性。[⑤] 可见，冯契基本是从"人化自然"的角度定义"美"，他认为人生理想的实现就是使人的本质力量对象化，让人能够从人化的自然中直观自身的力量。[⑥] 美和善虽以

---

① 贺麟：《文化、武化与工商化》，《文化与人生》，商务印书馆1988年版，第280页。
② 方东美：《方东美先生演讲集》，台北黎明文化事业股份有限公司1978年版，第12页。
③ 方东美：《生生之德》，台北黎明文化事业股份有限公司1979年版，第3页。
④ 冯契：《人的自由和真善美》，《冯契文集》第三卷，第166页。
⑤ 冯契：《人的自由和真善美》，《冯契文集》第三卷，第291页。
⑥ 冯契：《人的自由和真善美》，《冯契文集》第三卷，第245页。

"真"为前提，但这里的"真"，是指作为价值范畴的真，它是"有关宇宙、人生的真理性认识和人性的自由发展密切相联系着的那种智慧"[①]。因此，冯契认为，真善美的统一，其实是人的全面发展和自由发展。

汤一介在《论中国传统哲学中的真善美问题》中指出，中国哲学的主题和精义是天人合一、知行合一、情景合一，分别与真、善、美相对应。他说："中国传统哲学中关于真、善、美的观念集中体现在中国古代思想家长期讨论的三个基本命题之中，即：'天人合一'、'知行合一'、'情景合一'。'天人合一'是讨论'真'的问题；'知行合一'是讨论'善'的问题；'情景合一'是讨论'美'的问题。"[②]在这三个"合一"中，他认为"知行合一""情景合一"是"天人合一"派生出来的，其归结于如何"做人"。汤一介后来又有《再论中国传统哲学中的真善美问题》一文，将这一问题继续深入，指出孔子、老子、庄子分别代表了真善美合一的三种路径，它们分别是善←美←真（孔子）、真←善←美（老子）、美←真←善（庄子）。[③]汤一介认为，中国文化关于真、善、美的讨论，最后归结于人生境界。

如果与贺麟、方东美、冯契、汤一介的有关论述粗略对照，可以看出萧萐父倾向于把真、善、美统摄于最高的"美"（即"美底美"），将求真和求善视为一种审美活动，同时注重强调三者的差别仅仅是层次上的高低阶段，而不是性质上的外在对立。换言之，真、善、美是同一事物的不同阶段，而非三个不同性质的事物。萧萐父强调整全人生的意义，应是真、善、美的和谐统一。《原美》作于1948年，萧萐父当时年仅24岁，以今天的学界观点看，这篇文章稍显稚嫩，但全篇体现了逻辑论析与浪漫激情的统一。从主题上，《原美》显然受到西方

[①] 冯契：《人的自由和真善美》，《冯契文集》第三卷，第313页。
[②] 汤一介：《论中国传统哲学中的真善美问题》，载《反本开新：汤一介自选集》，首都师范大学出版社2008年版，第24页。
[③] 汤一介：《反本开新：汤一介自选集》，第44页。

美学特别是康德伦理学的影响,但他并没有延续康德知、情、意分裂的思路,而是把问题的前提置换为"求真"是寻求人生的意义和价值的"真",体现了他敏锐的才思。

众所周知,康德哲学大体上是一种论证真、善、美的价值的理论体系。康德认为人生的最终归宿是人自身的理性实践能力(不凭借其他任何东西),它确实能够使人的价值和尊严得到彰显;但是,康德把知、情、意三者予以严格的边界划分,造成了三者的分裂。康德认为履行道德就是要使意志服从于道德立法,但他却要求理性对感性的强力控制,感性的因素应被清除,以获得道德的纯洁性。这样,康德以知、情、意建构的人生理想,就显得过分抽象、高迈,只能诉诸"善良意志"。黑格尔虽然在一定程度上克服了康德的这一局限,但他以"绝对精神"的自我展现,即表象—图像式的直观—抽象思维,再回到"绝对精神"自身[1],实际上又变相地认定哲学高于艺术和道德,因为它是认识真理的最高形式。黑格尔的观点大体上是以"真"(绝对精神)统摄美和善。

与西方哲学不同,中国哲学虽然没有直接讨论"真""善""美"等问题,但却有以"真""善""美"为主题的丰富内容。许慎《说文解字》"四上",将"美"和"善"视为同义[2],两者都从"羊"字得出,而"羊"又有"善"的含义。[3] 儒、佛、道等三教思想均提倡智慧、道

---

[1] 黑格尔说:"在艺术中是直观和想象,在宗教中是感情和表象,在哲学中是纯自由思想。"黑格尔:《法哲学原理》,范扬、张企泰译,商务印书馆1961年版,第351页。

[2] 许慎云:"美与善同意";"美,甘也"。段玉裁:《说文解字注》,凤凰出版社2007年版,第261页。有学者把"美"理解成"甘"是不准确的,古人好羊,是指"崇羊为礼、以羊作法,求福也,决义也,故饰羊为吉亦言羊为吉(所言为羊事,求福决义之事等),所饰为美,所言为吉",因此"以大羊、羊大说美,以舌羊、吃羊说善,此等皆是浅俗之见,以讹传讹,谬种流传。从字源看,汉许慎《说文》以甘释美是错,以吉释善为对。"参见林桂榛:《说"美"解"善"贺羊年》,儒家网 http://www.rujiazg.com/article/id/4862/。

[3] 《考工记》注曰:"羊,善也。""羊"为古善(善)字。

德、艺术交相圆融的人生境界。儒家向来强调美和善的统一，《论语》有"子谓《韶》，尽美矣，又尽善也"之语，其中"尽善尽美"可理解为道德和艺术的统一。《论语》中又有"智者乐水，仁者乐山"之语——通过"乐"这一审美方式，将仁、智对举，相互涵摄，也可以宽泛地理解为真（智）和善（仁）的统一。总体上，儒家对真、善、美的追求，最后归结于"善"。与此相对，道家经典《老子》则有"信言不美，美言不信；善者不辩，辩者不善；知者不博，博者不知"之语，《庄子》中有"天地有大美而不言""至美至乐也"等更加通透的表述，道家总体上追求的是人生境界，可以勉强地归结于"真"，即把握"道"的最高智慧。

当然，同时也必须指出，用"真""善""美"对照中国传统哲学有无相应之内容，同样应有限度。这是因为：（1）传统哲学的"真""善""美"与现代哲学所定义的"真""善""美"并不完全一致，需要仔细分别；（2）传统哲学中仍有许多值得发掘并有丰富内容的审美概念，超胜现代哲学对"真""善""美"的纯哲学的抽象定义①。

在萧萐父的学思历程中，他一贯主张以逻辑和历史相统一的方法，把握人类哲学的思维进程，这当然是"求真"的体现。许苏民指出，《原美》的意义在于：以满怀爱与诗的诗情，"以人格尊严——建立在对宇宙人生之智慧洞彻的基础上、化理论为德性的意志绝对自由与高度和谐——作为美的最高绝的境界"②，"试图提出一个体现真善美之和

---

① 举例来说，《庄子》中"天地有大美而不言"之语，但此"美"说的是万物各遂其性的自然生长而呈现的一片生机，这与西方哲学主客体相对立的审美活动有本质的差别。

② 萧萐父：《吹沙三集》，第400页。许苏民认为："承认真善美之间存在着矛盾，也就意味着承认解决矛盾的方式的多样性；具有较强科学气质的人往往把'真'或'可信'放在第一位；具有较强艺术气质的人往往把'美'或'可爱'看得无比重要；具有较强伦理意识的人则往往把道德的'善'看得高于一切。这几种解决方式，或指向真，或指向善，或指向美，都是人追求的境界，因而就都具有合理性。承认对于真善美之间的矛盾的不同解决方式各有其合理性，也就意味着承认人生哲学上的真理多元论，意味着可以从真善美的不同视角对人文精神做多元的诠释。"许苏民：《人文精神论》，人民出版社2011年版，第13页。

谐统一的新哲学粗纲,一个新人学的哲学体系雏形"。事实上,真与美、哲与诗的统一,是中西哲人共同追求的理想境界,但如何实现却是一个需要继续探索的问题。如果我们把这篇少年之作,与萧萐父长达半个世纪的学思创造相对照,似乎可以隐约发现其一以贯之的学思个性,那就是渴望追求哲理与诗情、理与情的统一,而这种统一的过程便是实现"美"的过程,丝毫没有空洞和抽象的论述,背后是他一颗活生生的灵动心灵。

三、论"和"

在情与理的冲突中求和谐,在诗与真的矛盾中求统一,以实现整全人生意义的和谐,是强调一种圆满与圆融,这与中国哲学文化倡导"和"的观念存有关联。

中国哲学史上早有"和同之辨"。萧萐父认为,"和"的概念虽然一开始是作为音乐美学的范畴,例如《尚书·舜典》中"八音克谐,无相夺伦,神人以和"等语,但后来进一步引申为"不同的事物处于特定的关系中相互协调的状态"。史伯首次区分了"和""同"范畴,并提出"和实生物"的命题。晏婴继承史伯的思想,强调了"'和'的哲学义蕴是'可'与'否'的相反相济,即肯定与否定的对立统一"[①]。而孔子、孟子、荀子,则以"和而不同""和为贵""人和"等观念,主张以礼作为调节原则的"和",以及突出"人和"在社会进步中的决定性作用。在他看来,孔孟荀所讲的"和","具有'尊贤而容众'的民主包容意识,在哲学上表现了某种辩证智慧"[②]。与之相对,墨子则在学理上偏向于"弃和取同"的形上学,以"天志"而不是"人和",作为"尚同"的最高标准。

---

① 萧萐父:《吹沙纪程》,上海文艺出版社 1998 年版。第 316 页。
② 萧萐父:《吹沙纪程》,第 317 页。

在萧萐父看来,先秦有关"和"的观念在《易传》中第一次得到初步总结。《易传》以更高的思维水平,进一步提出了"太和"的范畴,即《乾卦·彖传》云:"乾道变化,各正性命,保合太和,乃利贞。""太和"表达了"宇宙中杂多和矛盾的万物并存并育的图景",因此与《中庸》的"中和"一脉相通。但是,《易传》更注重每个个体的自主性,事物在保持、聚合"太和"的状态下,就能够得到最顺畅、最自然的发展。因此,无论"太和"或"中和",都是对"和"范畴的深化,从具体到抽象,涵摄愈广,影响也就愈深。

萧萐父指出,老、庄道家同样把"和"视为重要范畴。他认为《老子》以"冲气"解释"和",正是指阴阳交冲而成的和谐状态,阴阳矛盾交错所形成的"和",是万物产生的条件。老子其实是在强调"和"的机制和功能的重要性——"阴阳对立的和谐统一即是万物运化之中的永恒法则"。而《庄子·天道》中"与天和""与地和""与人和"的相关表述以及对"知和""知天乐"境界的追求,则是对"和"范畴的进一步深化,反映了道家从自然哲学、生命哲学方面对中国传统的道术科学与养生妙术的探究。

此后,"和"观念进一步发展,至宋初周敦颐以"太极"统摄阴阳,化生万物,承认了矛盾的存在。张载沿着周敦颐的思路,重讲"太和",把"太和"视为整个宇宙气化过程的总体,并把它作为其哲学体系的最高范畴。"太和"作为气化的全过程,一方面内在地包含"沉浮""升降"等固有矛盾,另一方面又进行各种各样的对立斗争。王夫之进一步发挥了张载的观点,主要彰显了"太和"不排斥一切差异和矛盾,朴素地论证了"矛盾存在于过程始终的普遍性"。而张载把矛盾分为"对—反—仇"的"仇必和而解"的观点,说明任何特定的矛盾,无论是对立面的融合,还是对立面的转化,都会"和而解"。但面对这种客观矛盾运化的"必有之几",人并非无能为力,而是能够促动矛盾向"和而解""遂其化"的正常方向发展,这便是"知曰常"。

通过简要梳理中国哲学中的"和"观念，萧萐父认为，正是因为人能"为功于天"，以"保合太和"的价值取向，"来控驭自然（使人天亲和）、变革社会（使人人亲和）、调理自身（使性命、神气、心身亲和）"，通过人与自然、人与人、人与自身的和谐活动，使得"人化了的自然以及整个宇宙，都在'絪缊化生'中日新月异，无时无刻不在创化更新"①。可见，萧萐父对"和"的理解，虽然是以唯物辩证法的矛盾观进行诠释，但他借张载、王夫之有关"太和"的论述，实际上肯定了人的主观能动性，以及生生不已的主动精神，这与他"参万岁而一成纯"的历史乐观情怀是相一致的。这从他对王夫之"天地之化日新"的褒扬可见一斑。

当然，毋庸讳言，萧萐父有关"人化自然"的表述，由于过于强调矛盾的普遍性与"和"观念的关系，而忽略了人与自然圆融——"自然化人"的一面。毕竟传统哲学中"和"的观念并不全部都是"阴阳对立"的矛盾运动模式，它还有心性论、机体主义、整体主义等形而上学的意蕴。除此之外，把"文化"仅仅界定为"人化"，是有一定偏颇的，因为虽然"自然部分地被'人化'了，但自然未被完全地'人化'"②。毕竟"人化"主旨是以人的本质力量为核心话语，而容易忽略周遭、外界、信仰的因素。因此，对人类文化存在多种形态的事实的肯认，以及对中国传统哲学天人合德、天人合一等民族智慧的关切，将能够树立更加健康的文化观。除此之外，萧萐父有关文化的认知，其实还忽略了伦理对文化的重要作用。伦理，特别是在物质主义、科技理性膨胀的今天，其所强调的道德意识、信仰关怀，愈发重要。人

---

① 萧萐父：《吹沙纪程》，第 323 页。
② 郭齐勇认为"人化自然"以及"人为自然界立法"的观点，可能会导致"人类中心主义"，过于夸大人的主体性以及人与自然的对立，一言以蔽之地把"文化"界定为"人化"是偏颇的，我们应反思人类过分干预、征服自然的弊病。详见氏著《文化学概论》（修订版），武汉大学出版社 2014 年版，第 15—17 页。

如果想在今天的世界中寻求人自身,伦理恐怕是除宗教之外的最后一块"自留地"。中国传统哲学富有人与自然、人与人、人与社会的伦理资源,是传统文化的主体内容。

综上,萧萐父对"文化"与"人化"的相关思考,其实弥漫着高扬的人文主义精神。这种人文精神,强调人的主动性和能动性,旨在使人的多方面诉求得到全面的展现。什么是人文精神?许苏民认为:"人文精神是人性——人类对于真善美的永恒追求以及表现在这种追求中的自由本质——的展现,这种追求表现着人类对于自己所从来的外在自然和自己的内在自然(动物式的情欲)的自觉超越,使人的感性生活具有日益丰富而高级的文化品位,从而把人与自然界区别开来;这种自觉超越同时又意味着人能够以自身的尺度去从事自由的创造性活动,不断地从精神的必然王国向自由王国飞越。因此,人文精神本质上是一种自由的精神、自觉的精神、超越的精神。"[1] 这是从文化哲学的角度定义人文精神,同时也符合马克思主义哲学的认知,即把真、善、美的实现理解为人的本质。

除此之外,我们还应注意到:"人文"和"精神"之词,在中国传统哲学的语境中,并非与人的价值的实现以及对真、善、美的追求一一对应。《易·贲》卦辞云:"小利有攸往,天文也;文明以止,人文也;观乎天文以察时变,观乎人文以化成天下。"《易传》把人文与天文对举,这里的"人文"说的是"文明以止",带有和平、止战的意味。天文原指天象,与此相对,人文又被理解为人事活动。"精神"一词,则似乎最早出现在《淮南子·精神》中,汉代高诱注之为:"精者,人之气,神者,人之守也",主要是指魂魄、灵魂。[2] 与今天所使用的"精神"几乎没有关联。

---

[1] 许苏民:《人文精神论》,第9页。
[2] 何宁:《淮南子集释·精神训》,中华书局1998年版,第503页。

至于西方的"人文主义"(humanism)一词，同样存在其特定的含义和语源脉络。董乐山指出，英语 humanism 一词，由德语 Humanismus 转译而来，本意为人性修养。①晚清以后，由于近代西学的传入，该词被借用表述西方人文主义的思想，已经是名实不符了。据朱维铮考证，"人文主义"一词被运用表述西方人文主义思想，始于胡适。②由此可见，今天人们所使用的"人文精神"，实际上与西方的"人文主义"一词密切相关，甚至几乎就是同义词。

萧萐父关于"人化""人文精神"以及对真善美的相关论述，最大的特点在于，把传统诗学的形而上学意蕴注入其文化观中去——特别是把人生视为一种真、善、美依次递进的审美活动，这其实是把西方人文主义思想、马克思主义的实践观统摄于传统哲学的境界追求，混融一体，即"美底意义就是实现了的和谐"。

---

① 阿伦·布洛克：《西方人文主义传统》，董乐山译，群言出版社 2012 年版，序言。
② 朱维铮：《何谓"人文精神"》，《探索与争鸣》1994 年第 10 期。

第六章　萧萐父学术思想斠评

第一节　致思特征——融通中西马

20世纪的中国，风雷激荡、波澜壮阔，不仅经历了国体更迭的历史巨变，也见证了中西古今的文化纷争。世界和中国、现代和传统、时代和个人，以前所未有的历史张力交织在一起，为后人留下了庞杂而又厚重的思想遗产。可以说，20世纪是中国思想史上思潮变动最为剧烈的时期，陈寅恪称之为"赤具神州数千年未有之巨劫奇变"。20世纪的思想史，既孕育了相涵互动、渗透交融的多种"学派"，如"东方文化派""学衡派""新青年派""新启蒙派""科学派""玄学派"等；也演化出相互诘难、多极并立的各种"主义"，如科学主义、人文主义、马克思主义的三足鼎立[①]，文化保守主义和文化激进主义的双峰对峙，无政府主义、民粹主义、社会主义等政治思潮的相继鼓噪等；更形成了会通中西、分殊发展的个性体系，如熊十力的"新唯识论"体系、金岳霖的"新道论"体系、冯友兰的"新理学"体系、贺麟的"新心学"体系、朱光潜的"新美学"体系、郭沫若的"新史学"体系等等。所有这些，都为中国哲学史（学科）的进一步发展，积蕴了深

[①] 李维武曾把20世纪的思潮概括为科学主义、人文主义和马克思主义三种。详见李维武：《二十世纪中国哲学本体论问题》，湖南教育出版社1991年版，第一章第三节。

厚的伟力。

20世纪后半叶，马克思主义因占据意识形态优势而一家独大，中国哲学学科虽历经政治运动干扰，但总体上经历了17年（1949—1966）的平稳过渡。[①]"文革"期间，整个人文社科研究潜入暗流，中国哲学在夹缝中艰难生存、在扭曲中缓慢前进，总体上处于发"潜德幽光"以待"一阳来复"的蛰伏期。与此同时，港台新儒家以"花果飘零"的悲悯意识，发愿承续传统文化，取得了多方面的成就。新时期后，意识形态领域的解冻、中国哲学史研究的"去政治化"转向、西方文化思想的涌入和渗透，以及马克思主义研究的内部调整与修正，形成一股合力，促使当代中国哲学在中、西、马的互动下，再次进入价值重组、思想重塑时期。

对于萧萐父来说，20世纪的后半叶无疑是其学术创造的主要时段。萧萐父少年时期深受蜀学、家学熏陶，曾精读《昭明文选》《汉书》等传统四部典籍，擅长诗词曲赋，有良好的旧学功底；学生时期，对哲学产生浓厚兴趣，受教于万卓恒、张颐、金克木等先生，毕业时在康德哲学专家万卓恒的指导下，以《康德之道德形上学》作为选题，完成学业；新中国成立后，确立马克思主义为研究原则，以王夫之研究起步，逐渐拓展至明清启蒙思潮研究、中国哲学史方法论、中国辩证法、中国哲学史料学等多领域的研究；新时期又积极参与了思想解放、文化热、现代性反思等一系列20世纪的重要文化事件（其中有些重大文化讨论，萧萐父是推动者之一）。如果说冯友兰、张岱年、任继愈、冯契等前辈的学术创造，能够比较典型地展现百年中国哲学史发展历程的话，那么萧萐父与同时期的汤一介、庞朴、李泽厚等，则更能集中地反映1949年至今中国哲学史的演变轨迹。

探讨萧萐父的学思特质，对其特殊时代背景的回顾当然是题中之

[①] 学界一般把1949年至1977年的中国哲学史，以1957年为界分为两个阶段。

义，把握其学思个性的具体形成过程更是关键所在。在诗文并存、情理并重的"吹沙"三卷中，萧萐父曾多次回顾他的学思历程，其中比较集中的一次自述是这样的：

> 大学时代传道授业诸师，冷峻清晰如万卓恒师、朴厚凝专如张真如师、渊博崚崎如金克木师，诲教谆谆，终身不忘。五十年代中赴京进修，曾问学于汤用彤、贺自昭、冯芝生、张岱年、任继愈诸师，饫闻胜义；又从李达老、杜国庠、侯外庐、吕振羽诸前辈的立身治学风范中得窥矩矱，深受教益。①

不难发现上文所提到的"授业诸师"，大致可归为三种群体：第一种是研究外国思想的知名学者，如万卓恒在民国时期已是相当知名的康德研究专家，张颐以黑格尔研究享誉学界，金克木则自学成才，通梵文、巴利文，极擅印度思想研究。第二种是以接续中国传统思想为己任的学者，汤用彤深受"新人文主义"者白璧德等人影响，乃"学衡派"代表人物之一；贺麟虽精研黑格尔、斯宾诺莎哲学，但力图会通中西哲学，以宋明理学为泉源，建构"新心学"体系；冯友兰虽曾师事新实在论者孟大格和实用主义大师杜威，但究心于中国哲学的天人义理，撰"贞元六书"彰显民族智慧。他们虽接受不同的西方哲学训练，但承续、肯认、护持中国哲学智慧，却是其共同的总方向。张岱年、任继愈等虽以马克思主义诠释中国哲学，但却借马克思主义的理论资源，发起"认识论转向"，在为中国哲学学科的科学化、规范化、体系化做出贡献的同时，也为中国哲学学科的主体性或自主性的建构做了充分的前期准备。第三种是以马克思主义为坚定信仰的学者，主张把马克思主义唯物史观和唯物辩证法全面贯穿于中国哲学史乃至

---

① 萧萐父：《吹沙集》，后记。

中国思想史的具体研究中。他们一贯主张"亚细亚生产方式"、社会发展"五阶段论"、阶级分析等理论,其特点是重视哲学产生的历史背景,以及对民间下层思想人物的发掘等,在一定程度上也拓展了中国哲学史的面向。这些学者虽学思各异,但就其致思倾向来说,大体上可概括为:探究西方哲学和思想、阐发中国哲学智慧、贯彻马克思主义研究立场。

正是基于如此多元的学术背景,马克思主义哲学、西方哲学思想、中国传统哲学三者的渗透与交融,在萧萐父的学术创造中得到了典型的体现。事实上,如果我们结合萧萐父的学术偏取、研究重心、问题意识,就会发现其学思特质可进一步表述为:马克思主义哲学的指导原则、西方哲学思想的借鉴资用、中国传统哲学的根源意识。无论是其船山研究,还是明清启蒙说,抑或是中国哲学史研究,均不同程度地体现了中、西、马的会通与融合。

以"明清启蒙说"为例,萧萐父曾在《历史情结话启蒙》一文中,首次回顾了他研究明清启蒙学术的具体历程:

> 50、60年代,在从哲学到哲学史的专业转向中,我较认真琢磨的是黑格尔—马克思的哲学史观及其一系列方法论原则;同时,也努力挹注前辈学者的研究成果,使我深受启发的是:关于历史与逻辑相统一的分析方法,以及历史的发展只有到特定阶段才能进行自我批判和总结性反思的提示,关于中国史中两个"之际"——即把"周秦之际"与"明清之际"视为中国思想文化史上两个重大转变时期的提法,关于王夫之哲学标志着传统理学的终结和近代思维活动的开端的论断,关于晚明到清初崛起的批判思潮中的启蒙因素的发掘……[①]

---

① 萧萐父:《吹沙二集》,第153—154页。

"文化大革命"后期,囚居野寺,我曾一冬奋笔写成《船山年谱》稿20万言,继又草成《船山哲学》稿10余万言,调不入时,俱成废稿;又10年后,为纪念船山逝世290周年,始得从容撰成《王夫之辩证法思想引论》,判定王夫之是17世纪早期启蒙思潮中的哲学代表,并对王夫之辩证法首尾玄合的范畴体系做了多方面的剖析,揭示隐涵其中的人文主义精神及其历史形成的特点。①

在《吹沙三集》出版之际,他再次重申坚持"早期启蒙说"的必要性:

坚持早期启蒙说,是为了从16世纪以来我国曲折发展的历史中去寻找传统文化与现代化的历史接合点,寻找我国传统文化的现代转化的起点。如实地把早期启蒙思潮看作我国自己文化走向现代文明的源头活水,看作中国文化自我更新的必经历程,这样我国的现代化发展才有它自己的历史根芽,才是内发原生性而不是外铄他生的;如果不是这样如实地看待和尊重这段文化自我更新的历史事实,而把中国文化看作一个僵化的固定不变的"体",我们势必又会陷入"被现代化"、"被西化"的体、用割裂的处境。正视并自觉到明清之际的早期启蒙思想是传统文化中现代化价值的生长点、是成为我们中国文化自我更新之体。②

以上述回顾为基点,如果我们再进一步结合萧萐父的《中国哲学启蒙的坎坷道路》《略论晚明学风的变异》《文化反思答客问》《活水源头何处寻》等文,以及《明清启蒙学术流变》(与许苏民合作)一著,

---

① 萧萐父:《吹沙二集》,第154页。
② 萧萐父:《吹沙三集》,自序。

就会发现其所构建的"明清启蒙说"较明显地体现了中、西、马的融通与互动。

首先,在研究立场上,萧萐父自觉地以唯物史观和唯物辩证法为指导原则,十分重视对明清之际启蒙思潮形成的社会背景分析,他从经济萌芽、政治变局、思潮异动三个层面入手展开论述,实际上是对经济基础与上层建筑、生产力与生产关系、社会存在与社会意识等理论的娴熟运用。萧萐父在阐述明清启蒙学术思想史的"内在理路"时,把"历史与逻辑相统一"的方法发挥得炉火纯青,以李贽、王夫之、戴震为三阶段的代表人物,十分清晰地勾勒了明清启蒙思潮的逻辑进程,思潮史的共性、殊性、个性,在其一系列的运思中得到圆融的统一。

其次,在研究视野上,萧萐父以西方文艺复兴、启蒙运动思潮为参照,以维柯、康德、黑格尔、摩尔根、孔德、斯宾塞、福柯等人的思想为借鉴,将中西思想、文化、哲学的"共性"作为依据,深层次地扬弃了那种抽象、同一的"启蒙",强调世界各民族"启蒙"道路的特殊性和多元性,肯定有具体民族内容的"启蒙",在对比中着重揭示明清之际思想与世界潮流一致的近代性特征,驳斥了费正清等人的"冲击—反应"以及"被现代化""被西化"的论断。

最后,在学思取向上,萧萐父一贯主张从明清启蒙思潮中寻找中国现代化的内在历史根芽。他以顾炎武、黄宗羲、王夫之、方以智、颜元、傅山等思想家为核心,全面揭示了中国近代早期政治哲学、伦理哲学、经济思想、文艺思潮的特征。萧萐父还深入探讨了道家风骨、儒门之学等文化传统与明清启蒙学说的内在思想渊源。凡此种种,都有力地揭示了明清思想的现代价值。

事实上,除"明清启蒙说"之外,萧萐父的船山研究和中国哲学史研究,也不同程度地体现了这一点。例如,他以唯物辩证法建构船山哲学范畴体系,极力发掘船山思想的近代人文主义精神,而终归于对船山士大夫人格美的赞颂。又如,他借鉴黑格尔关于概念的演绎,编织中国哲学的范畴之网，以历史与逻辑相统一的方法处理哲学史上棘手的年代问题，以及对中国哲学的诗化性质的深层揭示等等。萧萐父这种融通中、西、马的学思特质，既是特殊的时代背景使然，也是其"通观与涵化""泛化与纯化"等一贯主张的践行。

蒋国保指出，关于中、西、马会通与融合的研究，将成为未来中国哲学研究的主要方向之一，其中张岱年、冯契、萧萐父三位先生的思想研究将作为个案被特别关注。[①] 笔者以为，与张岱年的"综合创新论""天人五论"相参照，如果说张岱年重在回答中国传统哲学以何方式迈进现代[②]，那么萧萐父则侧重回答中国传统哲学何以能够走向现代；与冯契的"转识成智""化理论为方法、化理论为德性"相对比，如果说冯契重在揭示传统哲学智慧如何能够转化为现代公民的德性自由，由圣贤人格转向平民化的理想人格[③]，那么萧萐父则偏重揭示传统启蒙哲学如何能够转化为现代公民的人文精神，由启蒙学说逻辑地指向现代人文价值。[④] 中、西、马的融合趋向，是他们的共同特点。

当然，这只是一个极其粗略的描述，三者之间事实上存在不同的学思路径，他们对中、西、马三种哲学资源的吸收，同样也各有侧重。如果说 20 世纪上半叶熊十力、贺麟、侯外庐等学者，还比较明显地处于中、西、马"各自为战"的情形，那么 20 世纪下半叶以张岱年、冯契、萧萐父为代表的学者群，已经不约而同地走向了中、西、马的深层会通。

---

① 蒋国保：《关于中国哲学研究之现状与前瞻的肤浅认识》，载《中国哲学史研究的现状与前瞻学术研讨会论文集》，武汉，2013 年 4 月 20—21 日。

② 张岱年在《哲学上一个可能的综合》文中，指出中国哲学的理想模式是"唯物、理想、解析，综合于一"，其实是指马克思主义哲学的辩证唯物论、中国哲学的道德哲学、西方哲学的逻辑分析方法的统一。

③ 冯契说："我们现在将自由人格看成是平民化的，是多数人可以达到的。"见氏著《人的自由和真善美》，《冯契文集》第三卷，第 320 页。

④ 这里的"人文主义精神"，应根据萧萐父明清启蒙学术的主题理解。

郭齐勇指出："狭义的'中国哲学'学科形成的过程，正是马克思主义哲学、中国哲学、西方哲学相互比较、交融互渗的过程。"[①] 其言说背景是 1949 年以来中国哲学史的发展历程。郭齐勇认为，未来的中国哲学，在批判地继承以往学术成就的基础上，毫无疑问地应走向广义的"中国哲学"，即包括西方思维方式的吸收与批判，西方哲学及马克思主义哲学的中国化与中国的哲学创新等。[②] 也就是说，从"狭义"到"广义"，实际上是两方面的工作：一方面应彻底消解那种依然把西方哲学等同于人类哲学的"共相"的观点，而强调西方哲学也仅仅只是"哲学"这一"共相"下的"殊相"之一；另一方面通过深入发掘中国哲学不同于西方哲学的独有智慧，再回过头来对"哲学"这一"共相"不断予以补充和调整。[③] 由此，郭齐勇强调，今天的中国哲学本身就是一个动态的过程，包含着内外不同地域、民族的和同一民族不同的哲学传统的渗透与融合，因此我们应创造性融合中西哲学，强调中国哲学学科的正当性和自身特色。

从这个角度看，以明清启蒙学术为基点，萧萐父着重探索中、西、马哲学各自传统的优秀因素的互补结合，以及寻求传统哲学现代转化的特定途径的学术工作，与张岱年、冯契、任继愈等一起，必然会构成中国哲学继续向前发展的一个不可或缺的"环节"，并将为未来中国哲学的主体性和自主性的建构提供深厚的理论启发和思想资源。

---

① 郭齐勇：《中国哲学史》，高等教育出版社 2006 年版，导言，第 4 页。另见郭齐勇：《近二十年中国哲学研究的三大转变》，《天津社会科学》1999 年第 3 期；《中国哲学研究 30 年的反思》（与秦平合作），《哲学研究》2008 年第 9 期；《六十年来中国哲学思想史研究的思考》（与廖晓炜合作），《文史知识》2009 年第 9 期；《中国哲学主体性的具体建构——近年来中国哲学史前沿问题研究》（与肖雄合作），《哲学动态》2014 年第 3 期。

② 郭齐勇：《中华人文精神的重建——以中国哲学为中心的思考》，北京师范大学出版社 2011 年版，第 208 页。

③ 20 世纪 30 年代，张岱年先生曾以"共相"和"殊相"来区分"哲学观"和"中国哲学观"。

第二节　内在紧张 —— 人文与理性

萧萐父曾说："'好奇兼爱，杂而多变'，既反映了我的学思历程的特点，又是我对学术境界的一种追求"[①]。他曾谦虚地自称为"过渡时代人物"，并认为自己的一系列著述是在不同年龄阶段、不同时代背景和文化氛围就不同层面的学术问题所发的议论。他说："我们生活在一个过渡时代。新旧杂陈，思想流动，今是昨非，这又几乎是过渡时代人物思想的普遍特征。"[②]但在"好奇""多变""过渡"之中，实有他一以贯之的隐然思路。萧萐父说：

> 我的《吹沙集》和《吹沙二集》都试图体现"诗文并存，情理并重"。现代价值理论中的理论理性与实践理性的关系，实际上也就是科学实证与人文关怀的关系问题。"诗与真"、"美与真"、"形象思维与逻辑思维"这些范畴都是互斥又互补的。强调哲学的诗化与诗的哲学化，是中国哲学的一个好传统。[③]

> 在情与理的冲突中求和谐，在形象思维与逻辑思维的互斥中求互补，在诗与哲学的差异中求统一，这些都是中华哲人和诗人们共同缔造的优秀传统。他们在这一心灵创造活动中实现着美与真、善的合一，使中国哲学走上一条独特的追求最高价值理想的形而上学思维的道路，既避免把哲学最后引向宗教迷狂，又超越了使哲学最后仅局促于科学实证，而是把哲学所追求的终极目标归结为一种诗化的人生境界，即审美与求善、契真合而为一的境

[①] 萧萐父：《吹沙集》，第 238 页。
[②] 萧萐父：《吹沙三集》，第 237 页。
[③] 萧萐父：《吹沙三集》，第 244 页。

界。这实际上就是中国哲学的终极关怀。王夫之有诗写得好:"唯其超越,是以和易。光芒烛天,芳菲匝地。深潭映碧,青山凝翠。"此乃诗化哲学的点睛之笔。中国哲学最终归宿是诗化的哲学境界。这一点,对于中西哲学的会通,对于克服西方哲学中某些流派的极端化和片面性,不能说没有一定的启迪意义。[1]

上述论述,虽然只是就中国哲学的优秀传统而言,但它同时也是萧萐父毕生学术工作的真实写照。作为一位有良知、有时代责任感的知识分子,萧萐父一贯认为学术研究的最高目标,在于现实感与历史感的统一。他的《真理与民主》《关于改革的历史反思》《世纪桥头有所思》等文,无一不具有深刻的现实关怀。然而,萧萐父本质上又是个诗人,"吹沙"三集中 300 余首诗词,是他真性情的抒发与流露。这种对诗的痴爱,使他甚至以"诗"的形式表达严肃的哲学论文——《傅山三百周年祭》的 14 首组诗,对傅山的生平、学术成就、思想意义等予以十分具象而又高度凝练的解说。

然而,哲思与诗情、理想和现实、时代与个人之间,从来都不是"一拍即合"的关系,它们之间常常存在巨大的距离,以至于学术研究在大多数情况下往往只具有批判性,而很少具有实践性。"契真融美见精神""慧境芳情永护持"等隽永诗话,虽是对真善美统一的人文理想的向往,但"诗情慧境两参差""愧对山翁说启蒙"的历史嗟叹,却又折射了残缺现实的真实存在。所谓"在冲突中求和谐""在互斥中求互补""在差异中求统一",同样反映了萧萐父身上人文精神与理性研究的内在紧张,由此也注定了他的学术创造从来都不是书斋式的学问,而是一种有锐度、有张力的学术。

萧萐父学术思想的核心是"人",他的学术创造背后同样也有他这

---

[1] 萧萐父:《吹沙三集》,第 244 页。

个"人"。无论是其船山研究,还是启蒙学术,都洋溢着一种昂扬向上的乐观精神,以及乾健有为的主动意识。在萧萐父的思想世界中,似乎从来没有抽象的"人"本身,感官、肉体是人的,灵魂、精神更是人的,人因能够创造历史而具有历史感,哪一方面的膨胀压抑了"人"的全面发展,都是人的异化和失落,都需要回到"人"本身。如果说理性研究更多地是突出"我应怎么做",那么人文精神则更多地是突出"我要怎么做"。

正是这种强烈的现实关怀和高扬的人文精神,使得萧萐父在严谨的学术研究中,往往浸透着个人的理想追求和价值趋向,难以兼顾思想史的客观情状和复杂情形。尽管他把这种与历史趋势相一致的个人感情一贯称之为"公情",但它毕竟仍然是寓"历史褒贬"于其中,而减损了学术研究的客观性。以对宋明理学的认识为例,萧萐父认为宋明理学由于"压制"了人性,本质上是一种"伦理异化"的思想形态。① 对于此,我们不能不从学术史的角度指出,这种看法是有片面性的。

首先,由于过于强调明清启蒙学术的"个性解放",萧萐父把明清哲学与宋明理学看成是一种"对立"的关系,而没有注意区分作为意识形态的宋明理学和宋明理学思想本身。任何一种思想学说,从形成到消亡,都有其历史贡献和时代局限。某种学说上升为"意识形态"而发生"异化",只能够说明两点:其一,这种思想学说有其存在的历史理由(否则它不会成为意识形态);其二,这种思想学说本身已经发生了变异,而与原来的思想主张产生距离。但这些都不能必然推出该思想学说本身就是错误的。从这个角度看,牟宗三、钱穆等人的明清思想史观"截断众流"的认知,同样也是片面的。② 陈来指出:"当社

---

① 这里指以朱熹为宗的狭义理学。与朱熹理学相较,萧萐父对陆九渊和阳明心学的思想旨趣较为肯定。

② 牟宗三的明清思想史论述,断自刘宗周。钱穆的"近三百年学术史",偏重"宋学"思想人物。

会的发展要求冲破传统道德规范的束缚,对传统道德规范的猛烈批判无疑有力地促进社会的变革与发展,而从历史的角度来说,这只能表示既有规范与当前社会的发展不适合,并不表示这些规范在一开始就不应出现。一定历史时期的社会规范是与当时的社会结构与发展水平相适应的。"[1]翻开思想史,无论是中国汉代的谶纬之学,还是中世纪欧洲的"政教合一",几乎都有类似的特征。也就是说,这种情况并非孤例,而是一种较为普遍的历史现象。一种思想学说的真精神,应与其历史、政治的附着物剥离开来。

其次,由于萧萐父把宋明理学所处的时期看成是典型的、发达的封建社会,这样明清哲学和宋明理学之间的关系,就被逻辑地理解为资本主义社会必将代替封建主义社会在思想领域内的集中反映。但是,唯物史观作为社会史、思想史研究的"范式"之一,本身也有局限。它虽然能够从宏观上解释一个"今胜于古"的社会历史进程,但却不一定完全适用于从微观上有效辨析一个多线并进的思想史进程。特别是它在诠释一个思想史概念的缓慢变迁、交叉演进时,常常带有历史目的论和历史进化论的"惯性",认为新道德、新观念、新伦理必然胜过旧道德、旧观念、旧伦理。过于强调明清启蒙思想之"新",也就会在一定程度上忽视明清思想还有与宋明理学内在继承的一面。如果我们联系晚明阳明心学的分化,乃至清代中期理学的走向来看,就会发现仍有许多思想家是以重返原始儒学作为致思方向的,例如李颙、顾炎武、李光地等。事实上,当今学界对单纯运用唯物史观来研究思想史的做法已经予以多方面的检讨和反省。

或许正是意识到这种"局限",晚年的萧萐父提出"理性启蒙",并大力探究明清启蒙学说与先秦诸子思想之间的思想渊源(本书第二章第三节已有论述),同时也纠正了把明清启蒙学术仅仅看成是"反理

---

[1] 陈来:《宋明理学》,华东师范大学出版社2004年版,第3页。

学思潮"的认知。他说:

> 明末清初学术思潮的转变,原本不是单向而是多向的,并非只是所谓由宋学转向汉学,由性理空谈转向经学考据。即使以后由于政局干扰等因素曾使考据之学跃居主流,也并不排斥通史之学、诸子之学、新兴质测之学,以及披着经言、考证、复古等外衣的启蒙思想,继续向前发展,直至与近代传入的西学合流。①

不难看出,以"多向"来揭示明末清初的思想转变,特别是把"通史之学""诸子之学"等传统学术纳入明清思潮,表明他已经注意到明清启蒙思潮与古典学术之间的复杂情形。

除此之外,我们还需注意另一问题:明清启蒙学术中的"启蒙"观念,与近代传入中国的"民主""哲学""社会"等语汇一样,它毕竟起源于西方,并非中国本土的原生观念。当萧萐父把明清之际的学术思潮与西方启蒙运动、文艺复兴相类比,以论证中国也有自己的启蒙思潮时,它事实上已经逻辑地包含了这一前提:"启蒙运动"是一种人类"普遍"的思想运动。这就导致"明清启蒙学术"在某种程度上,如同"中国哲学"有没有合法性等问题一样,它同样也面临着如何回答"启蒙在中国"和"中国的启蒙"这样的难题。吴根友指出:"现代性的启蒙思想运动是不是一种普遍的人类精神运动?如果是,那么人们就会进一步追问,为什么这种普遍性的人类精神运动首先发源于西方而不是其他地方?如果说世界其他地方也有这种普遍性的人类精神运动,为什么没有发展出类似于现代西方的物质文明成就与精神文明形式(包括制度文明形式)?如果不是,那么引入现代西方启蒙观念

---

① 萧萐父:《吹沙集》,第353页。

来叙述晚明以后的中国思想史的新趋势,是否恰当?"①尽管萧萐父一再强调明清启蒙学说是中国自己的早期启蒙思潮,但他毕竟采取的是康德和马克思的启蒙标准,不免带有"以西格中"的痕迹,而存在民族内容与思想实质的内在紧张。

卡西尔曾说:"启蒙思想的真正性质,从它的最纯粹、最鲜明的形式上是看不清楚的,因为在这种形式中,启蒙思想被归纳为种种特殊的学说、公理和定理。因此,只有着眼于它的发展过程,着眼于它的怀疑和追求、破坏和建设,才能搞清它的真正性质。"②由此,卡西尔认为,启蒙运动"内在精神的搏动"只有在发展过程中才能被察觉。如果卡西尔的观点能够成立,那么我们完全有理由消解"启蒙运动"乃至"启蒙"观念在形式上的符号性,而更多地把它理解成有具体民族内容的现代化过程。从这个角度看,晚年的萧萐父通过《世纪桥头有所思》《东西慧梦几时圆》等文,不再强调情感炽烈的人文精神指向,而倡导"深层次的理性启蒙",把重心放在对"明清启蒙说"的现实意义和历史意义的阐述上,这种从"指向"到"意义"的转变,表明他试图克服人文精神与理性研究的内在紧张。

综上所述,笔者认为,继承和发扬萧萐父的学思创造,一方面应注意调整明清启蒙思潮与宋明理学之间的关系,并深究明清"启蒙"思潮与先秦诸子学说、佛学的思想联系。通过对"启蒙"观念继续予以民族化、本土化的再诠释,并纳入"启蒙反思"的应有之义,重塑人们对"启蒙"观念的理解和认知。另一方面应针对当下紧迫的现实问题,创造转化"明清启蒙说"的思想资源,特别是探究它与当前实现中国式现代化道路的理论关联等,笔者认为这将会为萧萐父的明清启蒙学说注入新的活力。

---

① 吴根友:《"启蒙"观念与中国哲学史写作》,《中国社会科学报》2013年8月9日。
② 卡西尔:《启蒙哲学》,顾伟铭等译,山东人民出版社2007年版,第5—6页。

结 语

作为一名辛勤耕耘在中国哲学史研究领域的公共知识分子、国际知名学者、著名哲学史家和思想家,萧萐父在其长达五十年的学思历程中,戛戛独造,以其精深的哲学素养、广博的学术创造,为学林留下了丰厚的思想遗产。著名学者方克立先生曾高度评价萧萐父的学术成就:"萧萐父教授是我国著名的中国哲学史学专家,他在中国哲学通史、哲学史方法论、中国哲学史史料学、明清哲学、佛教哲学、道家与道教哲学、现代哲学思潮研究等方面都做出了重要贡献,尤以明清之际哲学启蒙说与船山学研究成果之影响为最巨,可以说他一直代表着半个世纪以来船山学研究的最高学术水平。"[1]这是公允之论,也是实绩所在。

然而,萧萐父又不仅仅是一名哲学史工作者,良好的家学熏陶和旧学功底,以及过人的才情,造就了他深厚的人文底蕴。除术业有专攻之外,萧萐父擅长诗词曲赋,精于书法篆刻,并与夫人卢文筠教授有"萐诗筠画"之美誉,是现代知识分子和传统文人合二为一的典范。萧萐父曾多次言:"多维互动,漫汗通观儒释道;积杂成纯,从容涵化印中西。"[2]其中的"通观"与"涵化",正可用来概括萧萐父的学思成

---

[1] 郭齐勇、吴根友编:《萧萐父教授八十寿辰纪念文集》,第32页。
[2] 萧萐父:《火凤凰吟:萧萐父诗词习作选》,第224页。

就和学思路向。

第一，就船山哲学研究来说，萧萐父建构了船山哲学体系和思想体系，他运用唯物史观和辩证法，从自然史观到认识理论再到人类史观，卓有成效地整理和发掘了船山哲学的诸多范畴，建立起船山哲学的范畴体系，清晰地勾勒了船山哲学的逻辑进程。在建构船山哲学体系的基础上，又拓展了王夫之的历史哲学、经济思想、人格美学等多方面的思想，全面建构王夫之的思想体系。在具体研究过程中，十分强调运用历史与逻辑相统一的方法，区分船山"应酬之作"与"言志之作"，以把握船山思想的主流。除此之外，萧萐父把王夫之定位为"明清启蒙说"的典型人物，判定他是"杰出的唯物主义哲学家"和"启蒙思潮的人文学者"，提升了王夫之思想的历史高度和思想高度。萧萐父的船山研究，真正代表着20世纪后半叶中国哲学的学术水平。

第二，就"明清启蒙说"乃至明清思想研究来说，萧萐父从明清之际思潮具有"近代性"（现代性）这一特质出发，深入扬弃了梁启超、侯外庐的明清思想史论述，较为全面地论述了"明清启蒙说"的问题意识、概念界定、扬弃对象、范围划分、史学依据、历史现象，由此形成一个论述体系较为详备的"明清启蒙说"，使之成为明清思想史研究的重要"范式"之一。萧萐父"明清启蒙说"的重要特色还在于：一方面淡化社会经济史的色彩，强化"思想的内在理路"，充分肯定清代考据学的价值，并着力探究了明清启蒙学说与先秦诸子等思想资源的联系；另一方面把明清启蒙思潮视为中国现代化的历史根芽，以及传统向现代转化的"历史接合点"，大为提升了早期启蒙说的时代意义，有助于树立民族文化的主体意识，探究中国式现代化道路的思想资源。

第三，就中国哲学史研究来说，萧萐父首次在中国哲学史教材中把明清之际思潮作为独立的思想史单元，突出明清思想史的重要性。

在哲学范畴研究方面，萧萐父引入螺旋结构来代替对子结构，强调普遍、特殊、个别的辩证联结，认真探究中国哲学范畴史的逻辑发展与哲学观念史发展的历史圆圈，并提出了哲学史研究的泛化与纯化、历史与逻辑相统一、公情与私情的区分、哲理与诗情的交融、历史感与现实感的辩证等一系列方法论。在史料学方面，他以"古史袪疑"为问题意识，主张中国哲学史史料学应和传统的文献学、目录学、训诂学等结合起来，建立马克思主义的文献考据学。除此之外，萧萐父还对刘咸炘、熊十力、徐复观、唐君毅、冯友兰、侯外庐、郭沫若等现代思想史人物，予以专门的个案评述，有力推动了现代哲学史研究的发展。

第四，就文化比较领域而言，萧萐父提倡"文化多元"和"文化包容"意识，倡导广义的"诸子学"，从内部来看，萧萐父拓展了隋唐道教、道家风骨、人文易与科学易、禅宗思想以及经学等多领域的研究，认为中国传统文化并非"铁板一块"，而是儒释道交相互动的关系，提倡以动态、发展的观点看待传统文化；从外部来看，萧萐父积极倡导传统文化参与世界范围的"百家争鸣"，挺立中国传统文化的优秀价值，树立民族文化自信，主张学术研究应体现"两化"，即"中国传统文化的现代化"和"西方先进文化的中国化"。

第五，就治学方法来说，萧萐父强调言行相掩，做人与做学问相一致。在具体的撰述中，萧萐父强调宏观立论、微观考史、史料筛选、文字诠释的"四位一体"。除此之外，他强调学问研究应有深层的历史感以及文化参与意识，将其作为内在驱动力。在致思趋向上，他主张兼容并包的学术史观，"坐集古今中外之智"，重视一偏之见，宽容相反之论。在学识素养上，他主张应拓展多方面的素质，提升人文素养和高尚情操。

在世纪之交，萧萐父曾对未来的中国文化走势有过预测。他说：

我估计下一世纪中国文化可能出现以下的走势：一是学术研究会日益走向非意识形态化，即非政治化；二是学术派别将出现多元化，我们面临的将既非"东化"，也非"西化"，而是世界性的百家争鸣，一方面中国学术文化必然走出被简单政治化的旧格局，而更好地恢复和实现其固有的价值和功能；同时，又必然由统合走向分殊，摆脱过去"统比分好"、"贵一贱多"的偏见，而走向多元化的发展方向。毕竟文化包容意识更符合人类"和平与发展"的大趋势。另一方面，中国学术文化的未来发展应当更好地实现"两化"，即中国传统文化的现代化和西方先进文化的中国化。[①]

以现今学界的研究动态看来，他的预测或许没有全面反映当今学界的复杂面向，但他所言的"非政治化"和"多元化"，在今天的学术研究中已成为共识和主流。不仅如此，他主张恢复和实现中国学术文化"固有的价值和功能"，正与当前重建文化主体、树立文化自信的时代主题相一致。

---

① 萧萐父：《吹沙三集》，第241页。

附录一　萧萐父思想研究综述

学界目前对萧萐父思想予以整体性研究的比较少,大多集中于评介性的论文,以及对其某一侧面的思想的细致研究。现列以下几个方面阐述:

一、萧萐父生平、学述

介绍萧萐父生平、学述最早的一篇文章,当属戈天发表的《萧萐父教授》[①]一文。该文介绍了萧萐父从出生到20世纪80年代的生平经历和学思历程。该文介绍较为简略,基本属于小传性质,但其意义在于首次介绍了萧萐父的学思方向、研究重心以及学术成就。该文同时也带有时代印痕,予以较多篇幅介绍了萧萐父关于"现代化"问题的思考,这是因为"传统"与"现代化"的问题正是当时讨论的文化热点之一。

郭齐勇著有《史慧欲承章氏学　诗魂难扫瑟人愁——萧萐父教授学述》[②]一文。该文梳理了萧萐父先生自出生到20世纪90年代的学思历程,主要集中在"学述"二字,文中不但对萧萐父多方面的思想贡献做了清晰的梳理,而且紧扣当时的时代背景和学界动态,详细地评述了萧

---

① 戈天:《萧萐父教授》,《武汉大学学报(社会科学版)》1987年第5期。
② 载萧汉明、郭齐勇编:《不尽长江滚滚来——中国文化的昨天、今天与明天》,第30—52页。

萐父"早期启蒙说"的学统、影响与意义等。因该文写作于 20 世纪 90 年代,所以没有对 90 年代后期至萧萐父去世的学思历程的介绍。

郭齐勇另有专书《萧萐父与早期启蒙说:探寻中国式现代化的活水源头》(人民日报出版社 2023 年版),汇集了郭齐勇于不同时期怀念、介绍恩师萧萐父教授及其学术思想的多篇文章。该书共分七章,分别以萧萐父评传、萧萐父与中国哲学史、萧萐父与明清启蒙思潮、萧萐父与船山学、萧萐父与近现代蜀学为主题,内容详备且丰满,是了解萧萐父学思贡献、人格风范的重头书。

对萧萐父学术人生较为完整的昭述,还可参见田文军《锦里人文风教永　诗情哲慧两交辉 —— 萧萐父教授学术生涯掠影》[1]一文。萧萐父生前曾审阅该文。该文以时代变迁和个人选择为线索,全面地介绍了萧萐父八十年的生平历程,分为六个阶段:(1)家教师恩,稚子启蒙(1927—1947);(2)华阳星火,坝上春浓(1948—1957);(3)玄门寂寞,兰菊葳蕤(1958—1966);(4)严肃反思,学科重建(1967—1988);(5)吹沙觅金,漫汗兼容(1989—1999);(6)丹柯心炬,代有传人(2000—　)。

李维武回顾了萧萐父《真理与民主》一文的历史意义,并评述了萧萐父对马克思主义真理观和民主观的贡献。[2] 李维武指出,萧萐父打破了传统的认识论和历史观的界限,明确提出马克思主义真理观和马克思主义民主观的内在联系问题。《真理与民主》一文的思想贡献在于:首先从作为认识论的实践主体入手,把实践活动的主体与历史运动的主体相贯通,提出正是人民群众成为真理与民主相联系的基础;其次以马克思主义哲学史为根据,从马克思主义哲学的创立,考察了

---

[1] 载郭齐勇、吴根友编:《萧萐父教授八十寿辰纪念文集》,湖北教育出版社 2004 年版。除此之外,田文军还撰写了多篇纪念萧萐父学思的文章,限于篇幅,列于文末参考文献。

[2] 李维武:《萧萐父老师与 1978 年真理标准问题讨论》,《哲学评论》第 7 辑,武汉大学出版社 2009 年版。

真理和民主在马克思、恩格斯哲学思想中的内在联系,指出毛泽东所讲的群众路线也同样强调了真理和民主的联系。除此之外,李维武还专文评述了萧萐父对于中国哲学史史料学的贡献。① 该文回顾了"中国哲学史史料源流举要"课的前前后后,以及《中国哲学史史料源流举要》作为教材出版的情形。该文有助于了解萧萐父先生当年设置中国哲学专业的培养方案、编撰学科教材的历史情形。

二、萧萐父的船山学研究

船山学研究是萧萐父学术工作的重要组成部分。许苏民首先评述了萧萐父船山学的方法论。② 作为与萧萐父共同撰写《王夫之评传》的合作者,许苏民对萧萐父船山学研究的方法论做了准确的梳理与概括。许苏民指出,萧萐父治船山学的方法在于以下几点:第一,首重文本之考订诠释,以此为治船山学之第一要紧事。一是必须区分船山的"旧说"和"别开生面之创造",区分其"授徒之作"与"言志之作";二是要着重梳理和把握其思想的内在逻辑,在矛盾的梳理和陈述中把握其一以贯之的基本思路和占主导地位的思想倾向;三是要善于从船山的思想矛盾中清理出晚年定论。第二,在文本诠释的基础上,要着重研究船山思想与中国传统思想的关系,特别是与《易》学之关系、与先秦诸子之关系、与宋明理学之关系、与理学修正派之关系。一是要善于从学脉渊源和运思倾向上把船山思想与宋明理学区分开来;二是要重视研究船山与宋明理学的批判继承关系,特别是与张载学说和理学修正派的批判继承关系;三是要善于从思想实质上把船山思想与程朱理学区分开来。第三,要善于把时代的问题意识与学术的问题意

---

① 李维武:《萧萐父先生与"中国哲学史史料源流举要"课》,《武汉大学学报(人文科学版)》2014年第1期。另参见李维武:《萧萐父教授的学问追求》,《湖北社会科学报》2008年第3期。

② 许苏民:《萧萐父先生船山学方法论述要》,收录于《吹沙三集》。

识结合起来。一是要看到哲学的问题意识既有反映人类心灵之内在矛盾的永恒性的方面,又有为时代的问题意识所规定的鲜明的时代特色;二是要善于把抽象而晦涩的哲理还原为现实生活中的感性具体,看到船山与道学家的不同"气象";三是要从中国社会近代转型与思想文化变迁的历史高度,来认识船山思想的历史贡献和历史地位,坚持思想史与社会史相统一的研究方法。

王兴国集中评述了萧萐父的船山学研究的特色和贡献。① 王兴国指出,萧萐父对船山学研究的贡献:(1)深化了对船山启蒙思想的研究;(2)从微观上剖析了船山哲学思想的范畴结构;(3)从宏观上把握了船山的人格和整体思想。萧萐父船山学研究的特色是极力赞扬船山的人格美,并着力解释船山的哲学思想在其整个思想中的地位。李愿来著有《千秋慧命春常在——萧萐父、许苏民〈王夫之评传〉之启迪》② 一文,该文是针对《王夫之评传》(以下简称《评传》)一著的书评。该文认为:《评传》全面揭示了船山思想中主导性和创造性的方面。《评传》的作者注重概念分析,善于从旧概念中发掘新内涵,在思想上相互抵牾的方面强调其晚年之定论,突出王夫之思想中的内在联系,并立足于对"近代意义"的合理认识,理解其道德伦理和政治经济思想。该文高度评价《评传》作者坚持中国文化自身的主体性,未曾局限于某一种主义和主导形态,确认近代中国同样具有"内发原生"的现代性因素,确认王夫之为早期启蒙思想家,证明现代化乃是中国文化本身的取向与需求。现代化运动的思想文化建设应回归明清之际的早期启蒙思想,从寻求文化土壤和逻辑支持。

冯天瑜著有《试论王夫之几个创造性命题——萧萐父先生明清之

---

① 王兴国:《萧萐父先生对船山学的贡献》,载郭齐勇、吴根友编:《萧萐父教授八十寿辰纪念文集》,第53—60页。
② 李愿来:《千秋慧命春常在——萧萐父、许苏民〈王夫之评传〉之启迪》,《船山学刊》2008年第2期。

际启蒙思想研究的启示》①一文。该文受萧萐父明清之际启蒙思想研究的启示,对船山人类史观等多方面做了评述——从"植立之兽"、文化多元论、文明演进论等主题出发,介绍了王夫之的几个创造性命题,该文可看作是对萧萐父船山学研究的进一步发挥和拓展。

陈屹认为,萧萐父以"破块启蒙""六经责我开生面"为主旨切入船山哲学,以气本论为逻辑起点,通过气化流行的自然史观过渡到理势合一的人类史观,最后归结于创造"积而成乎久大"的人文世界,突出船山哲学"首重人极"的人文主义性质,彰显其人格美,并将船山视为明清之际早期启蒙的先驱者。②陈屹指出,萧萐父以"贯通古今、中西比较"的宏观视野来阐释船山哲学,在其构建的整个船山哲学体系中充满历史感和逻辑理性,实现了历史科学和历史情感的统一;其以马克思主义哲学为参照系,将王船山哲学的基本问题总结为气本论(本体论)、气化流行论(辩证发展观)和认识论。

张志强认为萧萐父对侯外庐的马克思主义船山学研究既有继承,也有拓展。"继承"体现在主动选择以马克思主义来研究船山的共同路径,以及对船山思想具有启蒙性质的共同判定。"拓展"体现在对马克思主义船山学研究的叙述术语、体系构建、内容扩展等方面的深化,以及对现当代新儒家的船山学研究和以西方思想研究船山的不同模式有所注意和肯定。③他指出,萧萐父船山学研究存在着"思想的内在理路",一方面发掘船山思想的逻辑范畴,以构建船山哲学体系之网;另一方面厘清船山思想与宋明理学的关系,将船山思想纳入明清之际"早期启蒙说",旨在从中国自身的思想中找到启蒙精神的内在性根芽和根据。

---

① 冯天瑜:《试论王夫之几个创造性命题——萧萐父先生明清之际启蒙思想研究的启示》,《学海》2010年第3期。
② 陈屹:《萧萐父论船山哲学》,《船山学刊》2011年第3期。
③ 张志强:《萧萐父船山学研究的"内在理路"浅探》,《船山学刊》2013年第1期。

三、萧萐父的"早期启蒙说"研究综述

学界关于萧萐父"早期启蒙说"的研究成果较为集中。

朱哲认为,萧萐父的"哲学启蒙说"有其时代背景。20世纪90年代初以来,我国的学术与文化界盛行的主导潮流无疑是本土文化热,回归传统文化和对80年代文化精神的清算是这一热潮的两大特征。在这一情势下,萧萐父提出的"哲学启蒙说"所蕴含的文化哲学思想主要在于三点:(1)从"宗教异化"到"伦理异化":对中世纪封建蒙昧主义和文化专制主义的哲学总结;(2)"哲学启蒙":对明清之际时代精神的本质把握,对传统文化的当代反思;(3)"迥流"与"难产":对走向近现代化艰难历程的痛切体认。①

秦平把萧萐父"明清启蒙"学术史观梳理为三个时期:20世纪60年代的萌芽期、20世纪80年代的形成期、20世纪90年代以来的完善期。②秦平认为,把握萧萐父的"明清启蒙"学术史观,既要见其前后相承、一以贯之的精旨,又要见其从初始萌发到逐渐形成,再到臻于完善的演进历程,从侧面揭示了"明清启蒙"学术思想的独特价值,尤其是它对于人们深入思考传统与现代化关系问题的重要的启发借鉴意义。

赵林以学界对中国现代化道路及其历史特点的问题的关注为切入点,对萧萐父"早期启蒙说"的代表著作《明清启蒙学术流变》(与许苏民合作)一书作了评介。赵林认为,《明清启蒙学术流变》的出版一方面使萧萐父先生早些年《中国哲学启蒙的坎坷道路》《略论晚明学风的变异》《活水源头何处寻——关于传统文化和现代化之间历史接合点问题的思考》等文章中所提出的"明清启蒙论"学说得到了系统的阐发和论证,为该学说的宏观立论奠定了坚实的基础。另一方面,也

---

① 朱哲:《"哲学启蒙"说通观》,《江汉论坛》1996年第5期。
② 秦平:《萧萐父先生"明清启蒙"学术史观之演进》,《中华文化论坛》2004年第2期。

给人们带来新的思考，引出了中国现代化的潜能与现实、萌芽形态与成熟形态之间的历史契机问题。在确定了中国传统文化与现代化的历史接合点之后，进一步的工作就是探讨从这个历史接合点或现代化胚芽之中，如何才能生长出现实的现代化之果。由此，赵林进一步评论，虽然明清之际少数知识分子中已经产生了一些与传统的宋明道学相对立的启蒙思想，但是缺乏一种历史契机来使这些启蒙思想深入民心，使其由少数文人雅士的标新立异之说转化为一种普适性的和可实践性的大众价值系统与行为规范。质言之，明清之际的中国只有精英阶层的思想启蒙，而无大众文化的改革运动。[1] 赵林以西方文化的现代化转型历程作参照，指出中国明清启蒙的缺憾在于：与西方 16 世纪的宗教改革运动相比，中国明清之际的启蒙运动缺乏一种历史契机——"或许正是由于这种只有精英阶层思想启蒙、而无大众文化改革运动的现实状况，导致了中国现代化过程的'难产'，引发了中国近现代史上的一次又一次的历史洄流。"[2]

施炎平认为，"传统与现代化"的关系虽然是 20 世纪中国几代哲学家、文化学家反复思考、论争的问题，但中国哲学与中国文化的现代化离不开对传统文化的反思和借鉴，传统本身是复杂、多重的，既有延续两千余年的古代传统，又有百余年的近代传统，"五四"以后还形成了以马克思主义为指导的新文化传统。由古代传统到近代传统、再到现代的转化，是个文化上的变革与代谢的过程。如果期望现代化可以通过回归古代传统而直接"开出"，那就否认了近代传统的过渡和文化上的变革代谢，会导致文化保守主义；而主张通过"断裂"来完成这一任务，那势必会失却现代文化的历史根据和民族特色，被视

---

[1] 赵林：《中国文化启蒙的悲怆变奏曲——〈明清启蒙学术流变〉评介》，载郭齐勇、吴根友编：《萧萐父教授八十寿辰纪念文集》，第 89 页。
[2] 赵林：《中国文化启蒙的悲怆变奏曲——〈明清启蒙学术流变〉评介》，载郭齐勇、吴根友编：《萧萐父教授八十寿辰纪念文集》，第 89 页。

为靠"西化"外力推动的消极产物。要么文化保守主义、要么"西化"的极端思维模式影响了对"传统与现代化关系问题"的深入思考。① 萧萐父正是自觉意识到这种思维模式的弊端并力求突破,试图把他的启蒙哲学研究作为解决"传统与现代化关系"问题的一个契入点和路径。

高瑞泉认为,20世纪80年代以来,萧萐父教授围绕"早期启蒙"说所展开的一系列研究,呈现了一个当代中国启蒙主义者对于中国现代文化的路向选择和全球化浪潮中中华民族的"文化自觉"的深刻思考。② 这一思考不仅能够经历"启蒙反思"的洗礼而历久弥坚,而且能够针砭"后启蒙时代"的若干文化病症。高瑞泉指出,萧萐父从近代反观晚明以来的文化变迁出发,在其中发现了在正统观念之下的另一种延续性,它是现代精神所赖以生发的传统资源,对启蒙思想的脉络的梳理,本身成了一种传统。当萧萐父明确地以梁启超—侯外庐对明清以来的思想文化史的研究为其"早期启蒙"说的前驱的时候,同时就通过自己的诠释使启蒙传统获得新的延展。萧萐父的"早期启蒙"说将启蒙理解成中国文化自我更新的运动,本身就建立在中国文化并没有固定不变的"体"的前提之下。

郭齐勇指出,萧萐父的"启蒙论说"拥有双重含义。③ 萧萐父并未照抄照搬西方启蒙时代的理论,也没有照抄照搬"启蒙反思"的理论,而是从中国思想文化的历史与现状出发,从健康的现代化出发,做出了深刻的反思。第一,萧萐父的启蒙观的要旨,是从中国文化传统中寻找自己的现代性的根芽,强调本土文化中孕育了现代性。萧萐父的"启蒙",是中国式的人文主义的启蒙,是走自己的路,而不是走失去

---

① 施炎平:《萧萐父和中国启蒙哲学研究》,载萧萐父:《吹沙三集》,第460—476页。
② 高瑞泉:《芳情不悔说启蒙——读萧萐父〈吹沙三集〉〈萧氏文心〉等著作的体会》,《武汉大学学报(人文科学版)》2008年第9期。该文后来又收入吴根友主编《多元范式下的明清思想研究》,生活・读书・新知三联书店2009年版,标题为《启蒙的遗产和反思》。
③ 郭齐勇:《萧萐父启蒙论说的双重涵义》,《哲学动态》2009年第1期。

主体性的、别人的路。第二，萧先生的启蒙观，特重非西方民族与文化，特别是中国文化之体征，批驳了西化派否定中国有自己的哲学、有自己的认识论的看法，批评工具理性、唯科学主义的意涵。这恰好是"启蒙反思"的题中应有之义。萧先生批评西化思潮，特别是实证主义、科学主义对本土哲学智慧的漠视与曲解。萧萐父的启蒙观在于既走出中世纪，又走出现代性，这两层交织一体，适成互补。萧萐父的启蒙论说，超越了启蒙时代的启蒙精神，包含了诸多反思启蒙或启蒙反思的内容，实际上有着双向的扬弃，意在重建中华文化的主体性。

蒋国保认为，应把萧萐父的论述概括为"坎坷启蒙说"。[①] 他指出，萧萐父"坎坷启蒙说"中所谓的"早期"，虽然继承的是侯外庐广义的"早期说"，但无意中"抹杀了明末清初的思想启蒙与清代中、晚期的思想启蒙的不同特点，混淆了明末清初的思想启蒙与清代中、晚期的思想启蒙的性质"。因此应将明末清初的思想启蒙与清代中、晚期的启蒙区别开来，分别对待：以明末清初的思想启蒙为"早期思想启蒙"，以清代中期（18世纪）的"为学术而学术"思想启蒙为中国早期启蒙思想的变异，以晚清启蒙为中国近代的思想启蒙。蒋国保指出，侯外庐所谓的"早期启蒙"，其实是相对于"近代启蒙"而言的。萧萐父的"早期"的时间划分范围，比侯外庐早了70年，同时将各个阶段划分得更为清晰。萧萐父更看重的是明清早期启蒙与"五四"新启蒙的连续性和关联性；而他之所以看重这一关联性，当是出于现实的目的，即为改革开放时代的思想启蒙指明历史启迪。萧萐父的"坎坷启蒙说"不是"照着"而是"接着"侯外庐的"早期启蒙说"讲。

李维武认为，萧萐父先生是在李达指导下直接继承吕振羽、侯外庐的中国马克思主义早期启蒙说。在近半个世纪中，萧萐父的主要贡

---

① 蒋国保：《"坎坷启蒙说"对"早期启蒙说"的继承与超越》，载吴根友主编：《多元范式下的明清思想研究》，生活·读书·新知三联书店2009年版。

献是：开展王夫之的个案研究，改写中国哲学史教科书体系、全面阐发明清启蒙学术流变，成为早期启蒙说在 20 世纪 80 年代以来的主要代表人物。① 李维武指出，早期启蒙说在今天走向式微，原因有两点：(1) 早期启蒙说在外部受到了后现代主义思潮和文化保守主义思潮的猛烈攻击，面临严峻的挑战；(2) 早期启蒙说在自身理论中也存在着局限性，对一些新的学术问题和思想问题难以做出应对和说明。早期启蒙说虽然走向式微，但仍有具体的生命力：(1) 早期启蒙说仍然会成为解释中国学术思想史的一种重要框架，通过对中国现代化的内在动因及思想资源的发掘与昭显，揭示和说明中国现代化进程的内在资源和根据，及其历史合理性和历史必然性；(2) 早期启蒙说对中国传统文化与现代化接合点的探索，强调了西方思想文化资源要在中国生根成长、开花结果，必须要与中国文化传统相结合，这一思想将通过发现、肯认中国文化现代传统这一转换，成为构建新的文化观的重要内核。

吴根友认为，萧萐父明清之际的"早期启蒙学说"有三点特质值得注意：一是关于"启蒙"一词的马克思主义哲学的规定；二是中国早期启蒙思想的阶段划分；三是对中国早期启蒙哲学的"难产"特征及其反对"伦理异化"的民族特性，以及由此引发的关于中国传统文化与现代西方优秀文化相结合的历史"接合点"问题的思考。② 吴根友认为，萧萐父先生"早期启蒙学说"的学术意义在于：一方面更加明确、系统而又有说服力地证明，中国也有"哲学启蒙"运动，从而将明清学术、思想纳入了"世界历史"（马克思语）的思想、文化进程；另一方面又揭示了古老的中国在走向现代化的过程中所具有的自身的独特

---

① 李维武：《早期启蒙说的历史演变与萧萐父先生的思想贡献》，《武汉大学学报（人文科学版）》2010 年第 1 期。

② 吴根友：《萧萐父的"早期启蒙学说"及其当代意义》，《哲学研究》2010 年第 6 期。

性与复杂性，从而丰富并深化了世界范围内"启蒙哲学"的内涵。

总体来看，"早期启蒙说"虽然旨在说明中国有自己的启蒙，但如何理解则各有不同。一种观点认为，萧萐父的"早期启蒙说"是对侯外庐 20 世纪三四十年代早期启蒙论说的发展，但并非"照着讲"而是"接着讲"，许苏民、蒋国保、李维武、吴根友等总体持此倾向，但各有侧重；另一种观点认为，萧萐父的"早期启蒙说"有其自身的丰富内涵，且吸收了梁启超明清史研究的相关素养，不可尽数归为侯外庐一派，高瑞泉、郭齐勇等大体持此观点，且新见迭出。"早期启蒙说"实质上关涉到中国哲学现代转型的动力，但这一问题长期受西体中用、中体西用两种模式的困扰，萧萐父化用马克思"世界历史"的观念，将中西问题置换为古今问题，既论证中国有自身现代化的根芽，同时又兼顾近代世界一体化进程的客观事实，其中的经验和不足都需进一步反思。

四、萧萐父的中国哲学史研究综述

关于萧萐父与李锦全合编的《中国哲学史》教材，丁祯彦、李志林、冯天瑜等人作有书评。丁祯彦、李志林认为这部教材的特色在于：（1）较好地运用了历史与逻辑相结合的方法，明确了哲学史研究的对象是哲学认识的矛盾发展史，并全面把握哲学发展的源流关系。（2）注意对历史上的哲学思想做具体分析。如对李贽唯心主义的评价。对历史上的唯心主义进行具体分析，特别是恰如其分地评价那些民族文化发展史上确实起过重大影响的哲学体系在认识史上的作用。（3）精心筛选最能代表哲学家本人思想而又形象简明的哲学命题，既显露出中国哲学特有的格调、气息，又便于读者把握哲学家思想的基本特征和重点所在。并用较多的篇幅充实了奴隶社会早期的哲学思想。[①] 冯天瑜著有《哲学史

[①] 丁祯彦、李志林：《中国哲学史研究的新成果——读萧萐父、李锦全主编〈中国哲学史〉》，《学术月刊》1983 年第 9 期。

是发展中的系统——萧萐父、李锦全主编的〈中国哲学史〉读后》一文,该文认为萧、李主编的教材的新特质在于,以雄辩的论述向读者揭示:"哲学是在发展中的系统,哲学史也是在发展中的系统。"该教材的独到之处在于:第一,力求准确地把握哲学史的研究对象,即中国哲学的各种范畴。中国哲学中天与人、神与民、和与同、一与两、正与反、因与革、古与今、常与变等哲学范畴都是在中国这个特定的农业自然经济和宗法系统的基地上发展起来的,与欧洲模式大相径庭。这就启迪我们,只有将中国哲学范畴与欧洲哲学加以比较,才能窥见旧大陆东西两端哲学思维方式的统一性和多样性,才能进行比较哲学的研究。第二,努力遵循逻辑与历史的统一的方法论原则。该教材的最大特色在于:在结构上虽然仍然采用惯常的列传体,但并不是将一个个哲学家平列起来,而是力图按照逻辑与历史的统一的方法论原则,探索各哲学家、哲学家派别彼此间的纵横联系,描述中国哲学历史进程客观存在着的"圆圈"。① 除此之外,李维武指出,萧萐父、李锦全两先生主编的两卷本《中国哲学史》教科书问世,改写了中国哲学史教科书体系,以往的教科书体系都以王朝的更替为标准和界限,来划分中国古代哲学的发展阶段,未能明确地把明清之际作为中国哲学开展的一个独立阶段。而这部教材把早期启蒙哲学的开展在中国哲学史中鲜明地凸显出来,使明清之际的早期启蒙哲学在中国哲学史教科书中获得了独立突出的位置,突破了以往中国哲学史教科书的限制。②

田文军著有《萧萐父先生与现代中国哲学史学》③一文。这是一篇集中论述萧萐父中国哲学史观、方法论的重头文章。田文军指出,以

---

① 冯天瑜:《哲学史是发展中的系统——萧萐父、李锦全主编的〈中国哲学史〉读后》,《江汉论坛》1983 年第 11 期。

② 李维武:《早期启蒙说的历史演变与萧萐父先生的思想贡献》,《武汉大学学报(人文科学版)》2010 年第 1 期。

③ 收入吴根友主编:《多元范式下的明清思想研究》,第 549—569 页。

萧萐父为主编之一的上下卷《中国哲学史》，最为典型地体现了他的中国哲学史研究的方法意识与理论价值，也较为集中地展现了中国哲学史在20世纪七八十年代的研究成果与历史情况，构成了中国哲学史学科建设中的一个重要环节。由于萧萐父认为中国哲学史仍可归属于历史学科，因此他强调基于马克思主义的"历史科学"观念探讨中国哲学史研究对象，对于将马克思主义的思想方法具体运用于中国哲学史研究的困难也十分重视。依照萧先生对历史科学的理解，哲学史研究不能停留在以"个别化"的记述方法研究哲学发展历史的水平，而应该深入探讨哲学发展"过程所固有的特殊矛盾及其所规定的特殊本质"。在20世纪七八十年代这一新的时代条件下，萧萐父对于中国哲学史研究对象的理解，实际上仍然是他有关历史科学研究对象的思考的延续。但论域的中心已经转向为"哲学与哲学问题矛盾发展史"。田文军指出，在新的历史条件下，萧萐父对于以往的中国哲学史研究做出了两点基本的评估：一是认定以往的中国哲学史研究成果没有真正超越中国古代学术史论的形态；二是认定以往的中国哲学史研究仍然"停留于对历史上某些学派分合、思潮起伏的现象形态的描述"。中国哲学史研究范围难定，"模糊了自己的特定任务"。因此，萧先生在20世纪80年代初，依据马克思主义的理论具体论释了哲学史的研究对象，"哲学史研究的特定对象，简括地说，就是哲学认识的矛盾发展史"，强调哲学史研究区别于宗教、艺术、道德，也区别于各门科学而专属于哲学的"一般认识"的历史。这样的哲学史观适应当时净化中国哲学史研究对象的学术要求，为人们正确理解中国哲学史的研究对象提供了方法论依据。

肖航则集中论述了萧萐父的中国哲学史史料学思想。[①] 肖航比较

[①] 肖航：《沾溉学林　嘉惠后学——论萧萐父先生的〈中国哲学史史料源流举要〉的特点及意义》，《哲学评论》第7辑，武汉大学出版社2009年版。

了萧萐父的《中国哲学史史料源流举要》与冯友兰《中国哲学史史料初稿》、张岱年《中国哲学史史料学》的异同。肖航认为萧著的特点在于：首先，编撰宗旨不同，故命名也不同。萧著不但提出研究对象为历代哲学思想资料以及有关史料，使研究哲学史的资料不仅仅局限于思想领域还扩展到了相关领域，而且提出了研究方法为"序列文献，总数总目，介绍研究成果，考辨学术源流"。其次，萧著改变了以往著作以人物为经，以著作为纬的写作方法，采用了以每个时代的主要思潮为经，以人物或者著作为纬的写法。再次，萧著还补充了新材料，大大拓宽了哲学史研究的史料范围。最后，萧著还增加了一些极具特色的写作内容，例如《古史祛疑》《朴学简介》《原始文字与古史文献举要》等篇目。

崔海亮全面并且详细地论述了萧萐父的中国哲学史观。他指出，萧萐父先生在继承唯物史观的基础上进行了创造性的发展，从而形成了独具个性特点的多元并存、多维互动的中国哲学史观。萧萐父以科学释古的立场探索中国文明的源头，从中国历史发展的总过程来把握中国哲学史各个阶段的特点，从明清之际掘发中国现代性的根芽，从全球化的背景下审视中国传统文化的走向和世界文化的前景。[1] 除此之外，萧萐父在中国哲学史研究的过程中，其创造性的贡献在于：坚持历史与逻辑的统一、哲理与情感的融合、纯化与泛化交互采用、通观与涵化相互印证。

陈屹以"历史与逻辑相统一""纯化与泛化的交相互动""通观与涵化的多元化视野"为关键词，详细论述了萧萐父的哲学史方法论。[2] 陈屹认为，萧萐父强调和重视以辩证逻辑说明哲学思想的矛盾运动和

---

[1] 崔海亮：《萧萐父先生的中国哲学史观论纲》，《西华大学学报（哲学社会科学版）》2013年第5期。
[2] 陈屹：《萧萐父先生的哲学史方法论及其当代启示》，《哲学评论》第11辑，中国社会科学出版社2013年版。

规律性，中国哲学史的研究必须努力探索概念和范畴发展变化中首尾玄合、前后连贯的理论诸环节。萧萐父强调在哲学史的研究中要坚持历史主义的原则，具体来说，要按照历史发展的客观过程恰如其分地展示哲学思想发展的内在逻辑，洞悉其向前发展的新趋向和新特点，努力揭示其"新的突破旧的"的面向，同时又要将其视为真理发展过程中的一个过渡环节，注意它们的历史局限性。

朱承之文《诗酒中的美好世界与思想世界——哲学史"泛化"书写的一个尝试》①认为：萧萐父先生曾经讨论过哲学史研究中"纯化"和"泛化"的问题，重视哲学研究和文化研究之间的内在关系，"文化是哲学赖以生长的土壤，哲学是文化的活的灵魂"。就此，他指出一条哲学史研究的方法，即哲学与文化的"两端互补和循环往复"，认为"以哲学史为核心的文化史或以文化史为铺垫的哲学史，更能充分反映人的智慧创造和不断自我解放的历程。其实，在哲学史的研究中，或由博返约，或由约返博，或纯化，或泛化，或微观，或宏观，或纵向，或横向，都可以'自为经纬，成一家言'，而只有经过这样的两端互补和循环往复中的反复加深，才能不断地开拓新的思路、提高研究的科学水平"。萧先生对于哲学史研究方法论的思考，将哲学史研究置于更为广阔的文化史背景，实际上拓宽了哲学史研究的思想资料来源和问题意识来源，对于从事哲学史研究的后学有着极大启发。

陈仁仁之文《"纯化"与"泛化"：以胡著哲学史为考察中心》②认为：萧先生关于哲学史研究的"纯化"与"泛化"的主张，不只是一个技术意义上的方法，更是一个具有方法论意义的方法，属于哲学史研究的方法论。方法论意味着其适用范围可以突破其所论述的对象而

---

① 朱承：《诗酒中的美好生活与思想世界——哲学史"泛化"书写的一个尝试》，《现代哲学》2019年第6期。

② 陈仁仁：《"纯化"与"泛化"：以胡著哲学史为考察中心》，《中山大学学报（社会科学版）》2020年第1期。

达到很广。适用范围越广，其内涵越深，其方法论意义越大。萧先生在阐述这一方法论时，其具体对象可能是"中国哲学史"的研究，但他的表述是"哲学史研究"，这意味着"纯化"与"泛化"的方法也适用于"西方哲学史"的研究。

曹峰之文《返本与开新：基于中国哲学研究的思考》[①]提到，反思20世纪的中国哲学研究，有两条线索或者说两种话语，能够比较准确、生动地表达出20世纪中国哲学研究目标、方法上的焦点和问题，一个是"纯化"与"泛化"，一个是"返本"与"开新"。"纯化"与"泛化"是20世纪80年代初著名哲学史家萧萐父先生最早开始讨论的。

结合上述梳理可知，树立中国哲学史的主体性是中国哲学现代转型的最终目标，迄今仍在进行中，萧萐父的中国哲学史观作为其中一个重要片段，大体可分为1957—1989、1989—2008两个阶段。前一阶段，以萧萐父1981年为《中国哲学史》教材撰写的导言《中国哲学史方法论问题刍议》为代表，体现了20世纪80年代中国哲学史恢复科学性的需求。冯天瑜、丁祯彦等当时就捕捉到该著的特色在于：明确了哲学史的研究对象是哲学认识的矛盾发展史。之后，田文军重新回顾萧萐父基于马克思主义的"历史科学"观念，将论域转为"哲学与哲学问题矛盾发展史"，其实适应了当时净化中国哲学史研究对象的学术要求。柴文华进而注意到，萧萐父与同时代哲学史家的中国哲学史研究的共同特征，是以历史唯物论为理论基础。后一阶段，以萧萐父1989年《哲学史研究中的纯化与泛化》一文为代表，他正式提出"以哲学史为核心的文化史或以文化史为铺垫的哲学史"的理念，并将这一理念落实为探究中国哲学的诗化性质等个人实践，反映了学界从恢复科学性到树立主体性的趋势。

[①] 曹峰：《返本与开新：基于中国哲学研究的思考》，《哲学家》2021年第1期。

五、纪念萧萐父的研究文集、期刊组文以及学术会议讨论集

（一）《萧萐父教授八十寿辰纪念文集》，郭齐勇、吴根友编，湖北教育出版社 2004 年出版。该文集收录的文章分为两类：（1）师友回忆与萧先生交往的文章。（2）介绍、述评萧先生思想贡献的相关文章以及其他方面的文章。编者将该特辑分为两大部分："嘤其鸣矣"和"感而遂通"。"嘤其鸣矣"部分中，收录的是师友与萧萐父诗酬唱和的文章。"感而遂通"部分是为庆祝萧萐父八十寿辰而作的其他方面的文章。① 除此之外，该辑还收录了一部分讨论"明清启蒙"以及"早期启蒙说"的论文，与萧萐父本人的学术思想有关联，例如赵馥洁的《论明清之际的价值启蒙》以及傅白庐的《关于明清启蒙与中体西用问题的通信》。

（二）纪念萧萐父诞辰八十五周年暨国际明清学术会议。该会议部分论文结集为《多元范式下的明清思想研究》，由吴根友主编，生活·读书·新知三联书店 2011 年出版。该文集集中收录了关于萧萐父学术、生平经历，以及学界对萧萐父"早期启蒙说"的评价的若干篇文章。部分文章同时又散录入不同作者的单部论文集中。

（三）《武汉大学学报（人文科学版）》2014 年第 1 期，刊载了一组主题为"萧萐父先生的学术思想与教学方法管窥"的专栏文章，共有七篇，大体属于回忆录性质。分别为：郭齐勇《睹物思人 手泽犹温——感念萧萐父老师的教诲》、李维武《萧萐父先生与"中国哲学史史料源流举要"》、许苏民《萧萐父先生：我们时代文化自觉的灵魂》、蒋国保《哲学家视角下的佛学研究——读萧萐父先生的佛学研究论著》、龚隽《神游鸟道贯中西——萧师与佛学研究》、李大华《九转丹成道者言——缅怀恩师萧萐父先生》、吴根友《浅谈萧萐父先生的子学思想》。这一组文章，重在发掘萧萐父专长研究领域（例如王夫

---

① 郭齐勇、吴根友编：《萧萐父教授八十寿辰纪念文集》，湖北教育出版社 2004 年版。

之、明清启蒙学术思潮）之外的其他思想贡献，例如李维武对萧萐父开设中国哲学史史料学课的说明，揭示了萧萐父对中国哲学史史料学的贡献，并注重指出萧萐父的史料学课的特点在于：重视史源学，并把史源学的方法补充到史料学中去。蒋国保和龚隽则着力阐发了萧萐父在佛学思想研究领域的特点和学术价值。李大华则重在以儒、道思想概括萧萐父的思想特征："立足于儒家的土壤，却生出了道家的果实。"吴根友则从刘勰所倡导的"博明万事为子"的"子学"出发，以广义的"子学"为切入点，结合萧萐父的"文化包容意识"等观念，对萧萐父的诸子学（广义）思想做了阐发。

（四）2014年11月8—9日，"中国哲学书写范式反思暨纪念萧萐父先生冥诞九十周年学术研讨会"，由武汉大学哲学学院、国学院联合举办。来自北京大学、台湾慈济大学、日本东北大学等高校的学者围绕中国哲学的前沿问题展开深入研讨。会议共有四个主题：（1）萧萐父先生的学术贡献；（2）明清学术与启蒙学说；（3）中国哲学书写范式的反思及展望；（4）以个案研究探讨中国哲学研究范式。

（五）2016年12月28—29日，萧萐父纪念馆开馆暨萧萐父学术思想研讨会，在四川乐山举行。萧萐父先生是井研人，井研现属乐山。萧先生与夫人卢文筠教授曾在乐山武大求学，在这里相识相知相恋。萧萌女士代表萧萐父的家人对武汉大学、四川大学、四川师范大学及乐山师范学院、乐山市以及乐山九天文化公司对萧萐父先生纪念馆的设立与本次会议的召开表示衷心的感谢。萧萌女士指出，萧萐父先生生前在培养学生方面倾注了大量心血，培养出了一大批非常优秀的学人。萧萐父纪念馆的建成与在此成立武汉大学、四川大学、四川师范大学的教学实践基地，使得乐山也成为新的中国哲学思想培养基地。她希望纪念馆未来能够成为中国思想界启蒙后学的一座殿堂及今后全国学术交流的重要驿站，诸位学人能够将萧萐父先生的思想传承并继续发扬光大，祝愿中国文化永葆慧命，发扬光大。萧萌女士最后展示了萧氏子孙共同完成的"红梅图",以志纪念。

(六) 2020年8月14—15日,"萧萐父先生与当代中国哲学"学术研讨会由武汉大学哲学学院、武汉大学文明对话高等研究院、武汉大学比较哲学与比较文化战略研究中心主办。来自日本郡山女子大学、日本熊本县立大学、中国人民大学、四川大学、暨南大学、深圳大学、香港中文大学、延安大学、内蒙古大学、西南医科大学、四川省社会科学院、武汉华夏理工学院、华侨大学、武汉大学等高校和研究机构的40余位专家学者参加了此次会议。在为期一天半的会议中,老中青三代学者不仅围绕哲学史研究方法论、儒释道研究、中国哲学的现代化、明清哲学等议题展开了对萧先生学术思想的热烈探讨,而且回忆、分享了萧先生与学界交游的往事和日常点滴,从"有字"和"无字"两个层面更加立体、丰满地再现了一代哲人的崇高形象,让与会学者和听众对萧先生有了更加深刻、生动的了解与认识。

(七) 2021年4月,国际著名学术刊物《当代中国思想》(A&HCI收录期刊)第52卷第4期,刊出武汉大学郭齐勇教授与德国汉学家谢林德(Dennis Schilling)教授合编的专辑:"中国思想的历史动力:萧萐父哲学"(*Contemporary Chinese Thought*, Volume 52, 2021 - Issue 4, The Historical Dynamics of Chinese Thought: On the Philosophy of Xiao Jiefu)。该集收录了萧先生三篇代表性论文:The Outline of the Dialectics of Wang Fuzhi(《船山辩证法论纲》)、Intellectual Changes During the Late Ming Period(《略论晚明学风的变异》)、The Book of Changes and the Early Yin-Yang-School(《周易与早期阴阳家言》),以及郭齐勇教授撰写的 A Critical Biography of Xiao Jiefu(《萧萐父评传》)。卷首导言介绍了萧先生的学思历程与学术贡献。

(八) 2021年8月18—19日,"诸子学暨萧萐父先生学术思想研讨会"由暨南大学哲学研究所主办,武汉大学文明对话高等研究院、中国人民大学佛教与宗教学理论研究所、四川大学道教与宗教文化研究所、深圳大学哲学系等协办。来自武汉大学、中国人民大学、四川大学、深圳大学、北京大学、中山大学、山东大学、北京师范大学、中国社会科学院哲学研究所、香港中文大学、台湾大学、日本郡山女子大学等高校和研究机构的 50 多名专家学者就大会主题发表了精彩的讲演，展开了热烈的讨论。开幕式上，武汉大学国学院院长郭齐勇教授发表题为"萧萐父先生的诸子学思想合观"的主旨演讲。郭院长指出，萧先生博学慎思，以多元开放的文化心态看待古今中外的文化传统和哲学思想，坚持殊途百虑、并育并行的学术史观；萧先生同情理解"思想异端"，倡导道家风骨，表彰诸子百家对历史的深沉思索和对现实的深切关怀，致思于推动诸子学研究参与世界范围内的百家争鸣。

（九）2023 年 3 月 25 日，"萧萐父先生与 20 世纪中国哲学"学术研讨会在成都举行，本次会议得到武汉大学人文社会科学研究院的积极支持，由武汉大学文明对话高等研究院和西南石油大学马克思主义学院共同主办。来自武汉、南京、延安、广东、海口等多个城市的大学学者参会。20 余位学者一方面回忆了萧萐父先生生前为珞珈中国哲学做出的思想贡献，另一方面也畅谈了如何继承并发扬萧萐父先生的哲学思想，并在当代中国哲学的研究中取得新突破。最后，武汉大学文明对话高等研究院院长吴根友教授从"明清早期启蒙思想"、"中国哲学史的纯化与泛化"、马克思主义哲学"历史与逻辑相统一"的思想原则、"诗化哲学"四个方面概述了萧先生所代表的"珞珈中国哲学"的主要理论特色与特别贡献，号召大家继承萧先生中国哲学研究的哲思，全方位地对中国哲学展开新的思考与探索，在"精神的传承"和"思想的创新"两个方面，保持思想与学术的张力。

（十）《孔学堂》（中英文对照）2023 年第 6 期，由郭齐勇教授主持的"两创"研究专栏，设"纪念萧萐父先生诞辰一百周年"的专题，刊出四篇论文，分别为高瑞泉教授的《追忆萧萐父先生，重访"早期启蒙说"》，詹石窗教授与冯雪的《续论道家学风及其当代启示——从萧萐父先生的"道家风骨说"讲开去》，吴根友教授的《萧萐父的"早期启蒙说"与"新人学"的哲学观申论》以及张志强的《萧萐父先生的心学观探析》，为热烈的纪念活动拉开了序幕。

六、萧萐父的道家与道教思想研究

刘建平对萧萐父的"道家风骨"概念做了很好的诠释。[①] 刘建平认为，萧萐父对"道家风骨"的现代诠释正应合了他所力主的"早期启蒙说"。从生活层面上，"道家风骨"体现为一种隐逸、包容的达观气度；从思想层面上，"道家风骨"表现为一种独立于权威和主流之外的异端思想；从政治层面上，"道家风骨"表现为一种刚正不阿、反专制的批判精神。萧萐父对道家思想这一性格的揭示，顺应了世界范围内民主改革的时代潮流，也代表着人类追求的自由、民主、平等、宽容的价值取向，在中国现代哲学思想史上具有重要的意义。刘建平认为，萧萐父之提出"道家风骨"，思想渊源有二：一是从中国哲学思想史发展的视角和儒家思想本身的性格看，先秦原始儒家虽从伦理实践的角度肯定了人作为主体的道德自觉的责任，但到了秦汉之际，新儒家吸收了法家思想，并逐渐政治化，使得宗法伦理由道德情感变成了强制的行为规范，变成了日益丧失主体道德自觉的异化教条，即"伦理异化"。而儒家知识分子需要调动道家资源，以与政治保持一定的距离，成为时代忧患意识、社会批判意识的承担者。二是港台新儒学的影响。萧萐父在 20 世纪 80 年代与刘述先、成中英、傅伟勋、杜维明等港台新儒家有所接触和探讨，受新儒家的影响，萧萐父认为历史上的儒家，除了完全依附于专制统治的腐儒、奴儒之外，大多是彻底的理想主义者，是具有独立人格的自由主义者。"萧萐父对'道家风骨'的诠释，并非空穴来风，他以道家哲学来言个人之志向，以文本为依据，并通

[①] 刘建平：《论萧萐父的"道家风骨"》，《武汉大学学报（人文科学版）》2010 年第 1 期。

过历史事实加以验证，这也正应合了他所力主的'早期启蒙说'。"萧萐父"道家风骨"的现代意义在于："道家风骨"对中国文化的现代转型具有积极的时代价值。

日本学者山田俊从萧先生的六篇文章入手考察了萧先生对道家道教的研究，认为萧先生的道家道教论考，在其最初阶段已达到完美的程度，同时也体现了萧先生以包容的姿态平等研究儒释道的一贯风格。①

盖建民、刘雪涛回顾了 20 世纪四五十年代，萧先生为当代四川哲学学科发展做出的重要贡献。②1955 年，为适应四川全省学习唯物主义的需要，四川省委成立"哲学编写组"，萧萐父先生与卿希泰、戴伯行、倪受禧、蒲寄宵等先生一起编成《什么是唯物主义？什么是唯心主义？》一书，这是四川省最早集体编写的马克思主义哲学著作之一，推动了四川马克思主义哲学的教学与普及工作。针对道教文化，萧萐父先生在其名作《道家·隐者·思想异端》中提出了著名的"道家文化传统论"，认为道家道教文化在我国传统思想文化的多个方面发挥了不可替代的重要作用，提示我们在新时代要推动中华优秀传统文化的创造性转化与创新性发展，必须要在无可替代的道家、道教文化传统中发掘其当代价值。

七、萧萐父的佛学观研究

蒋国保认为，萧萐父的佛学研究具有三大特征：首先，萧萐父的佛学研究最显著的特征是，不是以宗教家、史学家的眼光研究佛学，而是以哲学家的眼光研究佛学。萧萐父以哲学家的眼光研究佛学，非

---

① 参见武汉大学哲学学院等编：《"萧萐父先生与当代中国哲学"学术研讨会论文集》，2020 年 8 月 16 日。

② 盖建民、刘雪涛：《再论新时代道教文化现代性诠释的机与理——从萧萐父先生的学术旨趣说开去》，《中华文化论坛》2009 年第 5 期。

一般地研究佛教，而是重在研究佛教中国化；非一般地研究佛教中国化，而是将中国化佛教纳入中国哲学史范畴来研究。其次，在研究中国化佛教时，在选择研究对象上，萧萐父十分重视《肇论》《大乘起信论》《华严原人论》《坛经》；就宗派而言，萧萐父专门论述华严、禅宗二宗。蒋国保特别强调，萧萐父在研究佛学思想时，有所偏取和侧重，并非不重视其他佛教经典和宗派，而是因为萧萐父对中国化佛教形成过程的独特认识。最后，萧萐父的佛学研究尤其关注从认识论上分析佛教思辨结构，揭示其所包含的合理的辩证认识因素。①蒋国保还强调，应将萧萐父的佛学与方东美、牟宗三的佛学研究做一番比较，以突显萧萐父佛学研究的独特价值。

龚隽认为，萧萐父治中国哲学史的其中一环，就是要"玄化通观"地把中国思想与印度所传佛教进行贯通。②萧萐父以"和"的观念来通观和爬梳中国佛学思想史上许多关键性概念的形成及演化。萧萐父对中国佛教各宗思想之阐论，特别集中于对和合观念的抉择和分析，例如将《肇论》看成是把印度般若中观学与中国老庄玄学进行"格义互样而逐步融通"，从佛学本体论方面形成中国佛学思想的关键；《大乘起信论》则是融摄南北朝地论、摄论、涅槃诸宗心性论问题的论争，成为佛教心性论中国化的一个标志。在萧萐父关于中国化佛学的论述中，和合融涵的思想包容观，成为其观察中国佛学的一大法眼。

何燕生写有《中国哲学史视域下的禅学论述：萧萐父〈禅宗慧能学派〉读后》③一文，认为萧萐父的《禅宗哲学思想略论》作为20世纪50年代至60年代大陆学界禅宗研究的代表性成果之一，它的意义

---

① 蒋国保：《哲学家视角下的佛学研究——读萧萐父先生的佛学研究论著》，《武汉大学学报（人文科学版）》2014年第1期。

② 龚隽：《神游鸟道贯中西——萧师与佛学研究》，《武汉大学学报（人文科学版）》2014年第1期。

③ 见澎湃新闻网：https://www.thepaper.cn/newsDetail_forward_2535085，2018-10-18。

在于：第一，继承了任继愈、侯外庐的思想史理路，但将禅宗理解为"中国化了的佛教哲学"的提法，可以认为是萧的一个突破，是在深化任、侯的基础上的一个新的拓展；第二，论述了"慧能学派"提法的合理性；第三，肯定了慧能学派"革新"的积极意义；第四，试图从哲学层面剖析慧能学派的禅思想特色；第五，积极关注海外学者的研究动向，同时又注重原典的研读，例如引用了当时苏联学者姆·烈斯涅尔《东方思想体系》一书中关于佛教与"无神论"的关系的言论。何文最后总结，萧萐父佛学研究与胡适、柳田圣山相比，特色在于基于中国哲学史的问题意识研究佛教。

八、以萧萐父思想研究为主题的博士、硕士论文

以笔者目力所及，目前似见到5篇就萧萐父某一方面思想予以评述和研究的硕士论文。分别为：（1）周美晓的硕士论文《萧萐父"哲学启蒙说"研究》①。周文包括前言、"哲学启蒙"说的概念释义及其思想渊源、"哲学启蒙说"的方法论支撑、"哲学启蒙"说的基本理论观点、"哲学启蒙"说的影响和意义，对萧萐父"早期启蒙说"做了一定的回顾与总结，该论文对关于萧萐父思想的研究现状有较全面的介绍，但不足之处在于：流于介绍学界对萧萐父思想的研究现状，而对其早期启蒙说的内在价值、深层意涵没有深入的探讨。（2）梁奇的硕士论文《萧萐父道家思想研究》②。该论文集中论述了萧萐父的道家思想研究，全文主体部分共有四章：萧先生论道家起源、萧先生论道家风骨、萧先生论道家智慧、萧先生的道教学术观。该论文第一部分重点阐述萧萐父先生关于"道家起源"的认识，主要从源流的角度分析萧萐父先生的道家观。第二部分主要是论述萧萐父先生对"道家

---

① 周美晓：《萧萐父"哲学启蒙说"研究》，中国海洋大学2009年硕士学位论文。
② 梁奇：《萧萐父道家思想研究》，武汉大学2013年硕士学位论文。

风骨"的认识。这是该文的核心部分,其中既有萧萐父先生对道家学风的看法,也有先生对道家知识分子品德的褒扬。第三部分是萧萐父先生论"道家智慧"。这是先生对道家的本体论、方法论等方面的论述。第四部分阐述了萧萐父先生在道教方面的学术建树。该文的亮点在于,除了介绍萧萐父的道家观以外,还介绍并评述了萧萐父对于道教的看法和认识,并从"知"和"行"两个层面分析了萧萐父先生道家观的独特贡献:在"知"的层面上,萧萐父先生的"道家观"在事实上弘扬了道家哲学思想;在"行"的层面上,萧萐父先生的"道家风范"弘扬了知识分子的风骨。文中还指出萧萐父道家观的不足和局限之处。(3)谭婉的硕士论文《试论萧萐父的启蒙思想》①。该文分为三部分,主要介绍了萧萐父启蒙思想的现实渊源和理论渊源、萧萐父"启蒙"的内涵界定及其"明清启蒙说"的三大主题。该文在论述萧萐父"明清启蒙说"的理论价值的同时,也指出其不足之处:由于萧萐父是从西方启蒙的问题意识和社会变革要求出发的,他把宋明理学视为"伦理异化",并认为它是明清启蒙思潮的批判对象,仅仅将宋明理学作为维护封建伦理纲常的制度思想方面来理解和分析,这是有失偏颇的。萧萐父启蒙理论的局限性还在于把人欲理解成一切的感性欲望,道德是对一切伦理纲常的批判和反动。(4)赵立的硕士论文《萧萐父"纯化"与"泛化"的哲学史观研究》②。该文围绕萧萐父一个很重要的论点"泛化与纯化的统一",认为萧萐父"纯化"的哲学史观是对黑格尔、马克思等人的哲学史观和周继旨"纯化"思想的批判继承,更是对列宁思想的直接阐发,同时代的冯契是萧萐父"纯化"思想的同盟军。(5)胡志明的硕士论文《多维互动,积杂成纯——萧萐父学术思想研究》③。

---

① 谭婉:《试论萧萐父的启蒙思想》,华中科技大学 2013 年硕士学位论文
② 赵立:《萧萐父"纯化"与"泛化"的哲学史观研究》,武汉大学 2021 年硕士学位论文。
③ 胡志明:《多维互动,积杂成纯——萧萐父学术思想研究》,深圳大学 2021 年硕士学位论文。

该文通过爬梳萧萐父的学术研究，将其思想学说概括为：以启蒙精神为根柢，以多维互动、文化主体、创造转化三大宏旨为主体，以探寻传统文化现代性转化的历史接合点为核心的理论体系。

张志强的《通观与涵化——萧萐父思想研究》，是国内外首篇以萧萐父思想为主题的博士论文，2015年于武汉大学通过答辩，获得校级优秀论文。该文较为全面地梳理、评述了萧萐父的学思贡献。本书即在此基础上修订完成。

九、萧萐父诗文评述

吴根友评介萧萐父诗文的两篇专文《葵心不改完美志　慧境芳心两护持》《哲理诗心船山魂》，分别见于《不尽长江滚滚来——中国文化的昨天、今天与明天》和《吹沙三集》。前一篇对萧萐父作为诗人和哲学史家的双重思想特征做了阐述，通过对萧萐父不同时代的诗作的赏析，透射出传主的一生与时代背景密切相关。从传主的诗作，可以看出传主对人生、现实、历史、中西文化的思考与探索。后一篇则对萧萐父船山研究的特征做了概括，船山的一生，是"哲理与诗心"相融合的一生，而萧萐父本人的学思也带有这一特点，主张"哲学的诗化与诗的哲学化"。

吴根友又著有《萧萐父先生的"诗化哲学"及其人生追求》[①]一文，用了五组萧萐父诗文多次出现的关键词来描述："心火""道真""天心、童心、兰心、慧心、心史等""心书、国魂""风骨"等，并总结：萧先生"诗化哲学"在实践层面表明"诗化哲学"有时是慧在言外，而藏于行中。孟子所说的"充实而光"的大人理想，不仅盎于四肢，而且具有"大而化之"，不拘于形的神妙状态。因此，"诗化哲学"更能体现中国哲学即功夫即本体，即功夫即境界的特色。

---

① 载程志华主编：《畿辅哲学研究》第一辑，河北大学出版社2023年版。

杨海文著有《〈中国哲学史〉编撰的盎然诗意》[①]一文。文中回顾了萧萐父与李锦全二位编者之间的吟诗唱和，以及教材编写组全体人员在编撰之余的诗文感怀，并介绍、还原了编写组在编写过程中遇到的困难、挫折、压力及克服困难的过程，还有教材得到学术界肯定之后的感怀。这些感怀诗文编成了《编余吟咏》。该文强调了《中国哲学史》教材的重要的历史意义，指出，这本由人民出版社出版的全国统编教材，1988年荣获国家教育委员会高等学校优秀教材一等奖，迄今发行十多万套，哺育了好几代中国哲学史研究者，堪称改革开放以来《中国哲学史》教材建设的扛鼎之作，被誉为20世纪少数几部有重大影响的《中国哲学史》教材之一。

十、萧萐父与蜀学

郭齐勇教授有《萧萐父先生与近代蜀学》[②]一文。该文详细论述了萧萐父与蜀学的渊源，指出萧萐父学思受蜀学大家廖平、蒙文通、唐迪风等影响。该文举例指出，蒙文通虽有关于道家思想之南北二派说，但尚未具体梳理秦汉之际道家思想的发展演变过程。萧萐父便进一步用新材料来梳理道家思想从秦至汉的发展轨迹，是对蒙文通关于秦汉思想大论述的一种演化。该文还指出，萧萐父通过其父萧仲仑先生深受近代蜀学的影响。近代蜀学具有中西文化相资互补之属性，其特色在于：传统学术的根底厚实，特别是深通经史之学，而又堂庑宽广、心态开放、兼容并包、不囿成法；在表达上颇具诗性特质，哲诗互济；在人格上追求完美，仁智双彰。郭齐勇最后点出，萧萐父得益于"中西文化交融的多棱镜"之近代蜀学的滋养，自觉继承了旧学与新知双彰的近代蜀学之精神，以重识中华文明作为蜀学研究的重心。

---

① 杨海文：《〈中国哲学史〉编撰的盎然诗意》，《光明日报·国学版》2009年8月10日，第12版。
② 郭齐勇：《萧萐父先生与近代蜀学》，《四川师范大学学报（社会科学版）》2011年第4期。

胡志明著有《道家风骨与蜀学精魂——论萧萐父先生与蜀学研究》①之文。该文认为，作为著名的川籍学者，萧萐父先生的学术思想深受蜀学的濡染，其晚年尤为萦怀于道家与蜀学研究。"道家风骨说"正是根植于蜀学文化传统的创造性诠释，其中涵蕴着"异端性格的批判精神""客观视角的史学精神""多维互动的包容精神""情理结合的诗性精神"。胡志明博士另有《多维互动，积杂成纯——萧萐父晚年学术思想略论》②之文，认为萧萐父先生晚年"多维互动、积杂成纯"的学术思想，与"早期启蒙说"一脉相承，呈现出"多元、主体、转化"的三大要义。

中国哲学的现代转型离不开对地方学术的吸收、转化，例如关学、闽学、洛学、浙学等。萧萐父出生于四川，与其父近代蜀中名士萧仲仑深受蜀学之风熏陶，与廖平、蒙文通、唐君毅等四川思想家均有特殊的渊源，这使萧萐父成为近代蜀学哲思传统与现代中国哲学的衔接点之一。对此，胡昭曦、蔡方鹿、盖建民、舒大刚等各有阐述，且达成共识：以廖平、刘咸炘、蒙文通为代表的蜀地学术与中原学术的互动，构成了现代中国哲学转型的一环。例如据王汎森的考察，从廖平到蒙文通体现了从古代经学到现代史学的复杂演变。近代地方学术中蕴含的哲思传统，是中国哲学现代转型真正意义上的源头活水，其中涌现的具有旧学与新学二重性的学人思想，因其身处中西古今交汇的文化背景而多变且庞杂，对传统哲学的现代转型往往具有更加敏感的认知，这些内容均需要深层次梳理。

此外，还有萧萐父与学界名人、硕儒交游考证与学术比较的文章。限于篇幅，这里不再展开。仅举二例，王立新、刘依平依据韦政通晚

---

① 胡志明：《道家风骨与蜀学精魂——论萧萐父先生与蜀学研究》，《乐山师范学院学报》2021年第1期。

② 胡志明：《多维互动，积杂成纯——萧萐父晚年学术思想略论》，《湖南科技学院学报》2020年第2期。

年与萧萐父交游的书札,分别著有《一见相惜二十年——萧萐父先生与韦政通先生的学术交契》[①]、《论萧萐父的学术思想与交游——以20世纪80年代致韦政通书信为中心》[②]。韦政通(1927—2018),著名学者、思想家,台湾"世界哲学家"丛书主编,曾任台湾中国文化大学哲学教授,台湾《中国论坛》半月刊总召集人。两文主要回忆了萧萐父与韦政通两位已故学者的学术交谊,对萧萐父先生给韦政通先生的四通手札进行了考释,回顾了书信的背景和两位先生交往的细节,展现了两人相似的学术追求、文人气质以及对中国传统文化现代命运的感叹与关心。另有邓妍之文《萧萐父与汤一介文化哲学之比较》[③]认为,萧萐父与汤一介的文化哲学研究源于共同的问题意识,都聚焦于中国文化转型问题,并分别将之概括为"两化"与"三问题",尽管在具体解决思路上,萧萐父指向了对明清哲学文化思潮研究的深化,而汤一介则借用佛教中国化等资源而提出了相对成熟的文化哲学理论,但二者都极为强调中国文化的主体性。

[①] 王立新:《一见相惜二十年——萧萐父先生与韦政通先生的学术交契》,《湖南科技学院学报》2020年第6期。

[②] 刘依平:《论萧萐父的学术思想与交游——以20世纪80年代致韦政通书信为中心》,《阳明学研究》第六辑,人民出版社2021年版。

[③] 暨南大学哲学研究所编:《诸子学暨萧萐父先生学术与思想研讨会论文集》(三),2021年8月,第70页。

附录二 萧萐父学术年表

1924 年

1月，出生于四川省成都西城区的"焱芰"庭院，祖籍四川井研曲尺桥。曾用名翟始、肖真。父亲萧参（1885—1961），字仲仑，又写为中仑，老同盟会员，辛亥革命后拒入官场，以教书为生。曾任成都省立第一师范附小国文教员，四川大学中文系、华西大学教授，学生有唐君毅等。母亲杨正萱（1896—1984），字励昭，清代爱国名将杨遇春之后，善诗词，工书画。

1927 年

由父母教读，耳濡目染左、孟、庄、骚、明清野史笔记。

1931—1932 年

随父萧公拜谒林山腴先生，林送毛笔二支。时正读《昭明文选》中江淹赋，知晓"梦笔生花"之故事，遂写诗《谢林山翁赐笔》致谢。

1934 年

十岁前所作诗稿成集《黄口吟哦》。

1935 年

始入小学。十二岁之前,均由父母亲自教读。

1937—1940 年

就读四川成都县中初中,校址乃扬雄故居洗墨池。受教于罗孟祯。

1941—1942 年

就读四川成都县中高中。

高二,遵父嘱,休学一年。萧父指导其阅读《汉书》《后汉书》及《昭明文选》。由此,日渐酷爱中国古典诗词,并加深对史学的重视和研习。

高中期间,第一次撰写论史长文习作《论史慧》。积极创办报刊,与同学合办 Rainbow 英文墙报与《空谷跫音》中文墙报,并出《狂飙》诗专号。

1943 年

4 月,与好友徐溥等逃学前往成都华西大学听冯友兰讲学,搜读冯友兰的"贞元三书",增进了对哲理的兴趣。

7 月,高中毕业时,半自觉报考时在四川乐山的武汉大学哲学系。

9 月,考入武汉大学哲学系,主修张真如、万卓恒的专业课,选修留美博士高尚荫的生物学课、周大璞的国文课、胡稼胎的"哲学英语"课、朱光潜的"英诗选读"课、金克木的印度文学课。大学期间,参加学生进步组织,发起编辑《珞珈学报》。初步阅读郭沫若的《十批判书》、侯外庐的《中国近世思想学说》等书。

1944 年

修万卓恒的"伦理学原理""西方伦理学史""数理逻辑"三门课。

夏，作《行路难》诗二首。与好友一道访成都北门大桥，归来作诗一首。

秋，读王世肃《猛悔楼诗》，心有共鸣，作诗一首。

1945 年

选修张真如的"德国哲学"课和"西方哲学史"课。周末经常与同学一起去张真如家谈天论学。

夏，作《自题吟稿》七律。

1946 年

夏，创作《峨眉纪游》组诗。武汉大学迁回武昌珞珈山，填词一首《鹧鸪天》。

秋，金克木受聘来武大讲授"梵文""印度哲学史""印度文学史"等。多次向金克木请教有关中、西、印文化方面比较的问题。开学后，从万卓恒所讲"西方伦理学史"课程中得到启发，选定"康德之道德形上学"作为毕业论文题目。

冬，拜访万卓恒请教毕业论文问题，万先生叮嘱其一定要根据康德原著，直接把握原意，切实弄懂之后，确有心得才可发挥。

毕业之际时局动荡，纡情难遣，于武汉大学作《水龙吟》一词。

1947 年

1 月，参加武汉大学"反美蒋"学生运动。

5 月，抗议美军暴行"沈崇事件"走向"红五月"高潮，积极投身学运，学业一度荒废。是月 1 日，与同学庹楫庭、张继达等集资创办的四开铅版小报《珞珈学报》正式创刊，刊名由刘博平题写，第 1 期印行 2000 册。在创刊号上，发表了自己撰写的朗诵长诗《春雷》，鞭挞黑暗。本科毕业论文《康德之道德形上学》草稿订正。因参加学运，被国民党列入"黑名单"。

7月,在万卓恒的指导下,完成三万多字的题为《康德之道德形上学》的毕业论文,参考文献几乎都是英文原著。因时局紧张,为逃避国民党特务追捕,论文由余正名等同学代为抄正,并送呈万卓恒评审,论文评为乙等75分。

8月,秘密离校。离校前去金克木家告辞,金先生送三本甘地所著之书。回到成都后,任教于华阳县中。经友人华西外文系学生谢桐之介绍,与华西协合大学外文系教授费尔朴相识。费尔朴邀请萧协助他翻译《陶渊明诗集》。

1948年

5月,与金克木通信。

8月,作哲学论文《原美》,文中认定"美统摄真善"的哲学智慧。华西协合大学费尔朴夫妇亲祝其新婚,赠其精印的英译著作《峨眉山图志》一巨册。

1949年

5月,指导华阳县中学生阅读进步书刊,成立"读书会",主办《而已》墙报,并为成都《西方日报》主编《稷下》副刊。受蒙文通之邀,担任尊经国学专科学校讲师,讲授"欧洲哲学史"课。加入中国共产党。

1950年

2月,在成都市军管会教育处任职,被上级指派参与接收华阳中学的工作,并担任该校副校长,直至同年12月。

10月,在成都市委党员培训班学习,结业后留市委党校研究室工作。

1951 年

8月，在成都市委党员培训班学习结束，任川西文教厅厅长秘书。

1953 年

受成都中共市委组织部指定，参加民主同盟，作交叉盟员，任民盟成都市支部组织委员会委员。因院系调整，留四川医学院任马列主义教研室主任。

1956 年

秋，受组织委派，赴北京中央党校高级理论班深造。

冬，拜访汤用彤，请教如何读王充书，汤先生指点其应注意王充与秦汉道家的关系。

1957 年

春，按李达校长创办新哲学系的教学需要，转入北京大学继续进修中、外哲学史，任继愈为其指导老师。在北大期间，先后选听冯友兰、郑昕、朱谦之、张岱年、吴则虞、侯外庐、杜国庠、吕振羽等的专题课或学术演讲。

1月，参加在北大未名湖临湖轩召开的中国哲学史方法论研讨会。先后写出《怎样理解马克思主义哲学的继承性》《关于继承祖国哲学遗产的目的和方法问题》，分别在《光明日报》《新建设》发表，陷入险境。作诗《1957年元日有寄》一首。

在北京大学进修期间任北大哲学系党支部副书记。反右派运动期间，被认为"严重右倾"，受到留党察看两年的处分。

1958 年

与武大哲学系师生赴红安县七里坪革命老区劳动。其间受到时任湖北省委宣传部、省社联领导密加凡同志的鼓励，密加凡鼓励其积极参与学术研究，尤其是王船山的哲学研究，以提升湖北省的学术水平和影响力。其间，李达也来视察慰问鼓励，遂继续潜心研究王夫之与明清启蒙思潮。

1959 年

武汉大学哲学系重组，将教研组改为教研室，设辩证唯物主义与历史唯物主义、逻辑学和哲学史三个教研室，萧担任其中哲学史教研室主任。

7 月，随李达赴青岛。其间，作《海上吟》组诗。

8 月，作诗《题海上鸿影》一首。

1961 年

春，作《禅宗慧能学派》一文。

1962 年

1 月，刊发第一篇佛学论文《禅宗慧能学派》。后形成《佛教哲学简介》的打印本讲义。

4 月，作《刘禹锡的"天人交相胜"学说》。

10 月，开始写作《船山哲学思想初探》与《浅论船山历史哲学》等文。

11 月，参与筹办由湖南、湖北两省社联组织的"纪念王船山逝世 270 周年学术研讨会"，向大会提交论文《船山哲学思想初探》和《浅论王夫之的历史哲学》，会上畅论王夫之的启蒙哲学，提出船山是启蒙思想家中的典型人物的观点，在学术界崭露头角，以王夫之研究专家名世。

1963 年

6 月，作《哲学史研究的根本任务和根本方法问题》。

9 月，作《略论鲁褒》与《略论何承天》二文。

1964 年

春，雨霁登长城，作诗三首。

作《是主观社会学，还是历史唯物论？——与冯友兰先生商榷"个体"史观》文，发表于《武汉大学学报》第 2 期。

1965 年

2 月，作《略论杨泉及其〈物理论〉》初稿。

8 月，论文《船山哲学思想初探》《浅论船山历史哲学》入选由湖南省和湖北省社联合编、中华书局出版的《王船山学术讨论集》，目次分别为上册第一篇和下册第二篇。

1966 年

2 月，学习焦裕禄事迹，作诗一首。

6 月，武汉大学开始批判以李达为首的"珞珈山三家村"，因受株连而被批斗、抄家。

1972 年

7 月，襄阳下放结束。作诗《牛棚纪梦》。

8 月，回到武汉大学哲学系任教员，没有承担具体教学工作，只是偶尔讲过几次课。

1973 年

11 月，作《柳宗元的〈封建论〉及其历史观》。

1974 年

12 月，武汉大学谭戒甫逝世。作悼诗《奠谭戒甫老师》二首。

1976 年

被派往襄樊市委党校哲学史讲习班讲课。

1977 年

为恢复高考后的本科生偶尔授课，常脱离教材，旁征博引。关切国事民瘼，以天下苍生为念，在课堂上常动情地背诵郭沫若为杜甫草堂题写的对联："民间疾苦，笔底波澜。"

1978 年

教育部组织武汉大学、中山大学等九所大学联合编写高等学校哲学系本科生《中国哲学史》教材，与李锦全合作担任主编。是年上"中国哲学史"课和"中国哲学史史料源流举要"课，妙语连珠，时用机锋，偶把讲坛一拍，作狮子之吼，启发学生。教导学生查勘线装、善本古籍，考究其目录及版本情况。提倡直接读没有标点的文献，以提高学习古文的能力。

9 月，开始招收中国哲学史专业硕士研究生。

11 月，作《真理与民主》一文，发表在《光明日报》1978 年 11 月 16 日版。

1979 年

是年，赴太原参加中国哲学史学界第一次会议。展开对中国辩证法范畴的研究。

春，赴广州，与中山大学、四川大学等校中国哲学史同仁，编写《中国哲学史》全国文科教科书的写作提纲。期间趋访吕振羽。冬，赴成都，访蒙默，得见蒙文通己丑（1949）、庚寅（1950）间"读宋明诸大儒"札记手稿。

5月，与许冠三通信，讨论船山史学相关问题。许冠三亦回信答之。

8月，作《王夫之矛盾观中的"分一为二"与"合二为一"》一文。

9月，为《中国哲学》创刊号作评论，后整理成文《石韫玉而山辉，水怀珠而川媚》。

10月，重新修订《略论杨泉及其〈物理论〉》一文。

11月，《略论杨泉及其〈物理论〉》改定，正式成文。

1980年

始任中国哲学史学会副会长，湖北省哲学史学会会长、社联委员。

与日本学者岛田虔次结识，此后多有鱼雁往来。

夏，作《蒙文通先生〈理学札记与书柬〉读后》一文，关注蜀学研究，号召学林注重对蜀学大家的个案研究。

秋，率《中国哲学史》教材编写组齐聚广西北海，在编写协商会上，强调要注重对哲学史的宏观把握，主张哲学史的研究应当坚持历史与逻辑相统一的方法论原则，以螺旋结构取代对子结构，探索中国哲学发展的逻辑，主张还哲学智慧于哲学史。

7月，因《李达文集》编辑问题再次赴京，顺访侯外庐。

8月，赴八宝山参加吕振羽追悼会。作悼诗一律。

9月，任武大哲学系中国哲学史教研室主任，同年晋升为副教授。

10月，作《酹江月》一词，悼余志宏。

1981年

除夕，因教材编写协商问题，与李锦全等滞留北京。

5月，岛田虔次来汉讲学，受邀在武大作演讲。

10月，赴杭州参加由中国哲学史学会和浙江省社会科学研究所联合举办的"宋明理学国际学术研讨会"，并作发言，题目为《中国哲学启蒙的坎坷道路》。会上，发挥了我国近代启蒙思想家章太炎、梁启超和20世纪40年代在国统区奋斗的侯外庐、杜国庠、邓拓等马克思主义思想史家，及嵇文甫、谢国桢等学者的有关论断，认为中国确乎有过自己的启蒙复兴或文艺复兴，但绝非始于宋明理学，而是始于对整个宋明道学（包括理学和心学）进行否定性批判的明清之际具有异端性格的启蒙巨人。

12月，九校合编《中国哲学史》书稿初成。与石峻、张岱年等聚大连黑石礁参加教育部中国哲学史教材审稿会。为新编《中国哲学史》作《中国哲学史方法论问题刍议》之导言。

1982年

元旦，旅居北京，应夏甄陶邀请作访，作《满江红》一阕志感。春节，陈荣捷寄赠诗笺，和韵答之。邱汉生寄赠诗四绝，亦步原韵和之。《中国哲学史》定稿，即将刊印。

3月，重新修订十年前所编写的王夫之年谱，正式成文《王夫之年表》。为《中国哲学史》教材所写的导言《中国哲学史方法论问题刍议》，单独发表于《武汉大学学报》1982年第3期。

7月，由国家教委授予正教授职称。撰写《中国哲学启蒙的坎坷道路》一文。

12月，参加在湖南衡阳举行的纪念王船山逝世290周年学术研讨会，提交船山哲学的系列论文——《王夫之的认识辩证法》《王夫之的自然史观》《王夫之的人类史观》及《王夫之年表》，在会上发言《历史科学与历史感情》。会后谒访王船山故居湘西草堂，作诗《湘西草堂题咏》。

1983 年

是年，与汤一介共同主编的《熊十力论著集》三卷本，即《新唯识论》《体用论》《十力语要》，由中华书局陆续出齐。

1月，《中国哲学启蒙的坎坷道路》一文在《中国社会科学》1983年第1期发表，引起学界较大反响。同月，《王夫之的认识辩证法》一文在《哲学研究》1983年第1期发表。

3月，为其主编并即将出版的《王夫之辩证法思想引论》一书撰写弁言。

5月，赴呼和浩特参加蒙古族哲学及社会思想史研究会，在会上作《马克思主义哲学史观与蒙古族思想史研究》发言。作《浅谈思想家郭沫若的研究》一文。

9月，《我是怎样学习起中国哲学史来的》一文发表于上海《书林》第5期。

10月，与李锦全合编的《中国哲学史》（下卷），由人民出版社出版。《中国哲学史》教材编写工作全部结束。

1984 年

1月，与陈修斋共同主编《哲学史方法论研究》一书，由武汉大学出版社出版。

5月，主编的《王夫之辩证法思想引论》由湖北人民出版社出版。与唐明邦等发起组织了在武汉举行的全国第一届周易学术讨论会，并致开幕词，提交《〈周易〉与早期阴阳家言》论文，推动了全国的易学研究。被聘为《中国大百科全书·哲学卷》"王夫之"长条及船山哲学若干范畴等10多条的撰稿人。之后，又被罗马尼亚 Lucian Boia 教授聘为《国际史学家辞典》中"王夫之"条的撰稿人。

6月，为冯契著作《中国古代哲学的逻辑发展》撰写书评《通观全过程　揭示规律性——读冯契新著〈中国古代哲学的逻辑发展〉》（与郭齐勇合写），发表于《哲学研究》1984年第4期。

7月，作《浅析佛教哲学的一般思辨结构》一文。

8月，赴太原参加全国首届傅山学术研讨会。作《傅山三百周年祭》《古史祛疑》初稿。

9月，访十堰，参观第二汽车制造厂，并应邀作《关于改革开放的文化思考》演讲。

10月，作《秦汉之际学术思潮简论》。在武汉大学学生会组织报告会作报告，讲话记录整理为《关于改革的历史反思》。

11月，《浅析佛教哲学的一般思辨结构》一文发表于《江汉论坛》1984年第11期。与汤一介合作，为中华书局即将出版的《熊十力论著集》撰写弁言。

1985年

是年，受聘为中国孔子基金会理事、郭沫若研究会理事。

春，应邀为《中国大百科全书·哲学卷》编写"王夫之"长条。

夏，访问敦煌，有记游诗几首。

秋，赴兰州大学讲课。

2月，名篇之作《中国哲学启蒙的坎坷道路》由 Margaret Soens 翻译为 "The Rough Road of China's Philosophical Enlightenment"，刊登在 *Social Sciences in China*（《中国社会科学［英文版］》），Vol. 4, No. 2, 1985。同月，《关于改革的历史反思》一文发表于《武汉大学学报（社会科学版）》1985年第2期。

3月，《船山辩证法论纲》一文被选入《王船山学术思想讨论集》，由湖南人民出版社出版。

6月，作《十七世纪中国学人对西方文化传入的态度》。

7月，首次赴美。参加在美国纽约石溪举行的第四次国际中国哲学学会国际讨论会，发言题目为《十七世纪中国学人对西方文化传入的态度》。

10月,作《黄宗羲的真理观片论》一文。

12月,在湖北黄州筹办"纪念熊十力先生诞辰一百周年学术讨论会",并主编会议论文集《玄圃论学集——熊十力生平与学术》。冉云华、杜维明、成中英及苏联科学院布罗夫等中外学者首次来湖北参与学术会议。

是年,与吴于廑、冯天瑜等联合组织"明清文化史沙龙"学术活动。

1986年

1月,撰写《对外开放的历史反思》文。赴上海参加首届中国文化学术会。接受《中国社会科学》记者采访,采访内容后整理为《中国文化的优良传统与启蒙思潮》一文。后,美国 *Chinese Studies in Philosophy, A Journal of Translations* 编者把《关于改革的历史反思》一文全文英译,发表在该刊 Fall 1986。

4月,《对外开放的历史反思》一文被译为英文"The Open Policy in Histroical Retrospect",刊登在 *Social Sciences in China*(《中国社会科学〔英文版〕》),No. 4,1986。

6月,应陆复初邀请,为其《王船山学案》一著作序《"寒梅春在野塘边"——序陆复初同志新撰〈王船山学案〉》。

9月,由国家教委遴选为博士生导师,授予博导资格。

10月20日—26日,赴浙江宁波余姚参加"国际黄宗羲学术研讨会",提交论文《黄宗羲的真理观片论》,强调研究学术要有现实感,研究现实要有历史感,是其重视真理与民主问题的重要表现之一。

1987年

开始招收中国哲学史专业博士研究生。

2月，《黄宗羲的真理观片论》一文发表于《浙江学刊》1987年第1期。

5月，接待来访美籍学者傅伟勋。《关于中西文化论争以及传统文化与现代化的历史接合点》一文刊载于《武汉大学学报（人文科学版）》1987年第5期。

6月，《古史祛疑》一文发表于《中国文化与中国哲学》1987年第6期。

8月，作《认同·立异·会通》一文。

9月，在华中师范大学与章开沅、冯天瑜等发起"中国走向近代的文化历程"学术会议，赴会者有汤一介、庞朴、沈善洪、陈俊民、朱维铮等。傅伟勋来访，与之探讨"文化中国"等问题。

10月，作《文化反思答客问》文。《十七世纪中国学人对西方文化传入的态度》收录于甘阳主编《文化：中国与世界（二）》，生活·读书·新知三联书店1987年版。月底，出席北京香山饭店"梁漱溟思想国际研讨会"。

12月，作《中西文化异同辨》。又作《侯外庐同志新版〈船山学案〉读后》一文。作《辨异·自主·寻根——重读梁漱溟〈中国文化要义〉》一文。

1988年

3月，曾为《中国大百科全书·哲学卷》编写的"王夫之"长条，因未经审阅即于1987年10月出版，内容有多处舛误。经修正后，于《船山学报》1988年第1期再次发表。

4月，《儒家·传统·伦理异化》一文发表于《江汉论坛》1988年第4期。

8月，赴呼和浩特参加第四届中国哲学史年会，年会主题为"中国传统文化及其哲学与现代化"，发表主题演讲《活水源头何处寻？》。

8月底至9月初，参加新加坡东亚哲学研究所举行的"儒学发展的问题及前景"国际研讨会并发言。会后与林毓生、傅伟勋、韦政通等探讨学术问题。

10月，作《活水源头何处寻——关于传统文化与现代化之间历史接合点问题的思考》。该文同年获中宣部纪念十一届三中全会十周年学术论文入选奖。作《论唐君毅之哲学史观及其对船山哲学之阐释——读〈中国哲学原论〉》一文。

12月，与周辅成、李锦全、方克立等一道参加香港法住学会等举办的"唐君毅思想国际会议"，这次会议开始了内地与香港哲学界的互动。为武汉大学哲学系中国哲学教研室集体承担的课题、国家教委七五规划项目之一"中国辩证法史"结题成果书系《中国辩证法史稿》撰写弁言及后记。

1989 年

2月，为李守庸著《王船山经济思想研究》撰写书评（与吕有祥合写）。

5月，在京参加纪念五四运动七十周年"五四"与中国知识分子国际学术会。

7月，"The Enlightenment Of Anti-Neo-Confucian Thought During The Ming-Qing Dynasties"一文由金发燊初校、美国天普大学傅伟勋订正，发表于 *Journal of Chinese Philosophy*，Vol. 16，No. 2，June 1989。为黄钊《帛书老子校注析》题词。为黄卫平著《思维的悲剧与悲剧的思维》一书作序。与唐明邦合写，为卿希泰《中国道教史》（第一卷）撰写书评《中国道教研究的最新成果——评卿希泰教授主编的〈中国道教史〉第一卷》，发表于《宗教学研究》1989年第7期。

8月，作《道家·隐者·思想异端》一文，发表于《江西社会科学》1989年第6期，后又刊载于香港《法言》1990年第4期。

10月，撰写短文《哲学史研究中的纯化与泛化》，提出了哲学史的纯化与泛化的有张力的统一观，认为以哲学史为核心的文化史或以文化史为铺垫的哲学史，更能充分反映人的智慧创造和不断自我解放的历程。主张努力改变"五四"以降中国哲学依傍、移植、临摹西方哲学或以西方哲学的某家某派的理论与方法对中国哲学的史料任意地简单比附、"削足适履"的状况，逐渐建树了"中国哲学"学科的自立性或自主性。

12月，作《晚明儒门学风的变异》，发表于上海中西哲学与文化交流中心编《时代与思潮（2）——中西文化冲撞》，华东师范大学出版社1989年版。发表《〈古尊宿语录〉校点前言》（与吕有祥合写）一文于《佛教文化》创刊号。《哲学史研究中的纯化和泛化》一文刊发于《社会科学家》1989年第6期。

1990年

春，日本东京大学蜂屋邦夫寄赠新著《中国道教之现状》二册。秋，参加李达诞辰一百周年纪念活动。冬，赴海南参加儒家文化与现代化国际学术研讨会。

1月，作《儒门〈易〉、〈庸〉之学片论》文。作《伟大的政治战略与文化战略——〈新民主主义论〉发表50周年》。

2月，主编的《玄圃论学集：熊十力生平与学术》论文集成书，由生活·读书·新知三联书店出版。

3月，为黄明同、吴熙钊主编《康有为早期遗稿述评》一书作读后《独睨神州有所思——喜读〈康有为早期遗稿述评〉》（与郑朝波合作）。为李志林著《气论与传统思维方式》作序。

4月，为冯天瑜《中国文化史断想》论著集撰写书评《博涉旧文 敏求新知——喜读〈中国文化史断想〉》，发表于《中国图书评论》1990年第4期。

5月，张岱年来信，邀请其撰写由辽宁教育出版社与《光明日报》理论部联合建议的"国学丛书"的子题"明清之际的学术流变"。

6月，在《复旦学报（社会科学版）》1990年第3期发表文章《〈易〉〈庸〉之学片论》。《古史研究与马克思主义理论的拓展——马克思、恩格斯对人类学研究的方法论启示》一文发表于《中州学刊》1990年第3期。

7月10—15日，参加由襄阳师专主办，湖北省哲学史学会、湖北省道教学术研讨会、武汉大学哲学系、华中师大中文系、湖北大学政治系等11个单位共同发起的"道家（道教）文化与当代文化建设"学术讨论会，并致开幕词。这次会议推动了全国关于道家与道教的研究。作《隋唐时期道教的理论化建设》文。与李德永合编的《中国辩证法史稿》第一卷于武汉出版社出版。

8月，参加由江西省社科院举办的庐山"《周易》与中国文化"学术讨论会，致开幕词《易学研究的现代意义》，首倡"人文易"，强调学林对"人文易"的研究比较薄弱，认为"人文易"是易学和易学史研究的主干和灵魂。

10月，为《熊十力全集》作序言。

12月，赴京参加冯友兰哲学思想国际学术研讨会。同行者有郭齐勇、田文军。其间拜访贺麟。与田文军合写《旧邦新命 真火无疆——冯友兰先生学思历程片论》一文。《江西社会科学》1990年第6期刊登《研究易学的现代意义——庐山"〈周易〉与中国文化"学术讨论会开幕词》。

1991年

2月，《武汉大学学报（社会科学版）》1991年第1期刊登其文章《"道家（道教）文化与当代文化建设"学术讨论会开幕词》。《隋唐道教的理论化建设》发表于《海南大学学报（社会科学版）》1991年第1期。

3月，为《纪念李达诞辰一百周年文集》作序（与王炯华合作）。

5月，撰写《人文易与民族魂》文。

6月，为李维武著《二十世纪中国哲学本体论问题》作序。

7月，赴德国慕尼黑参加国际中国哲学学会双年会，顺访海德堡、汉堡等地。

8月，与罗炽将"道家（道教）文化与当代文化建设"学术讨论会会议论文集，合编为《众妙之门——道教文化之谜探微》一书，由湖南教育出版社出版。

9月，辑选其近三十年来所写哲学和文化问题主要论文及序跋而成的个人论著《吹沙集》，由四川巴蜀书社出版。

11月，与中国哲学教研室一同欢送日本访问学者中岛隆藏。

12月，为岛田虔次著、徐水生译《熊十力与新儒家哲学》中译本作序。《人文易与民族魂》一文发表于《中国文化》1991年第12期。与田文军合写的《旧邦新命　真火无疆——冯友兰先生学思历程片论》文发表于《中州学刊》1991年第6期。

1992年

秋，出席康桥"文化中国"之会。

2月，作《易蕴管窥》一文。立春，忽得丽句，遂成诗一律，复又成一律。

3月，赴海南参加"中国现代哲学史第二届全国学术研讨会"。为沟口雄三《中国前近代思想之曲折与开展》中译本作序。为冯天瑜新作《中国文化史断想》作书评。

7月，应邀赴山西五台山参加"中国佛教思想与文化国际研讨会"。在会上宣读《佛家证悟学说中的认识论问题》一文。

8月，作《中国传统文化的"分"、"合"、"一"、"多"与文化包容意识》。应邀再度赴美参加"文化中国：诠释与传播"学术会议。会后参观费正清研究中心。会后，留美讲学一月。《道家风骨略论》一文被收录于《道家文化研究》第二辑（上海古籍出版社 1992 年版）。

9 月，《佛教文化》刊登诗作《五台山吟稿》。

10 月，作《船山人格美颂——为纪念王船山逝世三百周年作》文。

11 月，在湖南参加纪念王船山逝世三百周年学术讨论会，提交论文《船山人格美浅绎》。

12 月，《新东方》1992 年第 12 期刊登其在"中国现代哲学史第二届全国学术研讨会"开幕式上的致辞。

1993 年

1 月，为李亚宁著《明清之际的科学文化与社会》一书作序。

2 月，为许苏民新作《李光地传论》作评介《评许苏民〈李光地传论〉》。周大璞病逝，作词《浣溪沙》悼之。

2—5 月，与夫人一道赴德国特里尔大学讲学，与特里尔大学汉学系主任乔伟、哲学系主任峨特以及汉学家卜松山等学人进行学术讨论。赴德国慕尼黑东方文化中心讲学，与中心主任鲍威尔交谈。讲学期间，曾拜访马克思故居，并在故居留言簿上留诗感怀。顺访波恩、柏林等地。而后访巴黎、荷兰，与方克立同访法国汉学家谢和耐。

8 月 9—13 日，赴京出席第八届国际中国哲学大会。会后参加汤用彤诞辰一百周年学术座谈会，提交论文《佛家证悟论中的认识论问题》，收录于《国故新知——中国传统文化的再诠释》（汤用彤诞辰百周年纪念论文集，北京大学出版社 1993 年版）。会上，吟诵诗名句"漫汗通观儒释道，从容涵化印中西"，认为 20 世纪 90 年代以后，学界面临着"世界性的百家争鸣"，热切期待各方面的理论准备，呼唤"文化包容意识""多元开放心态"，期望"中国传统文化的现代化与西方先进文化的中国化"双向交涵互动，推陈出新，做出新的综合创造，以真正推进中西文化的兼容、互补、合流。同月，《〈黄老帛书〉哲学浅议》一文被收录于《道家文化研究》第三辑（上海古籍出版社 1993 年版）。

12 月，应中山大学等高校邀请，以传统文化与现代化的接合问题作演讲。整理船山研究的散篇著作，汇集为《船山哲学引论》一册，由江西人民出版社出版。

1994 年

是年，赴杭州参加中华文化学术研讨会，并拜瞻马一浮故居，应陈俊民邀请，在浙江大学演讲。冬，贺冯契同志八十寿辰，寄去颂诗一首。方克立所编、中国社会科学出版社出版的《中国哲学大辞典》收入"萧萐父"条目。

3 月，赴南京参加东南大学中西文化研究交流中心成立盛会，并作诗致贺。随后过沪，访冯契。

7 月，作《中国传统哲学概观》一文。

10 月，蒙文通百年诞辰，因道远不能赴会，致电祝词。并复寄蒙默一信。

11 月，参加湖北黄梅首届"禅宗会议与中国文化国际学术研讨会"。同赴会者有任继愈、石峻、昌明法师等。在会上致开幕词《略论弘忍与"东山法门"》。

1995 年

毕生倡导的"明清启蒙说"的结晶，凝成《明清启蒙学术流变》一著。

北京大学乐黛云来信告知：她于海外新西兰一座小城图书馆，偶见一本《峨山香客吟咏》英译中文诗集，书中有萧萐父于 1946 年游峨眉山所作《峨眉纪游》英译组诗，并把此书寄给他。

4 月，读冯契《智慧的探索》，作读后感《神思慧境两崨崎》一文。

8 月 2—17 日，应国际中国哲学学会与南乐山（Robert Neville）

邀请，同郭齐勇一同赴美参加美国波士顿第九届中国哲学国际讨论会，并宣讲论文，随后在哈佛大学演讲。会后，应陈维杭邀请，赴新罕布什尔（New Hampshire）大学演讲。同月，为《明清启蒙学术流变》一书作跋文《历史情结话启蒙》。

8月下旬，四川省社会科学院、香港法住文化书院、宜宾地区行政公署共同举办"第二届唐君毅思想国际会议"，与会并作主题演讲，提交论文《富有之谓大业》，对唐君毅的学派归属问题做了讨论，引起大会关注。

8月29日—9月2日，武汉大学和台湾东海大学在武汉联合举办"徐复观思想与现代新儒学发展学术研讨会"，赴会并在会议开幕式上发言，题目为《徐复观学思成就的时代意义》，后载于香港《毅圃》1996年9月第7期。

10月，作《道家学风述要》文，为方任安著《诗评中国著名哲学家》作序。

12月，就中国传统文化的现代化等问题接受广东《学术研究》编辑部访谈。

1996年

1月，读杨祖陶书《德国古典哲学逻辑进程》，作《让逻辑之光照亮历史》读后感。为何建明《道家思想的历史转折》一书作序。为吕锡琛著《道家与民族性格》作序。

2月，应杨国荣之邀，为其新著《善的历程》作书评。

3月，为《中华道学》期刊创刊号题词。

4月，参加由武汉大学举办的"面向21世纪的中国哲学与伦理学讨论会"并发言。

5月，为杨国荣著《善的历程》作书评《儒学研究领域的一部力作》，刊载于《学术月刊》1996年第5期。

6月，与黄钊合编的《"东山法门"与禅宗》由武汉出版社出版。

7月，与朱哲合写《蒙文通与道家》一文。

8月，赴长沙参加"石头希迁及曹洞禅学术研讨会"，并在会上发言。发言稿后整理为《石头希迁禅风浅绎》一文。作《世纪桥头的一些浮想》与《冷门杂忆》二文。赴京参加由北京大学哲学系举办的"道家文化国际学术研讨会"。其间，拜访饶宗颐。将去年接受广东《学术研究》编辑部的访问内容整理成《中国传统文化的现代化与西方先进文化的中国化》一文。

9月，送李达骨灰赴京安葬八宝山。为成都古籍书店影印的刘鉴泉《推十书》作序。香港杂志《毅圃》刊登其文章《徐复观学思成就的时代意义》。

10月，庞朴寄赠其著作《蓟门散思》。为王心田《陆九渊著作注评》作序《陆学小议》。

1997年

1月，作词《满江红》一阕。

4月，为田文军、吴根友著《中国辩证法史》作序言《应当重视辩证思维的民族特点》。

9月，为邓红蕾著《从混沌到和谐——儒道理想与文化流变》作序。

10月，与许苏民共同主编"明清文化名人丛书"，并为该丛书作总序《慧命相沿话启蒙》，由南京出版社出版。在序中，从哲学史泛化的角度考察了明清启蒙学术流变。

1998年

1月，作《刘鉴泉先生的学思成就及其时代意义》文。

5月，所著《中国哲学史史料源流举要》一书由武汉大学出版社出版。

7月，为个人第二部论著《吹沙二集》作序。

10月，为即将出版的《传统价值：鲲化鹏飞》论文集作序《传统价值转换问题的当代思考》。

11月，应饶宗颐邀请，出席由香港中文大学、中华炎黄文化研究会及香港中华文化促进中心联合举办的"中华文化与二十一世纪国际学术研讨会"，在大会发表演讲，题目为《东西慧梦几时圆》。

12月，上海文艺出版社出版其著作《吹沙纪程》。

1999年

是年离休，发起创立湖北省哲学史学会。

1月，《吹沙二集》由巴蜀书社出版，主要辑存个人20世纪90年代所写的学术论文、序、评、韵语等，选录了《吹沙集》未收的几篇佚稿。赴广州罗浮山黄龙观参加第二届道家文化研讨会发言并题诗。于广州为屠新时《墨韵易经》一书作序《易道与书法》。为谢宝笙著《龙·易经·中国文化的起源》一书作序。为曹玉清著《陈抟易数玄机昭密》一书题诗。

4月，为黄开国、舒大刚等主编的《诸子百家大辞典》撰写的序言刊登于《中华文化论坛》1999年第4期。

10月，武汉大学中国文化研究院举办"郭店楚简国际学术研讨会"，与会并致开幕词，题目为《楚简重光 历史改写——郭店楚简的价值和意义》。会中与任继愈、饶宗颐、庞朴有所交谈并合影。饶宗颐于此次珞珈楚简会议寄调《水龙吟》一词相赠。偕夫人同赴北京参加孔子诞辰2550年暨国际儒学联合会第二届会员大会、学术研讨会，被选为国际儒联顾问。在京与孙长江、李泽厚会谈。

2000年

是年，严寿澂自新加坡寄《天南阁诗存》一作，依《山居即事》

韵和一律呈之。向武汉大学中国传统文化中心首次捐书。

1月，接受丁祖富访问，访问内容后被整理为《神州慧命应无尽，世纪桥头有所思——访萧萐父教授》，发表在《哲学动态》2000年第1期。

3月，邀约许苏民合写《王夫之评传》一书。

5月，与李锦全合编的《中国哲学史纲要》由外文出版社出版。

6月，为王仲尧著《隋唐佛教判教思想研究》一书作序。

8月，为好友陈吉权《沉舟诗草》作题记，怀念之。

9月，《文汇报》刊登《楚简重光　历史改写——郭店楚简的价值和意义》一文。

11月，为第二届海峡两岸青年易学论文发表会致贺信。

2001年

致信挚友钟肇鹏，号召大力推动对蜀学大家刘咸炘的研究。密加凡来访，就其主编的"长江文化研究文库"征询意见。

4月，参加博士论文答辩会。

8月，由其任主编，郭齐勇任副主编，景海峰、王守常等参编，花了12年工夫的五百万言九卷十册本《熊十力全集》，由湖北教育出版社出版。为与许苏民合写、即将由南京大学出版社出版的《王夫之评传》一书作弁言、跋语。

9月，"熊十力与中国文化"国际学术研讨会在武汉大学召开，担任主持人并致开幕词。同时主持举行了《熊十力全集》的首发仪式。《传统价值：鲲化鹏飞》（与吴根友合编）一书由武汉出版社出版。

2002年

岁末，作《金缕曲·七九自省》。

4月，与许苏民合作撰写的《王夫之评传》一书由南京大学出版社正式发行。是书为其四十年船山学研究的总结性成果，被学者评为

"秉承马克思主义解读王船山的集大成者","在对王夫之基本精神的把握中,熔铸了作者自身的学术使命",力图发掘早期启蒙学术思想的"内生原发"的现代性因素,寻求传统与现代的"接合点"。

9月,第一届海峡两岸傅伟勋、韦政通与当代中国哲学的创造性转化学术研讨会在武汉大学召开,赴会致辞。

10月,纪念侯外庐先生百年诞辰学术研讨会在西安举行,为大会致贺诗一首,并提交论文《"早期启蒙说"与中国现代化——纪念侯外庐先生百年诞辰》。

2003年

春,为吴根友著《从李贽到戴震》一书题词。岁末,作《金缕曲·八十自省》,对自己生平学思历程作回顾。

1月,八十寿辰[①]。学术界诸师友以此为契机,举办"以文会友,以友辅仁"的学术活动。

2004年

3月中旬,与许苏民通电话,为之寄去王蘧常著《顾亭林诗集汇注》,以资参考。

5月,第四次向武汉大学中国传统文化中心捐赠书刊,共计八百余册。

7月,郭齐勇、吴根友主编,诸师友为纪念其八十大寿的123万字文集《萧萐父教授八十寿辰纪念文集》,以《人文论丛》之特辑,由湖北教育出版社出版。

---

① 按传统习俗,七十九岁时过八十寿辰。

2005 年

3 月,《诗词三首》发表于《岷峨诗稿》2005 年第 1 期。

5 月,致信许苏民询问《顾炎武评传》一书是否脱稿,告知许《书品》中有论及《肇域志》及亭林交游等,寄去嘱其参阅。

6 月 9 日,与之风雨同舟、相濡以沫近六十年的夫人卢文筠仙逝,悲痛万分。卢教授爱梅并擅长画梅,"筠画萐诗"佳话从此成为绝响。是月,诗作《戏题二绝》发表于《岷峨诗稿》2005 年第 2 期。

9 月,出席武汉大学第七届当代新儒学国际学术研讨会开幕式并发言。

12 月,第五次向武汉大学中国传统文化中心捐书。

2006 年

秋,为即将出版的个人第三部文著《吹沙三集》作序。

10 月,作《怀念密加凡同志》一文,发表在《江汉论坛》2006 年第 10 期。

2007 年

6 月底,出席第十五届中国哲学国际学术研讨会开幕式并发言。

7 月,《吹沙三集》正式出版发行,主要辑存了 21 世纪前后十余年已刊和未刊文稿以及诗词吟稿。同时,《吹沙集》《吹沙二集》《吹沙三集》全套三册精装本结集由巴蜀书社出版。

9 月,浓缩其学术精华的四卷本《萧氏文心》(一套四册)由武汉大学出版社出版。

2008 年

4 月,应武汉大学国学实验班邀请,欣然为同学们自办的刊物《志学》题笺,用繁体竖行写了几幅,供同学们选用。

5月，致电郭齐勇，要求为汶川大地震捐款，因程静宇去他家小坐，就急切地托程先生带了500元捐到院里。

7月17日晚，因老年慢性支气管炎与肺部缺氧住院。历史学家章开沅等各界友人关心过问。

9月17日下午四点三十分，在武汉中南医院与世长辞，享年八十四岁。

参考文献

一、萧萐父文献

萧萐父：《吹沙集》，成都：巴蜀书社，1991年。

萧萐父：《吹沙二集》，成都：巴蜀书社，1999年。

萧萐父：《吹沙三集》，成都：巴蜀书社，2007年。

萧萐父：《吹沙纪程》，上海：上海文艺出版社，1998年。

萧萐父：《船山哲学引论》，南昌：江西人民出版社，1993年。

萧萐父：《中国哲学史史料源流举要》，武汉：武汉大学出版社，1998年。

萧萐父：《中国哲学史史料源流举要》，北京：文津出版社，2017年。

萧萐父：《苔枝缀玉：萧萐父书画习作选》，武汉：武汉大学出版社，2007年。

萧萐父：《火凤凰吟：萧萐父诗词习作选》，武汉：武汉大学出版社，2007年。

萧萐父：《思史纵横：萧萐父文选》（上），武汉：武汉大学出版社，2007年。

萧萐父：《呼唤启蒙：萧萐父文选》（下），武汉：武汉大学出版社，2007年。

萧萐父：《萧萐父选集》，武汉：武汉大学出版社，2013年。

萧萐父：《中华慧命续千年》，北京：北京出版社，2018年。

萧萐父、许苏民：《明清启蒙学术流变》，沈阳：辽宁教育出版社，1995年。

萧萐父、许苏民：《明清启蒙学术流变》，北京：人民出版社，2013年。

萧萐父、许苏民：《王夫之评传》，南京：南京大学出版社，2002年。

萧萐父、吕有祥、蔡兆华点校：《古尊宿语录》（全二册），北京：中华书局，1994年。

萧萐父释读：《大乘起信论》，新北：佛光文化事业有限公司，1996年。

萧萐父释读：《大乘起信论》，北京：东方出版社，2020年。

萧萐父主编：《王夫之辩证法思想引论》，武汉：湖北人民出版社，1984年。

萧萐父、汤一介编：《熊十力论著集》（三册），北京：中华书局，1985年。

萧萐父、李锦全主编：《中国哲学史》（上），北京：人民出版社，1982年。

萧萐父、李锦全主编：《中国哲学史》（下），北京：人民出版社，1983年。

萧萐父、李锦全主编：《中国哲学史纲要》，北京：外文出版社，1999年。

萧萐父、李锦全主编：《中国哲学史纲要》（英文版），张思齐译，北京：外文出版社，2008年。

萧萐父总编：《中国辩证法史稿》第一卷，武汉：武汉大学出版社，1990年。

萧萐父、罗炽主编：《众妙之门——道教文化之谜探微》，长沙：湖南教育出版社，1991年。

萧萐父、黄钊主编：《"东山法门"与禅宗》，武汉：武汉出版社，1996年。

萧萐父、吴根友主编：《传统价值：鲲化鹏飞》，武汉：武汉出版社，2001年。

萧萐父主编：《熊十力全集》，武汉：湖北教育出版社，2001年。

陈修斋、萧萐父主编：《哲学史方法论研究》，武汉：武汉大学出版社，1984年。

二、专著

〔德〕E.卡西尔：《启蒙哲学》，顾伟铭等译，济南：山东人民出版社，2007年。

〔德〕海德格尔：《人，诗意地安居》，郜元宝译，上海：远东出版社，2004年。

〔德〕黑格尔：《法哲学原理》，范扬、张企泰译，北京：商务印书馆，1961年。

〔德〕马克斯·霍克海默、西奥多·阿道尔诺：《启蒙辩证法——哲学断片》，渠敬东、曹卫东译，上海：上海人民出版社，2006年。

〔德〕马克斯·韦伯：《世界宗教的经济伦理：儒教与道教》，王容芬译，桂林：广西师范大学出版社，2008年。

〔德〕尼采：《悲剧的诞生——尼采美学文选》，周国平编译，太原：北岳文艺出版社，2004年。

〔法〕阿尔贝特·施韦泽：《文化哲学》，陈泽环译，上海：上海人民出版社，2008年。

〔美〕A.麦金太尔：《德性之后》，龚群、戴扬毅等译，北京：中国社会科学出版社，1995年。

〔美〕约瑟夫·列文森：《儒教中国及其现代命运》，郑大华、任菁译，桂林：广西师范大学出版社，2009年。

〔美〕田辰山：《中国辩证法——从〈易经〉到马克思主义》，萧延中译，北京：中国人民大学出版社，2008年。

〔日〕岛田虔次：《中国思想史研究》，邓红译，上海：上海古籍出版社，2009年。

〔日〕岛田虔次：《近代思维的挫折》，甘万萍译，南京：江苏人民出版社，2010年。

〔日〕沟口雄三：《中国前近代思想的屈折与展开》，龚颖译，北京：生活·读书·新知三联书店，2011年。

〔日〕小野和子：《明季党社考》，李庆、张荣湄译，上海：上海古籍出版社，2013年。

〔英〕弗里德里希·冯·哈耶克：《哈耶克文选》，冯克利译，南京：江苏人民出版社，2007年。

〔英〕阿伦·布洛克：《西方人文主义传统》，董乐山译，北京：群言出版社，2012年。

曾昭旭：《王船山哲学》，台北：里仁书局，2008年。

陈来：《诠释与重建：王船山的哲学精神》，北京：生活·读书·新知三联书店，2010年。

陈来：《宋明理学》，上海：华东师范大学出版社，2004年。

陈来：《古代宗教与伦理：儒家思想的根源》，北京：生活·读书·新知三联书店，2009年。

陈乔见：《公私辨：历史衍化与现代诠释》，北京：生活·读书·新知三联书店，2013年。

陈卫平：《第一页与胚胎——明清之际的中西文化比较》，上海：上海人民出版社，1992年。

邓辉：《王船山道论研究》，湘潭：湘潭大学出版社，2010年。

方东美：《方东美先生演讲集》，台北：黎明文化事业股份有限公司，1978年。

方东美：《生生之德》，台北：黎明文化事业股份有限公司，1979年。

方东美：《中国哲学之精神及其发展》，匡钊译，郑州：中州古籍出版社，2009 年。

方克立：《中国文化的综合创新之路》，北京：中国社会科学出版社，2012 年。

费孝通：《费孝通论文化与文化自觉》，北京：群言出版社，2005 年。

冯达文、郭齐勇主编：《新编中国哲学史》，北京：人民出版社，2004 年。

冯契：《认识世界和认识自己》，《冯契文集》第一卷，上海：华东师范大学出版社，1996 年。

冯契：《逻辑思维的辩证法》，《冯契文集》第二卷，上海：华东师范大学出版社，1996 年。

冯契：《人的自由和真善美》，《冯契文集》第三卷，上海：华东师范大学出版社，1996 年。

冯契：《智慧的探索》，上海：华东师范大学出版社，1994 年。

冯契：《中国古代哲学的逻辑发展》（全三册），北京：东方出版社，2009 年。

傅伟勋：《"文化中国"与中国文化》，台北：东大图书公司，1988 年。

高华平：《魏晋玄学人格美研究》，成都：巴蜀书社，2000 年。

高瑞泉：《平等观念史论略》，上海：上海人民出版社，2011 年。

高瑞泉：《智慧之境》，上海：上海古籍出版社，2008 年。

高瑞泉：《中国现代精神传统：中国的现代性观念谱系》（增补本），上海：上海古籍出版社，2005 年。

郭沫若：《十批判书》，北京：人民出版社，2012 年。

郭齐勇、郑文龙主编：《杜维明文集》（全五册），武汉：武汉出版社，2002 年。

郭齐勇：《中国儒学之精神》，上海：复旦大学出版社，2009 年。

郭齐勇：《中国哲学智慧的探索》，北京：中华书局，2008 年。

郭齐勇：《中华人文精神的重建——以中国哲学为中心的思考》，北京：北京师范大学出版社，2011年。

贺麟：《文化与人生》，北京：商务印书馆，1988年。

贺麟：《五十年来的中国哲学》，北京：商务印书馆，2002年。

侯外庐、邱汉生、张岂之主编：《宋明理学史》（上卷），北京：人民出版社，1984年。

侯外庐、邱汉生、张岂之主编：《宋明理学史》（下卷），北京：人民出版社，1987年。

侯外庐：《船山学案》，长沙：岳麓书社，1982年。

侯外庐：《中国思想通史》第五卷，北京：人民出版社，1956年。

胡适：《中国哲学史大纲》，北京：商务印书馆，2011年。

嵇文甫：《晚明思想史论》，郑州：河南大学出版社，2008年。

嵇文甫：《王船山学术论丛》，北京：中华书局，1962年。

姜广辉：《义理与考据：思想史研究中的价值关怀与实证方法》，北京：中华书局，2010年。

姜义华：《理性缺位的启蒙》，上海：上海三联书店，2000年。

金观涛、刘青峰：《中国现代思想的起源：超稳定结构与中国政治文化的演变》，北京：法律出版社，2011年。

李维武：《20世纪中国哲学本体论问题》，长沙：湖南教育出版社，1991年。

李维武：《中国哲学的传统更新》，北京：人民出版社，2012年。

李维武：《中国哲学的现代转型》，北京：中华书局，2008年。

李维武编：《徐复观文集》（修订本）（全五册），武汉：湖北人民出版社，2009年。

李泽厚：《中国现代思想史论》，北京：生活·读书·新知三联书店，2008年。

梁启超：《清代学术概论》，北京：中华书局，2010年。

梁启超：《中国近三百年学术史》，北京：人民出版社，2008 年。

林安梧：《王船山人性史哲学之研究》，台北：东大图书公司，1987 年。

林毓生：《中国传统的创造性转化》（增订本），北京：生活·读书·新知三联书店，2011 年。

刘小枫：《诗化哲学》（增订本），上海：华东师范大学出版社，2011 年。

刘小枫编：《中国文化的特质》，北京：生活·读书·新知三联书店，1990 年。

刘笑敢：《诠释与定向——中国哲学研究方法之探究》，北京：商务印书馆，2009 年。

卢风：《启蒙之后：近代以来西方人价值追求的得与失》，长沙：湖南大学出版社，2003 年。

马一浮：《马一浮集》（第一册），杭州：浙江古籍出版社，1996 年。

蒙文通：《古史甄微》，《蒙文通文集》第五卷，成都：巴蜀书社，1987 年。

蒙义遇：《经学抉原》，上海：上海人民出版社，2006 年。

钱穆：《中国近三百年学术史》（全二册），北京：九州出版社，2011 年。

丘为君：《戴震学的形成：知识论述在近代中国的诞生》，北京：新星出版社，2006 年。

汤一介、李中华主编，张学智著：《中国儒学史》（明代卷），北京：北京大学出版社，2011 年。

汤一介、李中华主编，汪学群著：《中国儒学史》（清代卷），北京：北京大学出版社 2011 年。

田文军、吴根友：《中国辩证法史》，郑州：河南人民出版社，2004 年。

田文军：《近世中国的儒学与儒家》，北京：人民出版社，2012 年。

田文军：《珞珈思存录》，北京：中华书局，2009 年。

王汎森：《晚明清初思想十论》，上海：复旦大学出版社，2008 年。

王汎森：《中国近代思想与学术的系谱》，长春：吉林出版集团有限责任公司，2011 年。

王中江：《进化主义在中国的兴起》（增补版），北京：中国人民大学出版社，2010 年。

王中江：《近代中国思维方式演变的趋势》，成都：四川人民出版社，2008 年。

韦政通：《中国思想史方法论文选集》，上海：上海人民出版社，2009 年。

吴根友：《明清哲学与中国哲学现代哲学诸问题》，北京：中华书局，2008 年。

萧驰：《抒情传统与中国思想——王夫之诗学发微》，上海：上海古籍出版社，2003 年。

萧汉明：《船山易学研究》，北京：华夏出版社，1987 年。

湘人：《萧萐父评传》，台北：新锐文创，2017 年。

谢国桢：《明清之际党社运动考》，上海：上海书店出版社，2006 年。

徐水生：《中国哲学与日本文化》，北京：中华书局，2012 年。

许纪霖、罗岗：《启蒙的自我瓦解：1990 年代以来中国思想文化界重大论争研究》，长春：吉林出版集团有限责任公司，2007 年。

许纪霖：《二十世纪中国思想史论》（上卷），上海：东方出版中心，2000 年。

许守泯：《明代遗民的悲情与救亡——傅青主生平与思想研究》，台北：新文丰出版公司，1995 年。

许苏民：《人文精神论》，武汉：湖北人民出版社，2011 年。

杨念群：《何处是"江南"：清初正统观的确立与士林精神世界的变异》，北京：生活·读书·新知三联书店，2010 年。

余英时：《方以智晚节考》（增订版），北京：生活·读书·新知三联书店，2004年。

余英时：《论戴震与章学诚：清代中期学术思想史研究》，北京：生活·读书·新知三联书店，2005年。

余英时：《现代儒学的回顾与展望》，北京：生活·读书·新知三联书店，2012年。

余英时：《现代危机与思想人物》，北京：生活·读书·新知三联书店，2005年。

张岱年：《张岱年全集》第三卷，石家庄：河北人民出版社，1996年。

张岱年：《中国古典哲学概念范畴要论》，北京：中国社会科学出版社，1989年。

张世英：《进入澄明之境——哲学的新方向》，北京：商务印书馆，1999年。

赵园：《明清之际士大夫研究》，北京：北京大学出版社，1999年。

郑宗义：《明清儒学转型探析：从刘蕺山到戴东原》，香港：香港中文大学出版社，2009年。

Bo Mou (ed.), *History of Chinese Philosophy*, Routledge, 2009.

Hall and Ames, *Thinking from the Han*, Albany: State University of New York Press, 1998.

Max Weber, *The Religion of China*, The Free Press, 1968.

三、文集

甘阳主编：《文化：中国与世界》（第一辑），北京：生活·读书·新知三联书店，1987年。

甘阳主编：《文化：中国与世界》（第二辑），北京：生活·读书·新知三联书店，1987年。

甘阳主编：《文化：中国与世界》（第三辑），北京：生活·读书·新知三联书店，1987年。

甘阳主编：《文化：中国与世界》（第四辑），北京：生活·读书·新知三联书店，1988年。

甘阳主编：《文化：中国与世界》（第五辑），北京：生活·读书·新知三联书店，1988年。

"中国文化编委会"编：《中国文化研究集刊》（第一辑），上海：复旦大学出版社，1984年。

郭齐勇、蔡方鹿主编：《存古尊经　观澜明变》，成都：四川文艺出版社，2012年。

郭齐勇、欧阳祯人主编：《问道中国哲学：中国哲学史研究的现状与前瞻》，北京：九州出版社，2014年。

郭齐勇、问永宁主编：《当代中国哲学研究（1949—2009）》，北京：中国社会科学出版社，2011年。

郭齐勇、吴根友：《萧萐父教授八十寿辰纪念文集》，武汉：湖北教育出版社，2004年。

胡治洪编：《现代思想衡虑下的启蒙理念》，武汉：武汉大学出版社，2011年。

上海中西哲学与文化交流研究中心编：《时代与思潮（1）——五四反思》，上海：华东师范大学出版社，1989年。

上海中西哲学与文化交流研究中心编：《时代与思潮（2）——中西文化碰撞》，上海：华东师范大学出版社，1989年。

上海中西哲学与文化交流研究中心编：《时代与思潮（3）——中西文化交汇》，上海：学林出版社，1990年。

上海中西哲学与文化交流研究中心编：《时代与思潮（4）——文化传统寻绎》，上海：学林出版社，1990年。

上海中西哲学与文化交流研究中心编：《时代与思潮（5）——文化传统辨证》，上海：学林出版社，1991年。

吴根友、欧崇敬、王立新编：《中国哲学的创造性转化》，昆明：云南人民出版社，2004年。

吴根友主编：《多元范式下的明清思想研究》，北京：生活·读书·新知三联书店，2011年。

武汉大学哲学学院、武汉大学中西比较哲学研究中心编：《哲学评论》（第7辑），武汉：武汉大学出版社，2009年。

萧汉明、郭齐勇编：《不尽长江滚滚来——中国文化的昨天、今天与明天》，北京：东方出版社，1994年。

许苏民、申屠炉明主编：《明清思想文化变迁》，南京：南京大学出版社，2009年。

杨春贵编：《中国哲学四十年（1949—1989）》，北京：中共中央党校出版社，1989年。

赵修义、张翼星等编：《守道1957：1957年中国哲学史座谈会实录与反思》，上海：上海人民出版社，2012年。

四、论文

陈来：《历史自觉和文化主体》，《读书》2008年第5期。

陈卫平：《从突破"两军对阵"到关注"合法性"——新时期中国哲学史研究之趋向》，《学术月刊》2008年第6期。

陈卫平：《破除"两军对垒"教条主义的思想前驱——论1957年"中国哲学史座谈会"》，《学术月刊》2013年第12期。

邓辉：《船山历史哲学思想研究综述》，《船山学刊》2001年第1期。

邓晓芒：《〈吹沙集〉读后》，《哲学动态》1992年第10期。

杜维明、黄万盛、秦晖、李强、徐友渔、赵汀阳：《"启蒙的反思"学术座谈》，《开放时代》2006年第3期。

郭齐勇：《许冠三之王船山专论述评》，《船山学报》1985年第2期。

李大华：《承传着的"心炬"——读萧萐父先生的〈吹沙集〉》，《江汉论坛》1992 年第 8 期。

刘铁山：《20 世纪 50 年代王船山研究概述》，《衡阳师范学院学报》2006 年第 10 期。

刘铁山：《20 世纪 70 年代"评法批儒"与王船山研究述评》，《衡阳师范学院学报》2007 年第 10 期。

刘铁山：《建国初十年王船山研究述评》，《船山学刊》2006 年第 4 期。

田文军：《千淘万漉　吹沙觅金——萧萐父先生〈吹沙二集〉读后》，《武汉大学学报（哲学社会科学版）》1999 年第 11 期。

王兴国：《船山学研究四十年之回顾》，《船山学刊》2002 年第 4 期。

吴根友：《冯契"平民化的自由人格"说申论》，《哲学研究》1997 年第 11 期。

吴根友：《萧萐父的"早期启蒙学说"及其当代意义》，《哲学研究》2010 年第 6 期。

吴根友：《"启蒙"观念与中国哲学史写作》，《中国社会科学报》2013 年 8 月 9 日。

吴根友：《试论"世界历史"时代里的"世界哲学"与哲学的中国性》，《华中科技大学（哲学社会版）》2011 年第 1 期。

吴根友：《西方"启蒙"观念在现代中国哲学史书写中的运用与发展——以侯外庐、萧萐父的明清哲学研究为例》，《华东师范大学学报（哲学社会科学版）》2014 年第 4 期。

向世陵：《中国哲学的"本体"概念与"本体论"》，《哲学研究》2010 年第 9 期。

许苏民：《灵均芳草伯牙琴》，《读书》1993 年第 1 期。

赵林：《理性与信仰在西方启蒙运动中的张力》，《社会科学战线》2011 年第 9 期。

朱维铮：《何谓"人文精神"》，《探索与争鸣》1994 年第 10 期。

左健:《"船山学"研究的深入思考与全面把握——简评萧萐父、许苏民著〈王夫之评传〉》,《南京大学学报(哲学·人文科学·社会科学版)》2009年第6期。

后　记

本书是在博士论文《通观与涵化：萧萐父思想研究》的基础上修订而成，能够成书要深深地感谢我的导师郭齐勇先生，在青年学者出书比较困难的情况下，老师帮我联系了多家出版社，最终促成本书的顺利出版。

书稿即将付梓，往事历历在目。求学期间因自身的特殊情况，得到老师以润物细无声的方式的扶持，每当回味时总有幸福和感动洋溢心头，更多的则是愧疚。我心怀感恩，无以为报，唯有认真写作。博士论文的写作得到业师的细心指导，论文从形式到内容，老师都提出了不少意见和建议。写作伊始，老师就提供了相当多的学术资料和学术书籍，并要求我尽可能地认真研读两方面的文献：一是萧先生本人的著述文字；二是萧先生本人曾经读过的主要著述。在具体展开时，老师还提醒我要注意比较萧萐父与冯契、王元化、汤一介等先生思想的异同。

在老师的指引下，我先后以访谈、电话、电邮的形式，请教了萧萐父先生的哲嗣萧远先生、萧萌女士，以及萧先生的生前师友。为了尽可能地对萧先生的思想有全面的了解，我主动请教了熟悉萧萐父生平、思想的师长，特别是武汉大学中国哲学教研室李维武、田文军、徐水生、吴根友、丁四新、胡治洪、欧阳祯人、储昭华、文碧方、秦平等老师。在校外，我也请教过蔡方鹿、许苏民、蒋国保、高华平、邓名瑛、何燕生、邓辉等先生。然而由于时间、地理等客观因素，还有一些对萧先生思想很熟悉的师友，一直没有机会拜访，只能待日后弥补这一缺憾，以推进对萧先生思想的进一步了解和吸收。

博士论文于2015年答辩通过，之后断断续续修订书稿，如今要成书献丑，却深感一种因学力有限而导致的无力感如影随形。尽管已成"书"，但实际上还有很多内容没有进一步深化，远远没有达到业师和诸位师友的殷殷期许，惭愧难当。

拙书的性质是人物研究，主题是萧萐父的学术思想，侧重评述萧萐父对20世纪中国哲学史的个人贡献、经验与得失。拙书完成后，希望未来还能够以"中国哲学现代转型中的萧萐父思想研究"为主题，形成另一部专著，与本书形成姊妹篇，呈现为"萧萐父的中国哲学史观"与"中国哲学现代转型中的萧萐父思想"的双重面向，努力将专人研究与专题研究结合起来，为树立中国哲学史的主体性贡献一份既见树木又见森林的小小例证。

萧萐父先生思想宏富、教泽广远，我等后生小子不能赞一词。这里仅谈一种小小的体会。萧先生的著作文字有一种律动的美，字里行间总是能够浮现出他的神情容貌，这种出神入化驾驭文字的功夫，让文字从容再现作者本人的深厚功力，简直令人心驰神往，情不能已！我很庆幸能够进入其构建的"诗"与"哲"相契的思想世界，窥其精神，吸取营养。2024年是萧萐父先生诞辰一百周年，拙书诚惶诚恐，有幸为之献礼。敬请学界师友批评指正，书中如有错漏、舛误以及不尽如人意处，理应由本人承担全部责任。

业师七六高龄为本书拨冗作序，我将化老师的鼓励为动力，继续前行。商务印书馆魏雪平先生、王璐女士，为本书的出版付出了心血。特此一并感谢！

张志强于塞外阴山
2023年11月